向光行 润成长

小学语文阅读教学的研究与实践

陈玉花／著

中国文联出版社

图书在版编目（CIP）数据

向光行　润成长：小学语文阅读教学的研究与实践 / 陈玉花著. — 北京：中国文联出版社, 2023.9
ISBN 978-7-5190-5310-9

Ⅰ. ①向… Ⅱ. ①陈… Ⅲ. ①阅读课—教学研究—小学 Ⅳ. ①G623.232

中国国家版本馆CIP数据核字（2023）第177528号

著　　者　陈玉花
责任编辑　刘　旭
责任校对　秀点校对
装帧设计　刘贝贝　李　娜

出版发行　中国文联出版社有限公司
社　　址　北京市朝阳区农展馆南里10号　　邮编　100125
电　　话　010-85923025（发行部）　010-85923091（总编室）
经　　销　全国新华书店等
印　　刷　北京四海锦诚印刷技术有限公司

开　　本　710毫米 × 1000毫米　　1/16
印　　张　16.5
字　　数　286千字
版　　次　2023年9月第1版第1次印刷
定　　价　58.00元

▲

① 2016年元月 名师工作室授牌

② 2016年3月 名师工作室启动仪式

③ 2016年6月 工作室成员合影（一）

▲

① 2016年6月　工作室成员合影（二）

② 2016年10月　苏州名师研修与柳袁照校长合影

③ 2016年10月　领衔名师江苏南通高端研修

④ 2016年11月　领衔名师陈玉花片区高效课堂研讨课

① 2016年9月 省级规划课题开题专家指导
② 2017年3月 片区情境培训
③ 2017年5月 组织片区书法培训
④ 2017年6月 情境教育课堂教学专家评课

▲

① 2017年6月 片区情境写话教研

② 2017年6月 兰州新区二级工作室授牌

③ 2017年9月 兰州新区名师大讲堂评课

④ 2017年11月 与滕铭娟名校长工作室联合陈坪学区送教

▲

① 2017年5月 江苏南通培训与情境教育专家李吉林合影

② 2017年5月 江苏南通培训

③ 2017年10月 绍兴三名人才高端研修

④ 2017年10月 绍兴研修小组发言

⑤ 2017年10月 绍兴研修与名师虞大明合影

⑥ 2017年11月 兰州新区实验小学送教名师讲座

▲

① 2017年11月 兰州新区实验小学送教合影

② 2018年3月 片区儿童诗群文阅读示范课

③ 2018年3月 片区儿童诗群文阅读微讲座

④ 2018年5月 兰州新区第五期“名师课堂”合影

▲

① 2018年5月 兰州新区第五期名师讲堂做讲座

② 2018 年6月 组织古诗词专家讲座

③ 2018 年6月 古诗词专家讲座合影

④ 2018年10月 永靖县水电四局送教评课

▲

① 2018年10月　永靖县水电四局送教合影

② 2018年11月　与陕西西安专家联合开展古诗词教学研讨合影

③ 2018年12月　江苏南京研修与专家孙双金合影

④ 2018年12月　江苏南京名师研修与专家合影

第二届名师发展学校（第四期）兰州市金城名师名班主任南京高研班

▲

① 2018年12月 江苏南京名师研修合影

② 2019年4月 片区统编古诗文教学研讨

③ 2019年11月 兰州市新教师培训讲座第一期

④ 2019年11月 兰州市新教师培训讲座第二期

▲

① 2019年12月 承担学校青年教师集中培训和学科研训指导

② 2020年10月 赴江苏南通二附研修

③ 2021年4月 工作室专家雷岩玲教授专题讲座

④ 2021年4月 工作室专家雷岩玲教授指导工作

① 2021年6月　名师大讲堂名师讲座

② 2021年6月　名师大讲堂合影留念

③ 2015年11月　工作室赴榆中清水驿学校送教

④ 2016年9月　工作室赴皋兰崖川小学送教

▲

① 2019年12月 与江苏南京专家联合国学课程研讨

② 2020年12月 名师研修与专家嵇成中合影

③ 2021年4月 校领导为工作室启动授牌

④ 2021年4月 十一片区视导

⑤ 2021年5月 七里河区宋家沟小学送教合影

▲

① 2021年5月　七里河区宋家沟小学送教示范课

② 2021年9月　与东郊学校曹林老师共话情境教育中的情与美

③ 2022年4月　兰州市第四期线上名师大讲堂

④ 2014年　永登县中堡中心校支教

⑤ 2020年　与学生参加新年音乐会

⑥ 2022年8月　参与疫情志愿服务

▲

① 和孩子们在一起（一）
② 和孩子们在一起（二）
③ 和孩子们在一起（三）
④ 名师家常课
⑤ 名师示范课
⑥ 幸福的读书时光

序言

教育丰盈人生　热爱润泽生命

我有一双敏于发现的眼睛，有一颗孩童般的赤子之心，有一种专注忘我的工作品质……学习固本，实践增慧，反思精进。身为光荣的人民教师，我自信且自豪！二十八年，因为喜爱，所以坚守；因为坚守，更加热爱！

——题记

我出生在郊区，是家中的老大，小学时就爱捧书本。四年的师范教育，读书求学，结识师友，初见世界之精彩。1994年师范毕业，作为优秀毕业生，被推荐分配到石化企业的子弟小学。从事小学教育工作近三十年，回顾个人成长历程，勤勉踏实，虚心好学，善于合作，是我不断成长的铺路石。

教坛小花浅浅香

刚刚参加工作，二十出头，瘦小的我干劲十足，一心想把工作做到前头。当时，按企业的管理模式，为我们配备了“师父”指导。和厂区同步，几所中小学定期开展岗位练兵、技能比武等活动，我几乎有赛必往。师父和校领导、教培中心上级工作检查，进课堂听课是常有的事，从紧张到比较自如，从眼泪汪汪听评课意见到主动请教他们。师父的课，讲解生动，环环相扣，有情有趣，训练扎实。我受益良多，少不了模仿。

那时候备课上课，没有太多的参考资料和教学用具。课前经常要用粉笔画拼音格和田字格，上课多用生字卡片和教学挂图。前一两年在师父的指导下，我在总校多次赛课，《三只白鹤》《回声》《海底世界》等，清楚地记得，我是这样备课的：把课文先背会，拿几页8开大的白纸，用铅笔按自己的想法先在家中熬夜详细备课，几乎要细致到把引导语和过渡语也写上。第二天请师父审阅，师父如批改作文那样，细致地在上面修改，圈画批注，并当面提出她的看法，我再去修改。基本定稿后，师父会利用下班时间，找空教室让我给她模拟上课，一个环节一个环节地细细抠，怎样面向全体出示词语卡片，怎样声情并茂范读，怎样课堂小结、时间把控，怎样鼓励学生等。定好的教学流程需要我回家一遍一遍练习，要脱稿流畅讲述。有几次，师父甚至周末和我一起到学校加班，让我满怀激情表演上课。正是这种手写式备课—一对一说课磨课—下功夫背课—模拟表演课的笨功夫，练就了我，全情投入，周全考虑，精益求精。

1996年9月，学校推荐我参评西固区新秀，在大家帮助和个人努力下，我荣获西固区新秀，并参评兰州市教学新秀。当时，提前一天去市里抽签备课，入住旅社，一大早提着挂图教具到东郊学校上课。年底，有幸获得兰州市教学新秀称号。最想感谢我那敬业爱业、倾力指导点拨的师父！借着前五年个人良好的发展势头，在工作第六七年，先后荣获县、区骨干和市级骨干称号，自己的工作小有业绩，获得了领导和家长的认可，这一切，成为我继续前行的动力！再努力，让自己更加优秀！

千磨百砺气自华

进入专业发展的第二个八年，我利用业余时间，先后四年自修西北师范大学小学教育专科和教育管理本科专业，2002年年底取得自考大专文凭，2004年年底取得本科文凭。寒来暑往，带着女儿学习的日子艰辛却美好。

2001年以后，进入国家新课改，学习培训的机会增多，我有幸去西安、上海、重庆等地学习，听报告、看课堂、走学校，吸纳了不少新理念，如课程开发、合作学习、绘本教学、活动育人、校园文化建设等。我的教育思路和眼界打开了：教育教学不仅仅是把课讲好，把学生管好，加班加点提高成绩，还要有课程意识，要有链接生活的大语文观，要有素质教育的学生全面发展观，要给予学生成长更多的人文关怀……

2002年，我获得省教育厅“青年教学能手”称号，2004年，被评为公司级“三八十佳女标兵”。作为学校骨干教师，承担了备课组长、教研组长等职，多次带毕业班，成绩优异。2003年以后，我先后承担了西固区进修学校讲师团讲师、兰炼总校语文教研组教研员，承担新课程讲座、试卷命题、比赛评委等工作。

2006年，企业学校移交社会的第二年，我来到兰州市西固区福利东路第一小学（以下称兰炼一小），前四五年的专业发展中，我要感谢校长和教学副校长。2009年开始，兼任学校语文学科教学指导工作。校长要求，进别人的课堂，自己的课堂要向全校开放，我清醒地告诫自己：要想突破提升，必须从课堂入手，敢于请校领导和同事指正。我们教学督导人员每月要上一节研究课，要有明确的主题，如散文教学、古诗词教学等，突出教学策略及学法指导。那一两年，紧张忙碌，备课、制作课件常到深夜，课堂上层层深入的学路设计，获得观课者好评。苏教版《槐乡五月》《清平乐·村居》《珍珠鸟》等一节节课例，正是我追求个人婉约、唯美课堂的一个个足迹。还记得校领导谆谆教导：走近学生，点亮学生，心有目标，关注生成。每月一课让我专业成长的脚步迈得更加坚实！努力上好课，上有品质的课，一定是好教师的追求！一课一得，实践反思，经验提炼多么重要！

这期间，学校教育教学研究风气渐浓，要求45岁以下中青年教师“每月一文”，写教学反思，写班级教育故事，写生活新发现等，这促使我养成积累素材，勤于动笔的习惯，把小豆腐块文章修改成专题论文参赛或发表。我主持了“小学语文阅读教学中审美情趣的研究”“青年教师课堂教学能力提升方法和模式的探究”2项市级课题的研究，顺利结题，成果均获市级二等奖。撰写的多篇论文《品味理趣　诗意审美——〈观书有感〉教学感悟》《比较阅读诗趣浓——人教版五年级下册〈古诗词三首〉赏析指导》等先后在《小学生作文辅导》《教育革新》等省级刊物发表。2011年，我再次获得市级骨干称号，2012年获市级学科带头人称号。多次参与省市级、县区级送教下乡活动。

2012年前后，学校派我们教学口人员去南京夫子庙小学等名校学习，我感受到江南文脉孕育下的校园文化的力量，精致典雅的环境，精细化的现代化管理，个性张扬的灵动课堂，自信、学习力超强的学生，教学教研的精准发力……这一切，带给我们无比的震撼，“立人教育”在江南教育大咖的引领下，思路越来越清晰。其间，我参与编撰了“立人教育”系列丛书，如《国学经典》《美文诵读》《不要让教育生活留有遗憾》等。

温润通慧秉初心

2014年，我主动报名参加了省教育厅“三区”支教活动，来到距西固90多公里的永登县中堡镇中心小学，我承担语文、思品等科目教学，教学成绩显著。多次在镇上做示范课，给家长做讲座，给语文教师指导教学，受到家长和教师一致好评。一年中，条件虽艰苦，但日子真幸福，境界再提升！2014年年底，我获得省级骨干教师称号。

2015年下半年，学校推荐，通过业绩材料、上课、民主考评、现场答辩等环节，我荣获兰州市第四届“金城名师”的光荣称号。兴奋激动之余，深感自己肩上责任的重大，专家聘请，成员招募，工作室揭牌，并于2016年3月开展“润语文”主张下的语文教育探索与实践。2020年9月，第二次获评“金城名师”，开始了第二轮的工作室运行，投身核心素养导向下的新课程新课堂改革。

金城名师团队聚兰州教育的精英，藏龙卧虎。感谢兰州市教育局近年组织的赴教育强省的高端研修。这个研修平台，成为历练我教育思想，助推我专业成长的加油站。聚焦核心素养，深度学习提升：2016年，苏州苏派名家名师触动心灵的讲座，叶老“教育为人生”思想的浸润，从陶行知到柳袁照，从朱永新到李吉林，思想与情怀共生，热爱与激情碰撞！2017年，绍兴浙派名家《名师如何成为信息时代的教育家》《STEM教育的认识、实践与思考》等讲座使人耳目一新。2018年，南京研修，成尚荣、董洪亮、周益民等专家告诉我们，要形成自己的教育风格，有高远追求，在榜样的引领下要勇敢突破和超越。

六年来，我带领工作室成员积极践行“润语文”教育新主张——审美教育和情感教育水乳交融，努力建构“充盈爱与美的简约、童趣、生长”的素养型朗润乐学课堂。我主持的工作室省级规划课题“润语文主张下的朗润乐学课堂建构的研究”通过鉴定并获评优秀。主持的市级规划课题“润语文主张下的群文阅读策略研究”如期结题。我先后在学校、片区、新区、榆中、皋兰等地进行情境教育、儿童语文、校本教研等十多场专题讲座。2017年以来，工作室先后联合西安、南京等地名师，聘请省、市专家指导，组织开展了六期兰州市名师大讲堂和市属十一片区主题教研活动，如书法教育、群文阅读、说明文同课异构、古诗词教学、阅读策略单元与习作单元教学等，受众面广，效果显著。2020年1月，担任兰州市教育局新教师培训主讲教师。2022年1月，承担兰州市“双减”背景下作业优化设计专题讲座。二级工作室在新区实验小学和西固达川学区先后成立，开展多次主题活动。出版著作《爱润学堂　美丽芬芳》和成果集《守望新教育　行进润语文》。

扎根课堂，我在《观书有感》《美丽的小兴安岭》《咏柳》《童心欢歌》《农民与土地》《文言文二则》等示范课中再次磨砺，静下来，慢下来，柔下来，眼里有情，心中有爱，温润如玉。坚持潜心阅读，肖川《教育：让生命更美好》，于漪《教育魅力》，《李吉林文集》，黄厚江《本色语文》，王崧舟《诗意语文》，成尚荣《语文气象》等著作，让我开阔眼界，积淀思想。坚持专业写作，《小寓言中的大学问——教学〈坐井观天〉中的几点感悟》《情境语文中的古诗教学例谈》《1+X多文本阅读的教学实践与思考——以统编教材六年级上册〈三黑和土地〉为例》等多篇论文，先后在《教师》《小学教学参考》等省级刊物发表。

细想来，28年的一线语文教学工作，十几年的班主任工作，有许多美好幸福的教育生活场景值得回味，有很多可爱可敬的身边人永怀感激。带过课的每一个班级，每一个学生，见证了我三尺讲台的耕耘奋斗。教书育人，我困惑过，急躁过，走过弯路，犯过小错，但始终不变的是对讲台的敬畏，对学生的关怀，对教育的热爱。和往届学生交流，他们告诉我，最难忘的是风一样的“花花老师”上课的激情投入，要求的严格精细，待人的真诚直率。相互陪伴，共同成长，感恩学生们的包容。

感谢学校的同事和工作室伙伴们。我们互学、互助、互促，信任支持鼓励。团队奋进的力量，鼓舞我深钻细研，大胆创新，积极投身教育教学改革。热心青年教师培养，倾力指导，十多名青年教师拔节成长，在省市比赛中屡次获奖。“陈老师，有您真好！”“谢谢师父！”……听着一句句温暖的话语，我深感欣慰。学校在我参评“金城名师”的推荐词中写道：“她真诚、务实、谦逊，优雅中透出对教育的执着和坚守。她带领我们，怀柔软的心，走润语文的路——求真行道，达善臻美！”

真正的名师，有思想，有情怀，有本领！教育是一场艰苦卓绝的爱的修炼，尊重儿童，解放儿童，研究儿童。怀童心，求童趣，品童味，让体验式的课堂以生活的名义住进学生的心里。作为一名党员教师，不忘初心，立德树人，以我们的教育热情和教育智慧，聆听、点拨、分享、共进、成就学生，也成就更好的自己！逐光前行，沐爱成长！名师之路，必将渐行渐远……

是为序，与各位教育同仁共勉。

陈玉花

2023年2月

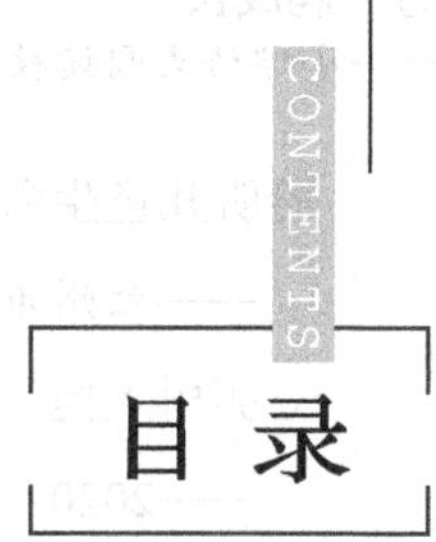

第一辑　慧润思想

第二辑　情润课堂

第三辑　爱润生命

第四辑　朗润研究

第一辑

慧润思想

在润语文中找寻幸福

从教二十多年来，作为一名小学高级教师，省级骨干，我的成长经历告诉我：优秀青年教师的专业化成长一定少不了名师的引领指点，离不开卓越工作团队的支持互助。

我热爱党的教育事业，钟情小学语文教育，敬畏神圣的语文课堂。从教多年，熟悉小学语文教学特点和规律。专业知识过硬，有丰富的教育教学经验。积极带头参与国家省市新课改培训、各级各类教学研究和学校乐学课堂文化创建，效果显著。

我愿意做孩子们成长路上的“一盏灯、一辆车、一座桥”，给予他们前行的力量，在他们的心田播下仁爱的种子，让种子自下而上地自然生长。我还愿意以小学语文名师工作室为更高更广的专业发展平台，激活自己的潜能，深度发展。我更愿意吸纳一群志同道合的“小语同人”，交流新思想，探寻真教育。谋生亦谋爱，成就教师和学生，在润语文中找寻幸福。

一、润语文总体构想

我在区域内小学语文调研中发现：一些语文课堂情感浸润缺失，教师自身语文素养的不丰厚让课堂黯然失色。我在思索：语文课堂应该是一片情感的花圃。语文教师应不断提高自身修养，他们丰厚的学识和丰满的情感才能成为课堂的源头活水。在广泛阅读教育书籍基础上，结合二十多年的一线教育教学实践经验，我提出润语文教育新主张、温润教师培养和朗润乐学课堂建构的几点思考。

润，雨水下流，滋润万物。浸水，不干枯。细腻光滑，有光泽。润语文以著名美学家朱光潜和儿童文学专家提出的理论为指引：语文教育要与审美教育结合更紧密，情感教育是语文课程的基本功能。有情感教育和审美教育渗透的语文教育正是润语文的真谛所在。柏拉图说："教育非他，乃心灵的转向——转向爱、善和智慧。"摒弃浮躁、功利，静静地、慢慢地让师生生长变化，内心丰富，灵魂丰满，这一定会成为语文教育的终极追求。

实践中，我们将在省市专家的指导下，通过对青年教师培养，使他们成为丰厚、灵动、细腻的温润教师，营造情意盈盈的朗润乐学课堂——简约、童趣、生长。

二、温润教师的培养

教师首先要成为温润教师，才能更深入认识教学对象、熟悉教学内容，进而优选教学策略，并不断地及时评价反馈，促进学生的发展。这就要求语文教师做一名真正的读书人，立足课堂，持续开展校本教研，做一名反思型实践者。

践行"润语文"教育主张，成就温润教师，从润心、润智、润情三方面入手育师德、厚学养、提技艺。润心主要指大量阅读，提升人文素养，热爱母语，精通语文；润智指专业知识的积淀（学科知识和教育教学知识）、专业视野的开拓、专业技能的提升，专注课堂、富于实践智慧；润情指培养师德高尚、热爱教育、热爱儿童、热爱生活、情意浓浓的教师。

三、朗润乐学课堂的建构

领衔人将带领名师工作室成员，以手拉手学校南京夫子庙小学和深圳龙岗清林小学的精致课堂、情智课堂为范本，重点研究如何通过课堂实践的平台，挖掘有效课堂教学的六个要素——教学内容、教学环境、教学策略、教师、学生和教学评价的潜在情感、审美因素，让情感教育与审美教育浸润在课堂教学全过程。

罗曼·罗兰曾说过："要散布阳光到别人心里，先得自己心里有阳光。"语文教师具备了丰厚的文化素养，宽广的文化视野和敏锐的文化意识，朗润乐学课堂才能实现：潜润无声情境浓—丰润细处体验深—隐性滋润恒久远。

首先，应力求在流畅设计中凸显文本情感的触发点。语文教师一定要独立反反复复研读教材，走进文本深处，把准文中作者的情感脉搏，结合教参，用心揣摩编者的意图，制定目标时，才能找到情感目标与文本情感脉络的关系。其次，要在灵活施教中激活学生情感的共鸣点。体现自主阅读，自读自悟；略中有精，粗中有细的指导思想。教学中，力求做到“教”应略，“意”须丰，“情”必真，“教”略而“学”不略。整体把握求略，重点感悟求精，精略相辅，相得益彰。最后，要精选适宜表达情感的教学资源。课堂中，有丰富的可挖掘教学资源，教材，媒介，教师的语言、体态、服饰，学生的学情、心情，等等。特别是以有效教学精准“四问”审视反思：一是指向有趣，是课堂教学的生命性；二是指向语言积累，是阅读教学之本体；三是指向学习方法，要授之以渔；四是语文与生活无缝对接。语文即生活，生活即语文。

工作室“润语文”主张切中当前语文教育维度单一的现状，重视语文课程在师生人文精神建构，人格、情调培养方面的重要功能，切实关注到学生身心自然生长。现代化的教育，让课堂和师生损失和损伤了许多。博览群书，热爱儿童文学的温润教师，必将带给课堂更多的人文积淀和人文关怀。我相信，尽我等微薄之力，朗润乐学课堂能尽最大努力弥补和修复，让师生的生命状态能得到温情眷顾，语文教育可以向幸福靠得更近一些。

引“生”入胜读比喻

——谈《天鹅的故事》一文比喻句的教学

在多年的中高年级语文阅读教学中，我发现：许多学生对课文中出现的精彩的比喻句，只是蜻蜓点水般地读过去，理解感悟不够深刻。尤其缺乏的是，将比喻句置于上下文的联系中理解，放在整个段落、整篇文章中去把握。比喻句对于突显课文中心，表现文中人物品质起到的作用，更是思之甚少。比喻句的表达效果体会不够，对句子的朗读就干巴巴的，情味很不饱满。

针对以上现象，我结合实际，分析得出了两点主要原因：首先，学生与文本比喻句对话（特别是初次对话）时，不够敏锐，不够投入，未捕捉到句子的闪光之处。其次，一些教师唯恐此处过多“停留”，会导致“琐碎分析”，影响全文教学，所以，不能也不愿在比喻句上巧花心思，更没有教给学生理解比喻句的一些方法，教学效果就可能大打折扣。

苏教版小学语文教材四年级上册第五单元，有一篇课文《天鹅的故事》，其中就有一句非常绝妙的比喻——

突然，一只个儿特别大的老天鹅腾空而起，可是它并没有飞走，而是利用下落的冲力，像石头似的让自己的胸脯和翅膀重重地扑打在冰面上。

下面，我就谈谈自己对这一比喻句的教学处理，主要分五步进行。

一、聚焦特写，大体把握句意

这是一句长句子，布置自读后，让学生整体把握句意，知道这句主要写老天鹅腾空而起，用胸脯和翅膀扑打冰面。至此，学生脑海已能浮现这一动态的大致画面。

二、镜头慢放，扣住“破冰”细节

教师从上一段最后一句话深情导读：“只见天鹅在冰面上互相呼唤着，好像在讨论：冰封湖面，没有吃的，怎么办？”面临严峻的生存挑战，老天鹅挺身而出——个别生大胆接读，男生读，自由练读，至此，学生在头脑中，将语言文字回放、慢放，浮现出比较生动的画面来，腾空而起—下落—奋力扑打，再现连续动作，形成语像。教师随即播放课件动画，让画面中老天鹅勇敢的破冰行为，碰撞的巨大声响震撼学生内心。

三、充分交流，激荡内心感动

通过自己的朗读体验、读中想象、同学的激情示范、画面的冲击感染等环节后，静静品读，鼓励学生倾诉内心感受。“你从句中读出了什么？感受到了什么？”同学之间讨论，汇报中有的说“我感受到老天鹅的坚强”。有的说“老天鹅奋不顾身，多么勇敢！”“我知道老天鹅不顾个人安危，是为了整个天鹅群的生存”……

四、水到渠成，赏析比喻精妙

此时，教师顺势提问：“这一句对老天鹅破冰行为的描写，之所以给我们留下深刻的印象，是哪些词语打动了你？请学生发表自己对句中词语独特的发现和感悟。”接下来，引导学生落到细处，体会“像石头似的”，这一生动贴切的比喻背后隐含的意思。石头掷地有声，石头举足轻重，石头坚硬无比……让学生发散联想，作者把老天鹅比作石头，当然，更多的是“神似”，那么，“你从老天鹅身上感悟到了如石头般的……”学生思路再次打开，情感也因前面的铺垫和感染一触即发，有的说是坚强的勇气，老天鹅堪称“破冰勇士”，有的说是下落时巨大的力量，后文“重重地、沉重的一击，震得颤动”即是证明，甚至有的学生说它如石头落地般“快速、果断”，根本不顾自己的安危，正如石头也可能粉身碎骨……这些有个性的深入理解，是多么难得！

五、点拨，回归语段，鼓励拓展运用

全体感情饱满地朗读比喻句后，再播放老天鹅一次又一次扑打冰面的感人场景，齐读第五自然段，体会老天鹅血肉之躯忍受着巨大伤痛，但仍然坚持不懈，无所畏惧。至此，老天鹅勇敢奉献、奋力拼搏的高大形象在学生心目中就会越发鲜明。当然，对学有余力的学生，还可稍加点拨，这是一个反常态的比喻，不同于一般把平凡的比作伟大的，静态的比作动态的比喻，这就是为了将残酷的现实置于读者面前，凸显老天鹅的可贵品行。学生如小天鹅般，带上对伟大的天鹅前辈的敬佩，书读得是那样有滋有味。

课后，我对课堂这一亮点进行了深入反思。教师要善于抓住比喻句，引导学生由表及里、由浅入深地体会、品读，训练学生对语言文字敏锐的感觉。比喻句理解的方法是灵活多样的，比喻句的赏析也不能是孤立的，尤其是一些优美的比喻句，置于篇章中，入境投入诵读仍是理解的有效方法之一。我想，只要我们语文教师有语言训练的意识，长期坚持，学生在阅读课文、课外美文时，会有意识地注意到一些优美的比喻句，能主动地运用联想法、上下文联系法、图文结合法等细细品读，深入理解，体会领悟表达特点。在造句、习作中，也能打开思路，寻找本体喻体的相通点，表达时，长短句结合，能具体生动地写出一些有创意的表达来。

闲话作文题

——由一道作文题引发的思考

写作是语文实践的关键环节。小学生习作能力是其语文学科素养的综合体现。近日，我在一份小学高年级语文试卷中看到了这样一道习作题：《那是一次________的尝试》，随即翻阅了一个班级学生的考场作文，了解了学生习作的一些真实情况，思考之余，颇有几分感触，愿与大家交流分享。

一、调动生活体验，多样化补充题目

拿到这个题目，在回忆和联想中，勾起了学生对以往尝试经历的深刻体验，他们会立即写下“难忘、愉快、成功、失败、美好、勇敢、令人伤心、充满挑战”等词语，还有的学生在体验回味中，引发了他们对曾经的具体尝试事件的回忆，欣然写下“洗衣服、打篮球、包饺子、滑滑板、做饭、擦玻璃、学游泳”等他们印象深刻的事件词语。由此看来，题目中的留空别具匠心，它像一块充满磁性的吸铁石，引着学生从丰富的生活中挖掘素材，从而产生强烈的诉诸笔端的表达愿望。细细分析，题目应规范地从“怎样”和“干什么”两个方面补充，才能成为相对完整的短句子命题。学生也就如同拿到了进入正文创作的一把钥匙。

二、扣准中心词“尝试”，快速选定习作素材

题目补充后，中心词不容置疑地落到了“尝试”一词上。“尝试”也就是试一试，试着做某事。这是非常有意思的实践活动。对于小学生来说，不同于成人较有目的性的尝试。小学生好奇心强，喜欢新鲜事物，他们所理解的“尝

试”，多数是从不会到会过渡的难以忘记的“第一次”，积累经验、掌握方法和窍门的那一次。因此，普遍能在一两分钟之内选定习作所要写的内容。不难看出，这一习作题目，难度适中，圈定的话题贴近学生生活实际，使学生很快入题，让学生易于动笔，有话可写，乐于表达，为学生的自主写作提供了比较有利的条件和广阔空间。

三、背后的“潜台词”

既然是一次尝试，它可能成功，也可能失败。然而，不管怎样，它都会使学生有所发现，有所感悟。这就要求学生在具体明确、文从字顺地记叙这件事的同时，还要写下个人对这次尝试的独特感受。这既符合《义务教育语文课程标准（2011年版）》中对高年级习作的要求，也适度地提高了习作的深度和区分度。只有储备真实的深刻的生活经历和体验，才会写出真切丰富的个性化感悟。这样，我们的习作训练才回归“真实、诚实、诚信”的起点，而不至于走向“纯技巧和工具的撒谎作文”的死胡同。（清华大学教授肖鹰语）

四、此作文题目的人文价值导向

我在翻阅完学生习作之后，内心久久不能平静，为什么呢？因为我分明看到一个个个性鲜明的小学生站在面前，在用稚嫩的童音讲述一个个引人入胜的成长故事，我仿佛走进了他们美好纯真的内心世界。深思可知：这一命题背后蕴含的积极的人文价值：生活是学无止境的大课堂，倡导学生融入其中，勇于实践，大胆尝试，不断提高生活技能。要树立胜不骄败不馁的心态。要自信地展示自我，勇于克服一切困难……学生习作的过程，无疑是一次自我教育的过程，是一次与他人分享成长快乐的过程。

五、半命题习作和自主拟题习作的比较

《义务教育语文课程标准（2011年版）》提出要“减少对学生习作的束缚，鼓励自由表达和有创意的表达，提倡学生自主拟题”。但我在多年的作文教学实践中发现：许多学生很会写作文，但自主拟文题却比较费劲，拟题平平，缺乏创意，不吸引人，抓不准文章的主旨。

同样是一篇写成长故事的高年级作文：

生活中我们一天天在长大，懂得了孝敬父母，懂得了珍惜幸福……请你写一写成长过程中，懂得某一种道理的经历。题目自拟，字数400字以上。

这样的提示语略显宽泛，学生对提示语的理解不透彻，于是就出现了审题的茫然，不会拟题，无从下笔，或者仅仅局限在小范围的孝敬父母的选材写作中。相比较而言，我认为半命题习作，适度限定了习作的取材范围，给了学生思路拓展的一个点，反而降低了习作的难度，激发了学生自由表达和有创意表达的积极性。

近年来，我经常参与学校语文测试的命题工作，还接触到许多有趣的半命题作文题目，如《我心目中的________》《那件事真让我________》《和________聊聊天》《神奇的________》《其实，我不想________》等。这些题目贴近学生实际，给学生广阔的思维空间，让学生易于动笔，乐于表达，学生能在个性化表达中抒发真情实感。

题目是文章的眼睛，好题目能触发学生自主表达的激情与灵感，生活乃“源头活水”，好的习作题目必将常写常新。我们语文教师应加强对习作命题的研究，使命题能真正辐射到儿童生活的角角落落，贴近儿童心灵的一呼一吸。在平时的习作训练中，建议将半命题习作和自主拟题习作相结合，并切实加强对自主拟题的有效指导。

比较阅读诗趣浓

——人教版五年级下册《古诗词三首》赏析指导

古代诗文的欣赏，需要我们穿越时空，了解了农耕文明下古人田园生活的一幕幕场景——日出而作，日落而息；融入自然，寄情山水；琴棋书画，闲情雅致……艰辛却愉悦，朴拙而率性。那时的孩童呢？他们的童年呢？我想象着，我的学生们好奇着。现行小学语文教材本着传承和弘扬中华民族优秀文化的指导思想，对这一内容均有所涉及。《江南》一诗中采莲之乐，《所见》一文里捕鸣蝉的情态，《小儿垂钓》中稚子垂钓的专注，《清平乐·村居》诗句中散学后放纸鸢的快乐……在与孩子的共同诵读中，我听到了——童心在歌唱！

人教版五年级下册《古诗词三首》，紧扣第二单元主题“永远的童年”编排，包括《牧童》《舟过安仁》《清平乐·村居》三首古诗词，描写的是古代儿童有趣的生活。选编目的是通过学习，理解诗词的意思，体会童年生活的纯真和美好；通过背诵、默写古诗词，丰富学生的语言积累；进一步激发学生热爱中华传统文化的感情。

牧童

（唐）吕岩

草铺横野六七里，笛弄晚风三四声。
归来饱饭黄昏后，不脱蓑衣卧月明。

舟过安仁

（宋）杨万里

一叶渔船两小童，收篙停棹坐船中。
怪生无雨都张伞，不是遮头是使风。

清平乐·村居

（宋）辛弃疾

茅檐低小，溪上青青草。
醉里吴音相媚好，白发谁家翁媪？
大儿锄豆溪东，中儿正织鸡笼。
最喜小儿亡赖，溪头卧剥莲蓬。

诗词中展现的童年趣事，与现今城市孩子的生活有比较遥远的距离。探究千年以前的儿童生活故事对学生有很大的吸引力。本着以诵读为主，在情境化故事化的吟诵中，培养高年级学生自主学习能力的原则，落实《义务教育语文课程标准（2011年版）》第三学段目标“阅读诗歌，大体把握诗意，想象诗歌描述的情境，体会作品的情感”。“诵读优秀诗文，注意通过语调、韵律、节奏等体味作品的内容和情感。”我从整体入手，指导学生展开了逐步深入的比较阅读。

一、初读比较，整体把握内容

在学生课前预习自助，正确流利朗读的基础上，课始，就让学生三首连读，比较它们的异同。学生能纵观三首诗词，发现异同，如相同点：都是写有趣的童年生活的叙事诗，都有可爱的孩童形象呈现。不同点：①三首诗词中儿童形象不同。有晚归休憩的一个牧童，有渔船中的两个孩童，有乡村人家的三个可爱的儿子。②三首诗词中儿童所做之事不同。牧童或放牧吹笛，或卧在草丛休息。渔船中的两个孩童于船中费力撑伞。乡村人家的三个儿子锄豆、编织、剥莲蓬。③三首诗词中描述的地点不同，分别为乡村原野、安仁江上、农村人家，呈现出不同的景致。

二、品读比较，入境想象体验

这一环节，我先留给学生10分钟的时间，让4人小组合作互助，结合注释，交流三首诗词的意思。我分组聆听，对“笛弄晚风”“怪生”等处做了指导，学生汇报疏通诗意。做好了深入品读的铺垫。

古诗词意境的品读开拓，诗词中孩子和诗人感情的体会，是我此次尝试比较阅读要突破的难点。我琢磨设计，又按范读入境—插图浓境—想象创境的教学思路展开比较阅读。《牧童》我配上笛子曲，有感情范读，学生边看插图边用心聆听。请一男生加动作和表情范读《舟过安仁》，其余学生试着从书中画面听出活动的小故事。《清平乐·村居》则配以古曲，让男女生分开读词的上下阕，漫步乡村。范读带入诗境，插图染浓诗境，我趁势让学生带上美妙的感受多次吟诵，用心闭目在脑海中创造更清晰和个性化解读的诗境。如《牧童》中牧童放牧原野，草色葱茏，何其开阔，归时晚风中笛声悠扬，尤其是牧童饱饭卧月夜，多么惬意！再如《舟过安仁》里渔船上稚气的两个孩童，不再费力撑篙划桨，异想天开地撑伞，借风行船，很是聪明！《清平乐·村居》低矮的茅屋前，溪水潺潺，安详的老夫妇略带醉意地闲聊，三个儿子各自忙碌，真是和谐幸福的一家人。

最后巧抓“诗眼”悟情感，透过诗眼体会每首诗不同的情趣。三首诗词的诗眼分别是（闲）“弄”、（奇）“怪”、“喜”（欢），联系每一首诗词，体会诗人是怀着怎样的心情来写的？表达了怎样的思想情感？我适时补助，介绍诗歌创作背景，让学生体会：《牧童》流露出诗人吕岩（吕洞宾）对恬静闲适生活的向往。《舟过安仁》表现了杨万里对聪明伶俐的两个渔童的喜爱和赞赏。《清平乐·村居》则表达了辛弃疾退居江西上饶，对农村田园生活的向往和喜爱。结合学生对诗词的理解和对作者感情的体会，引导学生把握住作者的感情基调，读出自己的感受。学生的品读理解又提升了一个层次，课后小故事的编写别有趣味。新课标“在诵读积累中感染熏陶，培养语感，注重情感体验，发展对古诗词的感受和理解能力”的目标得以落实。

三、赏读比较，感悟不同写法

在学生吟诵兴味正浓时，我又引导学生对三首叙事诗词的写法进行了浅近的探究：《牧童》首句写景，视野空旷，平缓舒展，第二句风中弄笛，牧童由远及近。“六七里”“三四声”数量词的使用，笔触活泼。三四句时间推移，叙黄昏至月明时吃饭休憩之事，平直自然。尾句“月明”渲染气氛，一切又归于宁静、幽远、美好，呼应首句。相比之下《舟过安仁》叙事更为直接，用诗人的视角观察，叙事中动词使用准确，突出孩童有趣的行为。三四句颇似自问自答，表现诗人童心未泯。《清平乐·村居》以词的形式表现田园之美、田园之乐，更加清新、委婉和细腻。以景开篇，词中一家五口各具情态，从“醉里吴音相媚好”的安详老夫妇写起，一一描写，着力于“小儿”的描绘，“溪头卧剥莲蓬”生动地塑造出他调皮自在的可爱形象。人物刻画较前两首古诗更有层次，更鲜活。当然，写法的对比领悟，点到为止，意在让学生体悟到古诗文行文的精妙，写法的讲究，不可过高要求。

四、选读比较，拓展阅读视野

在学生意犹未尽时，鼓励学生选择其中一首古诗词，发挥想象，补充情节，创编故事。课外搜集、诵读、积累有关写童年生活的诗词，组织一次主题语文活动——古诗词中的童年趣事，交流搜集和积累的古诗词，激发学生读背、积累古诗词的兴趣。如杨万里其他写儿童生活的诗，《稚子弄冰》《桑茶坑道中》《闲居初夏午睡起》等。

经典诗文的阅读，不仅是语言的理解与积累，而且是文化的浸润与积淀。古诗词的比较阅读更具延展性、高效性，立足整体，促进学法迁移，激发了高年级学生品读赏析的浓厚兴趣，有助于培养他们独立鉴赏古诗词的能力，形成个性化的审美情趣。

小寓言中的大学问

——教学《坐井观天》中的几点感悟

最近，在学校组织的反刍式教研活动中，我们低段教研组所有成员对《坐井观天》一课进行了同课同构。《坐井观天》是人教版二年级上册第四单元（怎样看问题、想问题）中的第一篇课文。

这则寓言，借助形象有趣的对话，给学生讲述了一个寓意颇深的故事。本文围绕青蛙和小鸟对天的大小的争论，阐明了一个深刻的道理：看问题、认识事物，站得要高，看得要全面，不能像青蛙那样犯了错误还自以为是。文章寓意，对于七八岁的二年级学生来说，具有现实的指导意义，因为在他们的成长过程中，对事物的认识往往是片面的，甚至错误的。

课前我了解到：二年级学生，已经阅读过一些寓言故事。但是，相对于低年级学生喜闻乐见的童话故事，阅读寓言中寓意的初步理解，即“可笑之处？错在何处？何为正确？道理何在？”学生有一定的困难。对于常担任中高年级语文教学的我来说——简单背后不简单啊！

我深切体会到：教材解读须深入，团队互助智慧多，教学预设要充分，课堂生成有惊喜。整堂课，我教给学生读懂对话的学习策略：练读—质疑—讨论—分角色读，充分让学生自助、互助，他们读、画、议、读，我适时补助、续助，学生与文本进行充分的对话，学习效果良好。

一、层层递进读对话

作为虚构的寓言故事，其情节推进的形式多种多样。常见的有按顺序叙写式和角色对话式。如《守株待兔》《狐狸和乌鸦》《亡羊补牢》等为顺序叙写式。《坐井观天》这篇寓言，就是角色对话式。学生已经知道一问一答为一次对话。在备课中，我发现，本课三次对话很有意思。

青蛙问小鸟："你从哪儿来呀？"

小鸟回答说："我从天上来，飞了一百多里，口渴了，下来找点水喝。"

青蛙说："朋友，别说大话了！天不过井口那么大，还用飞那么远吗？"

小鸟说："你弄错了。天无边无际，大得很哪！"

青蛙笑了，说："朋友，我天天坐在井里，一抬头就看见天。我不会弄错的。"

小鸟也笑了，说："朋友，你是弄错了。不信，你跳出井口来看一看吧。"

三次对话，第一次"哪儿来""天上来"是即问即答式。又隐含"你为什么要从天上飞下来，落在井沿上？"的疑问，而小鸟的回答"飞了一百多里，口渴了，下来找点水喝"很好地回应了这个问题，又自然引发了下一次对话，聚焦"天有多大"的争论。第二次对话青蛙和小鸟摆出观点，两者截然不同，形成对比。摆观点时它们固执己见、自以为是和肯定自信的语态跃然纸上。第三次对话继续深入，各自说明理由。指导朗读时，我正是引导学生抓住两个意味不同的"笑"，紧扣"坐在井里，不会弄错""是弄错了，跳出井口"回应开头，找到原因，判断谁对谁错。这种对课文对话层层递进的解读和朗读指导，抓住了重点，读出了言外之意，为理解寓意做好了铺垫，为分角色朗读打好了基础。

二、体验补白明寓意

在朗读课文过程中，为更好地理解寓意，并进行全面看问题的思维训练，我针对主干问题"青蛙与小鸟为什么有不同看法"，做了如下处理：用书本卷成纸筒看黑板，看到的黑板有多大？实际的黑板有多大？当堂体验因视线被遮的局限，不能看清事物真实的面目。再回读第一自然段用上"因为……所以……"，句式练说，思维梳理，初步体会目光短浅、眼界狭小，见识有限的寓意。为换个角度，正面理解寓意，再谈谈你对小鸟的看法：它站得高，看得全，看得远，看得真。在对比中得出正确的判断，学习看问题的方法。读完课文，抓住时机补白续编第四次对话：设想一下，假如有一天，青蛙跳出水井，跳到井沿上，它会看到什么？说些什么呢？学生带上了不同的语气，或兴奋，或高兴，或大吃一惊，或不好意思，创造性地练习对话，加深了对寓意的理解：我们（青蛙）要学会全面看问题，不能盲目自信、自以为是，要接受别人的正确意见。

三、识字写字渗文化

本课有8个生字，我重点指导了“信、沿、答”3个字的书写，尤其对“信”，增加了字理识字的内容：了解字形演变，知道它是会意字“人言为信”，《说文解字》中讲：“信，诚也。”诚实，不欺骗。结合学校校训“仁、信、智、恒”，我对“信”的文化内涵做了简要阐释。从上课学生的反应来看，识字写字效果非常好，祖国汉字的传统文化，深深地吸引了学生，在文化浸润中，潜移默化地对学生进行了传统文化教育。从低年级就夯实学校“立人”文化的根基，在人文积淀、人文情怀和审美情趣等学生语文核心素养培育方面点点滴滴积累。

四、适度拓展激读趣

作为教师，解读文本应有新眼光，力求有新发现。如引申来讲，题目“坐”还有坚守、常驻不动、长期停留的意思。我对成语“坐井观天”进行了发散练习，积累了它的近义词“井底之蛙、盲人摸象、管中窥豹”等，和反义词“见多识广、纵览全局、高瞻远瞩”等。在结课时，从我外出学习，不做保守的井底之蛙的体会和收获举例，风趣幽默。最后我拓展延伸，出示成语出处：“坐井而观天，曰天小者，非天小也。”（韩愈《昌黎先生集·原道》）布置阅读其他寓言故事，准备与同学交流。如《伊索寓言》《中国古代寓言故事》等，使学有余力的学生有更多的收获，激发全体学生课外阅读的浓厚兴趣。

的确，小小寓言，就是一道看不完的风景，就是一篇读不尽的故事，蕴含哲思，学问多多，意味深长。

品味理趣　诗意审美

——《观书有感》教学感悟

作为一名小学语文教师，我对古诗词教学情有独钟。近几年来，先后在公开课中执教了《望庐山瀑布》《出塞》《清平乐·村居》《望洞庭》《所见》等篇目，对我来说，一次次执教，都让我经历了传统经典文化的洗礼。从最初兴致勃勃给学生讲古诗，到激情澎湃领学生诵古诗，从半扶半放让学生自读理解，到大胆创新教学生唱古诗，走到诗后解读背景，寻找契合的最佳配乐，古诗学法的不断总结，同主题诗歌串联，一次次尝试，一步步成长中，我的古诗教学观在悄悄地发生变化。

我选择执教朱熹的《观书有感》，课后有一些思考和新的感受，愿与大家分享。

一、避易就难

我选课时，初步选择了苏教版六年级上第22课《古诗两首》，开始有将两首写读书感受的诗对比讲的打算，在细细研读教材后发现，第一首诗字面意思更浅近直白一些，学生理解相对容易。于是，我决定挑战第二首——朱熹的《观书有感》。

二、功在课外

说老实话，诗选好后，一周多的时间，我口中念的是诗，心里想的是诗，欣赏视频朗诵，琢磨我的范读，吟诵不下50遍，诗句熟烂于心。阅读宋代哲理诗（课上，以教参为准，选用了学生较容易接受的名称——说理诗）的发展及特点的论文，参阅了钱锺书等人对宋代哲理诗的评议，了解朱熹及其理学思想，研读朱熹其他诗作，查找最新古诗教学策略相关论文等，真是忙得不亦乐乎！全面深入地、大视野地研读一首诗，是多么重要！多么不易！

三、深入浅出

诗外大备课，让我初觉底气大增，梳理前期备课所得，我心中有了几分数。于是，着手具体的课设计，我本着深入浅出、以学定教的原则，制定了读通—读懂—赏悟逐层递进的学习目标。从学生的实际出发，对前两个目标的达成，我设计了学生自主学习和同桌互助的自学活动。这样在赏悟阶段，教师重点点拨，引导学生赏文字美、意境美，悟诗情、悟诗理。

四、巧妙攻关

理解古诗内容（一池清水）与题目（观书有感）的关系，领悟诗中蕴含的深刻哲理；了解这首说理诗借景喻理的特点是这一课的教学难点。课堂中，我是这样铺垫和突破的：抓住诗眼“清”体会，明白活水对于方塘的重要性。鼓励自主质疑，就有学生提出：诗中写的明明是池塘的水，可是诗的题目是“观书有感”。是文不对题吗？池塘的水和读书有着怎样的联系呢？小组充分讨论后汇报总结，相机填空：（　　）使池塘变得如此清澈。（　　）才能使人变得更加聪明。源源不断的活水就像（　　）。半亩方塘就像（　　）。至此，诗人借景喻理，用池塘的水来比喻读书，形象而又生动的写法，学生就很容易体会到。

五、适度拓展

整堂课，在前半部分，我在体会古诗文字音律美、灵活直译意译古诗、想象古诗意境美等处，做了一点拓展，力求使学生有更多的收获。总结全文后，又选择了3个拓展点：①赏析其他说理诗中的名句；②阅读朱熹《观书有感》其二；③搜集与读书有关的名言警句。意在培养学生独立鉴赏古诗词的能力，形成个性化的审美情趣。激发学生自觉读书学习，汲取新知，开阔心智的积极性。

“问渠哪得清如许？为有源头活水来。”朱熹的诗，理趣横生、灵气流动、思路明畅。教学古诗，就是要引领学生不断积累，愉悦沟通，带着情意，带着思考，去和诗人沟通！

情境语文中的古诗教学例谈

柳树，是早春代表性景物之一，她婀娜多姿，风情万种，是历代文人墨客吟咏的对象。贺知章的这首《咏柳》更是咏物诗中千古传诵的经典佳作。

开学初，我在教学这一课时，正值学校语文情境教育试点实验初期阶段。在阅读相关书籍，学习理论的基础上，我将这一课作为情境教学的研讨课公开教学，在课堂进行古诗学法教法的创新实践。

《义务教育语文课程标准（2022年版）》中对中年段古诗阅读提出了这样的目标：诵读优秀诗文，注意在诵读过程中体验情感，展开想象，领悟诗文大意。依据课标阅读目标，设计《咏柳》一课的教学时，我力求体现李吉林老师的“情境教育”理念，把语文课堂中的情感活动和认知活动结合起来，注重落实情境教学五要素：以培养兴趣为前提诱发主动性，以观察周围世界为基础强化感受性，以发展思维为核心突出创造性，以激发情感为动因渗透教育性，以训练学科能力为手段贯穿实践性。

一、解读美

古诗词教学要为语文核心素养的提升而教，要指向人的精神、思想情感、思维方式、审美情趣等的培养和提升。我潜心研读，全面关注到文本的原生价值和教学价值，即除写了什么外，又是如何表达的。本文为第一单元的第二篇课文，体现了“感受大自然的美好”的单元主题，是学习观察方法，积累优美句段，诵读训练语感，提升语文核心素养的经典范例。备课中，我以“和古人一同赏春”为主题，将本课的《咏柳》《春日》两首诗和拓展阅读的五首古诗词整合在一起备课，力求构建开放的阅读体系。

我发现了《咏柳》诗句中蕴含的诸多美的因素：“碧玉”描摹新叶嫩绿

晶莹的鲜亮之色彩美，“绿丝绦”绘出柳条的绿茸茸的柔美形态，“妆”小家碧玉般的少女美的容貌，“垂”柳丝披拂，裙带飘飘的勃勃生机，“裁”形象化二月春风的灵巧神奇。全诗一二句写眼前实景，细细描绘，描摹柳树满树绿意，绘出柳条柔美姿态，与其他树木不一样的风情，万千条柳丝，春意绵长。三四句自问自答“二月春风似剪刀”的想象、比喻别出心裁，让读者也在思考中收获惊喜，给读者无尽的美的遐想。“一树”与“万条”观察视角远观近看的变化，数量对比，“高”与“垂下”对应，舒展散发出无限生机。

教师首先被文本的语言表达美吸引，心灵震撼，才可能在教学设计和实施中，成为学生鲜活优美文字阅读的引领者，美读体验的传递者。

二、赏析美

教学活动设计中，我充分运用了情境语文的诸多有效的情境创设的策略，如生活场景展现、图片再现、语言描绘、诵读联想等，引导学生入境感受体验，走进古诗精练文字的意境中。

课前，我安排学生观察小区、公园等地的柳树，对柳树特点有第一现场的感知，有观察记录。回家后做了柳叶标本，每人画了一幅柳树图。

课堂中，我利用插图，让学生跟随诗人，河边赏柳，观诗人所见，思诗人所想，赞诗人所咏，诗情满满。除插图外，我还精心选择了11张不同的柳树图片，突显了柳树不同角度的美的特点，充分利用图片资源，再现柳树的美，配以教师生动简洁的语言描绘，让图片说话，让学生想象说话，让柳树的美，柳条、柳叶的美入眼入心。

诵读是学生与诗人情感交流、情感共鸣的纽带，通过有声有情的诵读，文中的字句就会活起来，文章整体也会更具形象性。从中年级就要培养学生诵读的习惯，读出语调、读出感情、读出韵味，鼓励学生带着自己的感受去读诗句，让他们在反复吟诵中浮现出诗的意蕴，读出诗歌的情绪。个别读，分句读，轻声读，配乐诵读等，多形式练习，发挥学生的能动性，让学生自己去感悟、体会词句的妙处，学习语言、积累语言。

三、表达美

课前，柳树绘画是一种美的表达。课堂中，看图，对柳树、柳叶的想象练说，思维活跃，想象有童趣，是一种个性化表达。深情诵读，是一种领悟诗情画意的表达。学习古诗后，当堂片段练习，紧扣学段目标，读写结合，写下读古诗的美好体验，描绘观察过的柳树的颜色与形态。结课，师生诵读杨万里的《新柳》，更是一种对柳树爱的表达。带着内心对柳树的赞美，对美好春天的热爱，这首诗会铭记在学生记忆深处，成为春天的一份珍藏。

情境语文课堂，教师对古诗词的热爱，将化为积极的情感力量，会唤醒学生对中华传统文化的热爱。古诗诵读，让文化传承更有力量，让审美鉴赏从中年级起步！

“1+X”多文本阅读的教学实践与思考

——以统编教材六年级上册《三黑和土地》为例

统编语文教材，每个单元安排了精读课文和略读课文，精读课侧重老师教，结合例子，指点方法，激发阅读的兴趣，而略读课，重在让学生自读，举一反三，把精读课学到的方法运用到自主阅读实践中。统整课内外阅读，引入更多的课外自读篇目，由课内教材中的“一篇”，拓展到课外的“一篇”或“多篇”。这种“1+X”多文本阅读的教学实践，让孩子们在学好教材的同时，更好地实现从课内到课外的延伸，实现更优质、更广泛的阅读，为学生的理解、迁移和运用提供实践平台，同时也提供一种整体的、比较的、思辨的视角，既能强化学生的阅读和表达能力的训练，又能提升阅读的效率。

作为一名高段语文教师，我在本学期组内研讨课中，就六年级上册第六单元“珍爱我们的家园”（含精读2篇：《古诗三首》《只有一个地球》；略读2篇：《三黑和土地》《青山不老》）中略读课文《三黑和土地》进行了拓展多文本阅读教学，下面谈谈个人的教学实践与思考。

一、树立开放大阅读观，确定议题选文

在本组前两篇精读课文学习中，学生产生美好的田园情怀，环保意识进一步激发，进行了抓关键句把握主要观点的语文要素训练。我利用30分钟的小课，紧扣阅读提示，进行了《三黑和土地》的略读指导。学生自主阅读，了解作者苏金伞和创作背景土改运动，有感情地朗读，体会三黑对土地的热爱之情和重获土地的喜悦。鼓励他们在四五年级阅读现代诗歌的基础上，进一步体会现代诗歌的表达特点。

我初步选定议题“农民与土地”，之后围绕苏金伞乡土诗作、农民、土地等关键词开展了现代诗歌（更长于抒情）的广泛多角度阅读，读到艾青、读到海德格尔、读到刘湛秋、读到改革开放背景下的农民……我是农民的女儿，越读，我内心越发激动，“人，诗意地栖居在大地上”，土地，人类永恒的家园。土地，农民心中的眷恋。开放的大阅读理念，让我的思路别有洞天——最终我选定《中国的土地》（刘湛秋）、《最好的早晨》（苏金伞）、《多情的土地》（任志平）三篇现代诗歌。

这三篇与《三黑》在人文主题、表达特点、作品体裁等方面，有比较强的互文性。《中国的土地》从神奇的土地和美丽的人民两方面着笔，《最好的早晨》描绘农民耕作的鲜活明丽的早晨，《多情的土地》借故乡熟悉的一草一木，抒发浓浓的乡情。课内外四首诗歌，虽创作背景不同（土改运动和改革开放），构思表达角度不同，但诗歌主题“农民与土地”（人与自然）中蕴含的“爱”是相通的。

我深切体会到：从课内到课外，由一篇到多篇，在确定议题，精选文章的过程中，教师自己的阅读视野被打开，立足整体，对文本进行由表及里的解读，教师成为真正的阅读课程的开发者。

二、培育语文核心素养，定位教学目标

《义务教育语文课程标准（2011年版）》为语文阅读教学开拓新境界，倡导独立阅读、自主阅读、个性化阅读、多重对话等新实践。近几年，随着课程改革的深化，核心素养的提出，给语文教育注入了源头活水，强调全面提高学生的语文素养，尤其是语文课程中语言、思维、审美、文化四大核心素养的提出，标志着语文学科开始在科学理性的观照下，更多走向人文品格的培育与提升。听说读写中最重要的阅读教学，在重视提升阅读能力的同时，需要特别关注思想、文化等方面的人文浸润。

《义务教育语文课程标准（2011年版）》提出了第三学段具体阅读目标，如“体会作者的思想感情，初步领悟文章的基本表达方法。阅读诗歌，大体把握诗意，想象诗歌描述的情境，体会作品的情感。受到优秀作品的感染和激励，向往和追求美好的理想……”等，基于对以上几首现代诗歌的文本解读和高段学生学情分析，紧扣课标学段阅读目标，立足本册教材第六单元的单元目

标，我制定了以下三个教学目标：①阅读三首与土地、农民有关的现代诗，抓住关键句把握诗歌内容，了解现代诗的基本特征；②引导学生运用多种策略阅读赏析，在诵读、交流中，进一步感悟农民对土地、对家乡、对祖国深厚的热爱和眷恋之情；③在诵读基础上，鼓励学生表达对土地的新感受。这三个教学目标抓住了重点，突出了要点，准确把握了难点。

三、选择多种阅读策略，有效教学实施

以往语文教学比较偏重精读，学生阅读视域比较狭窄，只会精读，紧盯考试，且阅读速度很慢。统编本语文教材更加注重多种阅读方法的运用——默读、速读、浏览、跳读、猜读、比较阅读等，并且灵活运用各种不同的阅读方法进行阅读实践。

教学活动中，我设计了以下板块：

（1）图说“农”字理，趣味导入。

（2）复习：我说现代诗特征。（如鲜明的形象性和浓烈的抒情性等）

（3）选读《三黑和土地》前三节，回味喜与爱。

（4）指导赏析《中国的土地》。（结合课前预习，在了解作者和改革开放创作背景基础上展开）

（5）小组合作学习《最好的早晨》《多情的土地》。（借助表格学习单）（抓住重点句批注感受）

（6）四首连读，精彩诵读展示。（比较阅读，关注比喻、反复、借代等修辞，抒情的方法等）

（7）即兴抒写对土地的感受。

（8）布置作业，阅读推荐：阅读《在希望的田野上》，并学唱歌曲；课外阅读苏金伞诗歌《小轿和村庄》，写下读后感悟（或自选同主题散文）……

教学实施中，我和学生选择了多种阅读策略：比如四首诗歌并置，快速浏览，整体感知；每一首诗歌自主默读，联想意象；逐首跳读，搜索抒情的中心句；比较阅读，发现同与异。归纳出现代诗特点：高度的概括性、鲜明的形象性、浓烈的抒情性、和谐的音乐性。多文本阅读对学生阅读力，尤其是阅读速度很有挑战。我欣喜地看到，中高年级学生有潜力，在教师激发、培育中，他们运用比较、统整等策略，默读、浏览、跳读等阅读方法的技能有所提升。

四、回归润语文新理念，渗透家国教育

统编语文教材，九义阶段以人文主题和语文要素两条线索组织单元，在党和国家强调“立德树人”教育这个大背景下，阅读教学中的“以文化人”“以文育人”功能必须得到强化。坚定理想信念，厚植爱国情怀、强化责任担当，成为语文教学，特别是阅读教学的应有之义。

近年来，我坚持在一线语文课堂中践行“润语文”主张，引领学生在听说读写思的语文实践中，丰富语言积累，学习语言文字运用，语文课堂充盈爱与美的人文气息，情意融融，流泻润语文之美。在多文本阅读中，体会土地上的劳动者对土地、对家乡、对祖国深厚的眷恋和热爱之情，并上升到人与自然和谐相处的永恒主题中。教学在努力体现“读写并重”的新阅读理念。课堂上，教师片段示范，学生有感而发，即兴写下对脚下土地新的感受，充实丰满，饱含真情——为什么我的眼里常含泪水？因为我对土地、对家国爱得深沉！

每一位一线语文老师，在教好课内教材的同时，都应该为学生构建更丰富的母语课程，带领学生走向更广阔的阅读。实践中，学生会逐渐增强自主研读、自主建构的能力，并将焕发出强大的学习能力。基于1+X理念下的多文本阅读的教学实践，促进学生内在精神成长和文化认同，促进他们阅读素养的提升——习得策略练思维；学会积累促表达；体悟情感会赏美。绚丽书籍百花园，多处寻芳酿蜜甜。

融入图画情境　乐写童趣生活

——以统编小学语文三年级看图习作“放风筝”为例

小学二年级学生，语文习作训练的主要形式是看图习作。要求“写自己想说的话，写想象中的事物，写话中乐于运用阅读和生活中学到的词语”。升入三年级，开始学写日记，练习话题习作。尤其是第一学期起步阶段，习作教学一直是教师教学的难点。《义务教育语文课程标准（2022年版）》第二学段表达与交流又提出了新的要求：“观察周围世界，能不拘形式地写下自己的见闻、感受和想象，注意把自己觉得新奇有趣或印象最深、最受感动的内容写清楚。尝试在习作中运用自己平时积累的语言材料，特别是有新鲜感的词句。学习修改习作中有明显错误的词句。”

怎样在三年级习作起步阶段，培养学生留心观察的好习惯，初步掌握正确的观察方法，不拘形式地把观察所得写清楚呢？看图习作就是特别有效的训练切入点。

一、三年级教材看图习作的主要特点

现行统编教材，三年级起，每单元一般从阅读与表达两方面安排语文要素。“观察”和“想象”是三年级教材两个重点训练要素，连续出现，反复运用，不断提升。

（一）符合学生特点，适合习作起步

三年级看图作文，是二年级看图习作的延续与提升。三年级的学生，处在形象思维向抽象思维过渡期，生活积累和语言储备有限。图画材料，取材生活，形象直观，故事性强，便于学生抓住素材，有话可写，降低了习作起步的

难度。三年级看图作文，有助于学生观察能力、想象推理能力和表达能力的培养，是培育语文核心素养之语言运用的重要途径之一。

（二）图画选择基于儿童生活情境还原

看图习作，是小学材料作文的一种形式。图画，是现实生活中真实事件、场景的再现，是儿童趣味生活情境的静态还原。三年级上下册各有一篇看图习作，上册第四单元，下册第二单元。上册是三幅图，下册是单幅图，均是儿童生活活动场景图。

（三）内容主题鲜明，习作要求明确

上册第四单元，要求学生根据三幅图画中同学的对话，猜测接下来发生的事，进行“过生日”故事续写。图画主题反映同学之间的相互关爱和深厚情谊。下册第二单元，要求学生仔细观察图画，把由图画“放风筝”看到和想到的内容描写清楚。图画展示了儿童丰富多彩的课余生活。两个习作，图画素材贴近学生生活，学生学习兴趣浓厚。特别是下册第二单元“放风筝”，教材从习作前、习作时、习作后做出提示和要求，习作后提出同学互读互评、自主修改的要求。

（四）与单元语文读写要素关联紧密

上册第四单元“过生日”故事续写，安排在特殊的预测阅读策略单元中。学生运用预测，进行三篇童话故事的阅读实践。在此基础上，看图习作，观察图画，猜测和推想，续写故事。这一练习，也为第五单元“留心观察”习作单元做了铺垫。下册第二单元，要求学生仔细观察图画，把由图画“放风筝”看到和想到的内容描写清楚，是在“寓言故事”单元，四篇课文的学习，讲述故事情节、领悟道理、联系生活的训练之后进行。阅读中故事情节的复述，极富角色个性的对话朗读，会带给学生习作丰厚的语言积累。

二、三年级下册看图习作的教学实施策略

依据以上对三年级看图习作课程主要特点的认识，下面就以三年级下册“放风筝”看图习作为例，谈谈在语文课堂的教学实践与思考。

（一）仔细观察，读懂图意，有序有主

观察和积累是写好习作的基础。观察是看图习作的先遣队。课始，教师先由风筝和放风筝的40秒短视频激趣引入。学生自主观察图画，初步整体把握，

（要素串联：时间、地点、人物、事件）并能感受假日放风筝的快乐。之后，引导学生进行细致有序的局部观察。由近及远，从地面人物到天空风筝细细看，地面近处的两个小男孩怎样配合，一个小女孩如何观望。远处的一家三口在干什么。天空风筝的样式、色彩、动态等。借助学习单梳理，相机将关键动词（拽、跑、放、举、看等）、提示词记录下来。最后，依照表格，同桌之间有序练说图意。看懂图意，明确顺序基础上，师生讨论，一致将近处的三个小朋友作为主要人物。从动作、表情、手执风筝等细节处再次观察。

（二）激活延展，善于想象，丰富内涵

爱因斯坦说过，想象力比知识更重要。“想象是灵魂的眼睛，是思维的触角。”看图习作中，丰富的想象不可或缺。图画上的人物是静止的，有了想象内容才能鲜活，人物形象才能丰满。要根据画面，展开合理的想象，丰富画面故事情节，读出图画隐含之意。

接下来，我启发学生联系自己放风筝的体验想象：图中的孩子可能说了哪些话？适度前后延伸，推想画面“瞬间”前后的事。提出三年级看图习作新的训练点——合情合理，将想到的说（写）清楚。这样，图画隐含的主要人物对话、心理活动（如小女孩的羡慕，小男孩的喜悦等）、前因后果（故事背景，巧妙的情节关联等）、相互关系、感受体验，甚至笑声风声等都被一步步深入挖掘出来，画面与声音同步，情节才完整，趣味得彰显。此处练说交流，依托想象，更具开放性、发散性，教师要充分肯定，鼓足学生“跃跃欲试”的书面表达的热情。

班级学生，联系生活，对图中人物的不同的动作描述具体，语言和想法的想象，合情合理。例如：

空地上，几个小朋友正在放风筝。小女孩双手抱着漂亮的蝴蝶风筝，转头看着旁边正在放风筝的两个小男孩。只见其中一个男孩手中握着线轴，一边放线，一边往前跑着，边跑还边回头看，大声喊道：“准备好了吗？”另一个男孩双手高高地举起风筝准备放飞，回应着：“好啦！放线，不要太快！”一旁的小女孩心中不禁暗暗地想：他俩的风筝能飞起来吗？

（三）完整清楚，细节生动，鲜活表达

一是教师范文引路，让学生在赏析中学习表达。我指导后，用约8分钟时间，又带着孩子们对照图画，利用国家云平台的一篇范文，与他们共同赏析，学习表达。重点边读边勾画人物动作、神态、语言等细节处的生动描述。二是学生身临其境，完整叙写。凑巧，利用下一节连着的语文课，当堂完成草稿。孩子们在细致观察、合理想象、重点练说基础上，按近处、远处、天空等板块有序表达，一气呵成。能明确将近处的小朋友作为重点描写对象，有细节，能通过想象，把放风筝的过程描述清楚。三是鼓励学生贴近生活，创意习作。在三年级前半学期的习作训练基础上，孩子们主动用积累的新鲜词句（三年级持续训练的一个语文要素），用有文采的比喻句、拟人句（如借风筝起舞，与白云对语写心情等）表达，更会抓住动作、神态、语言描写，清楚生动地写故事。静静的课堂，他们完全沉浸在春日放风筝的欢乐情境中，带着美好有趣的活动体验写作，自由尽情表达。

班级某位女生，“我”入画中，大胆创意想象，讲述图中兄妹三人合作放风筝的场景，也很吸引人。

弟弟说：“姐姐，我们比赛放风筝。”我抱着自己的蝴蝶风筝，笑着说：“先把你的风筝放起来再说吧！”弟弟很不服气：“哥哥，你帮我！一定要比姐姐的放得高！”哥哥抓着线轴，边跑边大声喊：“我喊‘松手’你再松！”弟弟举着风筝，那只“小燕子”盯着他，好像在给他加油。哥哥大喊：“快松手！”“小燕子”风筝飞上了蓝天。看着哥哥和弟弟放风筝，我心里别提多羡慕了，我多么想让自己的“蝴蝶”也飞上蓝天啊！

（四）交流互促，注重评改，全程跟进

我认为，看图习作教学也一定要重视学生的作前预学指导。如写作前布置学生进行放风筝活动实践体验，课前阅读人教版旧教材《放风筝》一文。

写完后，组织同学之间交换习作读一读，互相评一评：图画内容是否介绍清楚了？有错别字吗？依据同学的意见自主修改习作。在学生推荐的基础上，选出表达有特点的3—5篇修改稿，自己在全班朗读展示。师生对照习作要求再次评议，尤其肯定将“想到的”内容写具体生动的地方。这样，实现了习作的全程跟进指导，初步训练了学生评改技能。

从全班上交批阅的习作来看，整体效果非常好。习作教学的整个过程，我注重发挥课程育人的价值，渗透了热爱生活，倡导假日健康生活理念，放风筝寄托了画中人和孩子们共同的心愿：放飞梦想，向往自由。图中伙伴间的互帮互助、坚持才能成功等使孩子们受到潜移默化的教育。

三年级看图作文，教师要深入研究教材，适度在平时练笔中拓展训练，训练要有目标意识，注重思维训练，并逐步提高要求。尝试根据图意分段表达，不着急谋篇布局。要特别重视联系学生生活实际，调动生活积累，打开习作思路。注重习作过程的分步指导，用各种方式，给学生提供习作的支架。从习作前的观察和搜集素材，到习作时的材料与语言组织，再到完成后的交流与修改。要特别重视激发孩子的习作兴趣，鼓励放胆自由表达，肯定个性化创意表达。在一次次习作实践中，不断增强自主习作的信心。

总之，看图习作教学的实践，还需要我们长远考虑，正如潘新和教授所言，教师要注重养护孩子活泼泼的言语个性与精神创造力，引导他们观察发现、浸润体悟，率性放胆表达，让习作芳草地成为孩子们言语生命成长的精神家园。

聚焦学科核心素养　问道苏派教育名家

——兰州市名师名班主任苏州高端研修班学习心得

苏州，这座东方水城，灵秀、静谧而富有诗意。初冬苏州城以厚重的历史文化底蕴迎接着我们这些教育人，几天来，我们静静地享受着苏州城带给我们的文化盛宴。在聆听中思考，在思考中收获，交流分享，展示提升，且学且悟，收获多多……每一天都是充实的，每一天都是幸福的，每一天都是感动的。

在苏州一中这座有着百年历史文化的学校中里，我们参加了为期一天半的第六届全国基础教育改革与发展论坛。本次论坛聚焦核心素养与基础教育课程改革，探讨我国基础教育领域培育学生核心素养与实践问题。专家们高屋建瓴，不仅给予我们专业的理论支撑，还传授给我们具体的操作方法。让我们切实明白只有培养学生的核心素养，才能成就学生的幸福人生！

一、文化底蕴深厚的4所学校

苏州一中、平江实验学校、苏州十中、苏州中学。环境优美，中国式建筑凝重而静谧，树木葱郁、池水清澈、视野宽阔，无不体现着苏州园林的精巧，令人啧啧称奇！初冬时节细雨霏霏，漫步在“最中国”学校，圣陶讲堂中热情洋溢，各位讲学者学识渊博，敬业精神可嘉，他们为学校注入了生机与活力，历史老校让叶圣陶教育思想焕发着奕奕神采，让孩子们乐享课堂，幸福成长，让老师们专业成长，幸福教书。“教育为人生”是叶圣陶老先生教育思想的精髓，引领着一辈又一辈的教育人为学生的丰厚人生砥砺前行！

二、苏派名家名师的讲座触动心灵

文化的传承，教育思想的浸润，从范仲淹到叶圣陶，从陶行知到杨瑞清，从朱永新到李庾南，从黄厚江到王开东，大师辈出，名家涌现，薪火相传，一个一个教育的美丽传奇、动人故事，精彩上演，令人神往。从“先天下之忧而忧”到“教育为了人生”，从“捧着一颗心来”到“走在行知路上”，从“教育就是培养习惯”到“教学修炼生命追求”，从“本色语文”到“深度语文”，思想与情怀共生，热爱与激情碰撞，演绎了多少教育佳话，哺育了多少优秀学子。

新教育实验发起人朱永新老师的《习惯养成是核心素养形成的行动路径——新教育实验“推进每月一事”的理论与实践》讲座给我留下深刻的印象。朱永新教授敏锐地发现习惯养成对于一个孩子的现在、将来都将产生决定性作用后，努力完善和丰富学生的习惯养成。在“每月一事”活动中，制定了分年级按月份的翔实且具有高度操作性习惯养成的12习纲36习目。例如，一月的习纲主题是节俭，一年级的习目专题就是节约，依据孩子年龄偏小的特点，活动内容是相对容易的“让我们学会吃饭”；二年级的习目专题是节制，活动内容是“让我们在约定的时间玩游戏”；三年级的习目专题是俭朴，活动内容是“让我们学会珍惜物品”……纲目的内容，由浅入深、由简到难，依据学生身心发展的需要量身定做。这些事情，都是孩子们每天的生活中必须发生的。可是，让孩子们怎样在这些日常生活事物中懂得节约粮食，遵守时间并学会节制自己，珍爱物品呢？简单的说教能起到作用吗？答案是能，但也只是教师讲，孩子听，讲时记得，回家即忘。朱教授的高明之处就在于调动孩子们自主从生活中、从活动中发现，找到答案，明白节俭的内涵。这种发现不是教师告诉的，是自己感悟得到的，因此记忆是深刻的，执行起来就有了内驱力。这样的习惯一旦养成，学生终身受益。因为养成的不仅是一种习惯，更是一种人格！尤其是朱老每天5点起床坚持写作的习惯让我感触很深，我反思：我真的那么忙吗？真的抽不出写东西的时间吗？我该如何做好人生规划和发展规划？坚持专业阅读与专业写作对名师的发展多么重要！

行知教育传奇人物杨瑞清老师做了《走在行知路上，创造精彩人生》的感人讲座，他介绍了“杨瑞清劳模创新工作室探索足迹”。整个讲座，透露着朴实、平静、悲悯、大爱的教育情怀和陶行知教育思想的真谛。杨老师1981年到了一个偏僻贫穷的小学校——江浦县建设乡五里小学（1985年改名为行知小学）从教，去践行他开办陶行知实验学校的理想。从1985年至今，他一直在那里担任校长，从建校之初的重重困难，到今天的走向世界，杨校长和他的学校的行知之路确实让人叹为观止，他曾说，“我就是个爱钻牛角尖的人，世上的事情就要较真”。“出路就在绝路边。”在工作中，他总结出成长就要读好三本书，“读好行知这本大书，读好实践这本活书，读好生命这本天书”，要“躬于实践，勤于读书，善于交友，乐于动笔”，他说人与人的交往对教师的成长至关重要。截至2003年，他写了150多本工作笔记，七八百万字，在此基础上，由人民教育出版社出版了《走在行知路上》一书。

杨校长提倡“修炼花苞心态”，态度彻底改变，奇迹就会出现，回顾30年的行知路，杨校长坦言，路越走越宽，也越走越难。2015年8月，启动行知教育集团，集团以行知小学为龙头单位，包括行知基地、行知中学、行知幼儿园等。尊重生命的主体性，是教育中极其重要的意识，杨校长的学校关怀生长，关注生态，关切生机。行知教育是一种哲学，一种精神，一种思想。行知教育提出行知的课程，行知的课堂，行知的团队，行知的管理。行知教育的办学宗旨是共享行知教育，共建世界学校，共育地球公民。

我们还聆听分享了王开东校长的讲座《只问攀登不问高》。是啊，正如他所言：教育是师生生命河流的相互灌溉。越发觉得教师，尤其是我们，兰州教育界的名师名班主任，更应该成为一汪海洋。让自己思想丰厚，让自己学识渊博，让自己境界高远。这样才能与学生的生命流，相互激荡，成就彼此的波澜和壮阔。套用一句话，上帝让我们成为教师就是对我们最大的奖赏。让自己强大，让自己飞翔。用心用情经营好我们挚爱的课堂，这是我们一生最大的事业。我们生命中最精彩的绽放，就是成为课堂不倦的舞者。

来自南京市府西街小学的刘红校长为我们带来《做一名幸福的语文老师》的专题报告。报告用翔实的案例，生动的故事，引发我们对如何做一名幸福教师的深深思考。讲座中渗透着名家专心教育、潜心研究、善于积累、不断挑战自己的胆量和气魄。

在大会的分论坛上，甘肃省兰州市七里河小学校长王俊莉做了“基于学生核心素养的‘1+7’学校课程开发与实施”的专题交流，得到与会代表的一致好评。来自全国各地高等院校的专家学者、中小学名校校长代表对学校课程建设也进行了主题发言。

三、教育是一场诗意的旅行

在此次高端研修中，苏派专家，名校长的教育故事深深震撼我的内心，教育的本质是唤醒，是启迪，是引领。躬于实践，勤于读书，善于反思，敢于创新。教书育人，不忘初心，吸纳苏派教育的智慧，追逐自由幸福的生命教育梦想，我们携手再出发！同伴们一起加油！

是的，正如苏州十中诗人校长柳袁照所言："教育是一场诗意的旅行，行囊里要装上情怀、担当、原创性。"让我们共同努力，为兰州教育的发展尽心尽力，立足课堂，立足学科研究，做有生命之感的教育——本真、唯美、超然……

聆听浙派教育名家的新故事

——兰州市金城名师绍兴高研班研修心得

秋日暖阳，小桥流水。橙黄橘绿，桂花飘香。江南水乡绍兴，一个有着2500多年历史的文化名城，文物之邦，鱼米之乡。稽山鉴水育英才，越地文化名人王羲之、贺知章、陆游、鲁迅、蔡元培等，似乎从史书文章中走来，轻声细语讲述昨天的绍兴老故事。集中研修，高密度学习，在这个优秀的学习团队，我专注倾听，独立思考，积极讨论，记录、分享、反思，收获……名师高端研修成为历练我教育思想，助推我专业成长的加油站。深度学习，小组热烈讨论，积极分享，观点争鸣，我分明感受到金城名师的厚重的责任担当，不懈的教育追求，诚挚的教育情怀，陇原教育必将厚积而薄发！

一、最敬重的两位教授

年近70的桑新民教授，治学严谨，提前布置学员认真课前预习，阅读课程相关文章，观看视频，鼓励将自主学习的收获感受，困惑问题，想法建议等带到课堂上来。他做了题为《名师如何成为信息时代的教育家》的专题讲座，课程内容信息量丰富，中国特色的“太极学堂”，线上线下学习，融自主学习、协同学习、团队学习于一体，带给我们耳目一新的感受。讲座中，贯穿以问题为导向的交互式参与活动。太极学堂内，学员5人（金木水火土）一组，25个小组，小组代表又推选了6个汇报人全班分享。课堂上讨论充分，交流畅通，总结汇报精练。信息快速生成，经验协同筛选，成果生成资源。桑教授的讲座在此基础上展开，他重点阐述了五方面的问题：①学堂——21世纪学校课堂的去处；②好课——秉承传统，课程创新；③名师——追求教师职业、专业、事业的内在统一；④学习——更新观念，培养信息时代的学习能力；⑤探索——学校教育整体创新的新生态。桑教授对以上问题的研究二十多年，学术成果丰硕。整个讲座培训活动中，桑教授作为太极学堂的课程设计策划者，笑意盈盈地主持，巧妙点拨插话，智慧引领，善于倾听，精准讲解，答疑解惑，创建了信息时代的教师培训的高效新学堂。对中国教育充满诚挚教育情怀的他，对于兰州的教育，名师和名师团队寄予厚望。他强调了学习科学和技术支持的学习方式的变革，倡导在互联网环境下的深度学习，希望师生不断提升信息素养，构建太极学堂中能者为师，协同合作，抱团发展的课堂文化。

江苏常州尝试教育专家邱学华，82岁，依然精神矍铄，声如洪钟，思维敏捷！从教65年，勤耕一线，不断尝试，不怕吃苦，尝试教育独树一帜！“请你不要告诉我，让我先试一试！”先练后讲，先学后教，先试后导，先行后知。尝试是带有挑战的甜蜜体验！儿童游戏般有趣，磁石般吸引学生，激发学趣，主功参与，练在当堂，鼓励创新，及时订正。好课是真实创新，练是达到实的必由之路！一课四问：今天学了什么？已经学会了什么？还有什么问题？今天学得怎样？尝试自学，练习达标。学生主体精神涌动，自主探悟！无愧教育的光明使者！老骥伏枥，志在中国化民族教育！景仰！

二、最震撼的培训课程

西子佳丽多，创新才子俊！恰逢重阳日，他山借玉石。王理老师《STEM教育的认识、实践与思考》的讲座在稽山学堂掀起世界风！美国风！前瞻科技风！这位浙大精英让我想到了马云的许多特质。他从五方面展开论述：①元思考；②STEM之石（此处倾听了8位学员们的认识理解）；③我们的玉；④他山之石攻己之玉（行动与建构）；⑤再思考。整个讲座架构，逐层深入，逻辑性强，用哲学的思考，越讲越精彩。新事物新理念STEM教育，突出的特点是学科跨界，学科融合，学科统整，它对单一学科教学思维模式是一种很大的冲击。我想到了二十年前：我评新秀时候上的自然课，想到了新课改中的综合实践，想到了最近学校青年教师参加市教科所和省教科所科学教师专业技能大赛，想到了兰炼一小参加的科技创新大赛和研究性学习，还想到了国家层面，2022年出台的《义务教育科学课程标准（2022年版）》，对科学精神实践创新能力培养的课程目标。王老师，课中缝沙包，船装小熊，运动会人文关怀等案例的分享，特别有意思。STEM教育四点特征倡导价值我也非常认同。新的教育思想理念，对教师和教师团队提出了更高的要求，王老师关于教师核心素养内涵中，人的认识，我觉得具有哲学层面的思考——身心灵的统一。

三、最温暖的前辈指点

兰州老乡杭州师范大学教授赵志毅《基于中国学生发展核心素养的教师人文情怀提升》的讲座充满温情。穿插的兰州方言亲切，亲近，风趣。人文情怀让我们中华民族走向世界更有底气！“一方水土养一方人。”金城名师在江南文化厚重地研修，不断汲取做强陇上教育的力量，信念，信心！内心柔软，精神明亮，指引着孩子，关爱生命的成长，享受教育生活的幸福！满满的情怀满满的爱！暖暖的乡情暖暖的心！志向高远，坚毅无畏，同人们，携手前行，任重道远！我不禁写道：《越地偶书》——前日离家研绍兴，志毅前辈指迷津，质疑批判话素养，师者情怀固初心。

四、最文化的百年名校

浙江省稽山中学的参观考察收获也颇多，百年府学，浙江名校，最美校园。董校长《文化润校》的讲座娓娓道来，“大成理念”走向我：①潜移默化。校园环境清幽，历史厚重。抗日碑、稽阁、卧薪尝胆碑；柏堂楼、元培楼、念慈楼等；校董长廊中蔡元培、竺可桢等的对联，四块石——有初、通慧、明善、采诗有文化韵味。校风“诚朴勤毅，善雅博智”有传承。②育人以礼。每年9月9日“入泮礼”，18岁成人礼。③文脉传承。校本课程《稽山读本》《走向大成》。④引领自主教学文化。提问的要求，作业高一晚自习全程自主管理等措施得力，印象深刻。

五、最喜欢的小语课堂

在绍兴鲁迅小学，南北两地名师两节小学语文“同课异构”二年级《我要的是葫芦》，让我想到鲁迅笔下“三味书屋”——读经味如稻粱；读史味如肴馔；读诸子百家味如醯醢，三种体验合称为“三味”。小学语文课堂如名师所言，应充满这三味“语文味”“儿童味”和“家常味”。鲁迅小学祁玲娟老师的课温婉细腻，灵动智慧，童趣满满，语文味十足，有理有趣，学生学得兴味盎然。突出五个特点：①贯穿一条思维主线。一个葫芦和一棵葫芦，寓意理解做铺垫，一剪刀下得准妙。②创设故事游戏情境，猜葫芦—贴葫芦—挂葫芦—摘葫芦游戏串连，巧妙有趣，体现情境教育“真美情思”的鲜明特点。③一种思想贯穿始终，朗读阅读指导高效，有增量。④落实低段识字写字基本任务指导细致有效。⑤展示了语文教师的核心素养，尤其是精准深的文本解读能力。我们既看到了同课异构的教研价值，也看到了与南方名师存在的差距。

六、务实理性的研修与研究

听浙江省教育厅张丰主任《校本研修的实践嬗变》和绍兴吕华荣院长《以小课题研究促进教师专业发展》的讲座，既有高度，又贴近教学实际，有可操作性！张丰老师的讲座中，最让我感悟的是增强学生意识。

吕院长的讲座中，我比较关注第二个成长期，内因比外因重要。只有自己内心有了坚定的自我发展阶梯式目标，并坚持不懈，就一定会获得成长。二次成长中，读书是必经之路，教学反思是关键，小课题研究是最有效的途径，参加研讨会是走向成熟的重要契机，论著是教师专业生涯的重要台阶。

虞大明校长告诉我们：教育是一场艰苦卓绝的爱的修炼，尊重儿童，解放儿童，研究儿童。怀童心，求童趣，品童味，让体验式的课堂以生活的名义住进孩子的心里，以我们的教育热情和教育智慧，聆听，点拨，分享，共进，研真问题，秀真自己，成就孩子，更成就我们自己！以快乐心积极作为，探索创新，做更好的自己！

金陵名家深点化　融合创新再出发

——兰州市金城名师名班主任南京高研班研修心得

“六朝古都风景异，教育大咖人才济。”冬月的南京，雨雪霏霏。我们此次高端研修主题是“融合创新　匠心育人——名师教学风格的锤炼与发展”，研修形式有专家讲座、名师讲座、学校考察、小组讨论、学员分享等，我们分享大咖和名师的教育思想，与团队中的伙伴们深度交流，在扎实的研修中聆听吸纳、实践反思，收获满满。

本次培训中，我们共聆听了成尚荣、董洪亮、夏林、齐学红、郭文红、周益民、孙双金等11位专家和苏派名师的精彩讲座，参观了南京的两所名校。我们真切体会到：教育需要赤子情怀，“教师因培养成就学生而成就自己”，“教师的幸福来源于学生的成长”！

一、中国好教师的成长之路

印象最深的是江苏省教科所原所长、国家督学成尚荣先生《名师发展的价值坐标与路径超越》的首场专题讲座。从容淡定、博学儒雅、才思敏捷的成尚荣老先生由对兰州精神的赞誉引出了本次讲座的主题——名师教育风格的锤炼。什么是教育风格、什么是名师教育风格，成老师首先提到了教师的视野、格局、格调的问题。成老师认为只有大视野、大格局、高格调才能形成自己的教育风格。如何解决教师的视野格局问题呢？一要确立自己的价值坐标，有高远追求，在榜样的引领下要勇敢突破和超越；二要培育自己的名师基质，要像于漪老师那样用童心母爱，“一辈子学做教师”，要像洪宗礼先生那样研究“把工作当学问来做，站在书架上，自己也变成一本书”，更要向李吉林老师那样专注于“情境教育”；三要在专业化发展中唤醒主动发展的第一动力——内驱力，以儿童研究为第一专业，培育研究中反思的第一品质。只有具备了这些条件，教师才可能具备鲜明的教学风格，教师的人格也就塑造起来了。我们将在中国好教师的成长之路上不断进步。在三名人才的专业发展高地上，努力争做合唱中的领唱者！

二、让中华文化的传承更有力量

我最感兴趣的是夏林博士的讲座《文化中国与文化自信》，夏林教授高屋建瓴，学识渊博。在有限的三个小时内，跨越时空，从中国五千年的文化流变谈起，讲了中华文化的三大主干——儒、道、佛，中华文化的四大传统，并将其总结概括为四个模式：思维模式上注重阴阳五行；自然模式上注重天人合一；社会模式上注重中和中庸；人格模式上注重修身克己。这是中华文化的精髓。当代社会，中国文化面临外来文化冲击、文化流失、急需强力支撑三重压力，因此，每一个中国人要有文化自信和自觉，要有文化传承的历史担当。他引领我们进行了一次精华浓缩版的历史文化之旅，读史使人明智，文化催人奋进。这次分享带给我们文化的哲学的广度深度思考，让我们深刻认识到：优秀传统文化，是我们现代人心灵栖居的精神家园！作为名师，我们更应当读历史哲学书籍，观百家讲坛，访文化古迹，诵国学经典，丰富自己的文化阅历和文化修养。牵手同行，牵手孩子，牵手家长，让文化传承更有力量！

三、教师，儿童阅读的点灯人

特级教师周益民讲座《童年爱上一本书》带给我儿童阅读实践的诸多启示。书香温暖童年。那个清瘦、儒雅、诗意的王子向我们走来，为我们、为孩子们讲述数星星、擦星星的故事。他的引领、陪伴、分享、有趣、唯美、浪漫、好玩、神秘，让我们沉醉其中，如在梦中徜徉，自由飞翔！《鞋子里的盐》《镜子里的小孩儿》《阁楼上的光》……能动情讲述故事的王子，必定有一颗赤子童心。十多年来，他潜心儿童文学研究，痴迷儿童阅读，以温情的良知、长远的眼光成为儿童阅读的文化导引。他，不愧为中国儿童阅读探索领军者。儿童阅读的点灯人。

他指出儿童阅读以儿童为本位，指向儿童的精神建构，促进儿童人格完善。包含三个层面：作为儿童的阅读；回归童心的阅读；为了儿童的阅读。他归纳了儿童阅读的特点——季节性、自由性、丰富性、游戏性。

他告诉我们，要针对儿童阅读的特点进行阅读活动设计和策划。如推荐书目就需要结构化：遵循儿童各年龄段的阅读心理特点；考虑书目中内容维度的多向度；兼顾体裁、中外、风格等原则。

再如儿童阅读微课程设计时，作品的主题与儿童发展具有高关联度，具有开发的价值。作品是个开放系统，具有多维的可能性。作品能吸引大部分儿童的自觉卷入。

他创新开展班级读书会，为孩子们营造自由欢愉的精神家园。他列举了儿童文学中儿歌、儿童诗、小说、谜语等多种语言形式，让我们感受到了儿童文学的魅力。他分享的班级共读整本书微课程设计、读书笔记的新写法、小主人讲坛的策划实施、教学支架为辅助的创造性复述等语文综合性实践活动带给我们很大的启示，操作性强！

儿童文学是儿童的，我们通过儿童文学触摸儿童的心灵世界，直观地、诗意地观照细腻微妙的、充满活力的儿童世界。儿童文学的兴起，跟一个民族、一个国家、一个时代开始关注儿童、重视儿童，开始呼唤儿童的觉醒、呼唤儿童的意识和呼唤对儿童的尊重是分不开的。阅读丰厚童年，阅读点亮人生，阅读复兴民族！儿童阅读，语文老师的当下大事，功在千秋的民族大事！阅读，让心灵滋养，让精神发育，让生命蓬勃！

四、儿童就是美

我们小学组40多人参观了南京市石鼓路小学和南京光华东街小学。两所学校各具特色。南京市石鼓路小学是第一批“江苏省实验小学”，南京教育的“老八所”之一。这所学校始于1875年法籍传教士倪怀伦创办的天主教会学校，这是一座历经百年沧桑而拥有深厚积淀和历史文化意蕴的学校。他们在小学界率先提出了“立美教育”的主张，并在国内注册了自己的商标。学校的儿童版画教育蜚声海内外，并建起了国内第一个儿童版画博物馆。温婉的高云梅校长让我们仿佛置身于梧桐树叶美学乐园——儿童就是美！美是一种力量！美是一种质量！走进立美课堂，六年级吴老师执教语文课《大自然的文字》吴老师声音柔美；学生真实自然、学习主动。一节课中，老师的发声少，学生的体验多。吴老师围绕着探寻伊林写作的秘密，让学生在自主研读中逐步发现、提炼、总结，知道了伊林写作的秘诀是言之有理、言之有序、言之有趣。每个环节中，老师都只做引路人，激励孩子们做有声思考。孩子们自主学习、自主品味、自主感悟、自主获得。看似“冷清”的课堂中有静悄悄的发声，有石鼓路孩子由内而外的“内敛”的美，有石鼓路老师不“张扬”、不“夸大”的实实在在的美。这美，就是学校立美课堂所要呈现的知识建构之美，思维生长之美，崇真向善之美。

南京光华东街小学精致现代，浓厚的教育氛围，到处彰显科技与艺术融合的特色校园文化，严谨的教学管理，和谐发展的班级管理文化。学校实行小班化教学，坚持实施校园大艺术教育、科技特色活动、创新课程、周三下午“跑班”学习，使每个学生都得到全面、和谐、富有个性的发展。一堂生动的科学课《心脏和血液循环》，有趣的实验活动设计，让我们明白了实践出真知。课堂上精彩的预设与生成，精当的点拨与启发，启迪着我们无限的思索。

真正的名师，有思想，有情怀，有本领！我将牢记立德树人的教育使命，坚持专业阅读厚素养，深入实践反思炼思想，勤于专业写作促提升，努力做终身的学习者、严谨的研究者、积极的创新者，用心做教育，以最美的姿态向上生长！远，行者将至！难，做者将行！

聆听儿童生命溪流的欢歌

——兰州市骨干教师南通情境教育研修汇报

10月的南通，五山绵绵，濠河悠悠。怀着对儿童教育家李吉林老师的崇敬和缅怀，我们走进江苏省南通师范学校第二附属小学（以下简称通师二附小）校园，迎秋阳，沐桂香，开启了情境教育研修活动。我们兰州一行26人的学习团队，观摩精彩的情境课堂，聆听多层面的讲座，参观情境教育展览馆，领悟理念精髓，学习实施要义，观察思考，讨论交流，收获良多。

一、抱诚守真·学优课

研修中，我们共观摩情境展示课10节，其中语文学科4节。

第一节是陈鑫颖老师为我们带来了一节精彩纷呈的二年级绘本阅读课《小黑鱼》。在陈老师营造的生动情境中，孩子们充分发挥想象，仿佛也游荡在海洋中，与小黑鱼同喜同乐，探索海洋世界。整堂阅读课，孩子们在快乐活泼的氛围中学、做、思、冶。听课的老师们也沉浸在有趣的课堂情境中，和孩子们一起遨游，一同沉思。更有趣的是，课堂上，孩子们变身成为各种各样的海洋生物，在想象的世界里自由徜徉。

第二节是丁伟老师执教的三年级语文课《童年的水墨画》。丁老师娓娓道来的语言不疾不徐，在清新而扎实的氛围中，学生沉浸在诗歌语言的品读中。在课堂上，丁老师充满激励性的语言和恰到好处的点拨，引导学生层层深入理解诗歌，润物细无声；听课的老师们脸上也流露出会意的微笑。在诗意弥漫的课堂中，孩子们入情入境，从读中悟，依文而思，充分感受溪边垂钓的美。

第三节是孙晓玲老师为我们带来了一节别开生面的文化意象综合课《古诗

文中的马》。有着深厚文化底蕴的孙老师带着六年级的孩子们以“马”为引，在历史的长河里追溯“古诗文中的马”。课堂上既有天马行空的神奇想象，又有千军万马的盛世强国；既有马踏飞燕的轻灵迅疾，又有历史名将立下的汗马功劳。沿着边塞将士的金戈铁马，一路走来，最终追溯到了中华民族的“龙马精神”。一个个从历史长河中缓缓而来的情境，就如细雨般“随风潜入夜，润物细无声”，一步步地加深孩子们对“马”的认知。学生在整堂课的学习中不仅品读了大量的古文、古诗，而且充分感受到了从古至今人们对“马”的喜爱。孙老师深厚的文学功底和孩子们扎实的语文素养也让在座的老师竖起大拇指，赞叹不已。

最后，是钱冬梅老师带来的三年级语文课《父亲、树林和鸟》。课堂上，钱老师引导学生在“幽深的雾蒙蒙的树林”里漫步遨游，感受父亲与鸟的深厚情谊。边读边品，边品边演，边演边思，学生沉浸在语言的美中，与同伴交流，与课文对话，在不知不觉中与课本中的父亲越走越近。“当清晨的阳光投射到树林，听鸟儿们都醒来啦。它们在叽叽喳喳地聊天……”在音乐与语言的交织中，优美的情境让孩子们不自觉地着迷，纷纷化身为可爱的小鸟。我们再次感受到情境教育动人心魄的魅力。

二、吐故纳新·研课程

研修中，我们共聆听分享了8场情境主题报告。有介绍情境教育发展的，学校文化建设方面的，还有学科指向性强的经验介绍。

（1）教学处主任、李吉林老师的爱徒施敏华，为我们做了题为《精荐·深究·优评——整本书阅读实践与研究》的讲座。她让我们深刻认识到：对于语文来说，整本书就是语文发展的基石，整本书阅读是语文教育的必需，是人生成长的必需。为了在阅读中润泽儿童心灵，通师二附小形成了系列读书活动。具体的做法有：①精心推荐，酿造丰厚醇美的营养花蜜。学校组织选择了融通课堂内外、立足儿童学习、崇尚全科阅读的各年级必读书目，力求做到经典、多元、鲜活、优美。②深度探究，夯筑绿色生态的螺旋阶梯。渐入式起步、学校推荐读书漂流、全程介入推进、融入式体悟等做法值得我们借鉴学习。如让图书漂流起来，学校在班与班之间，年级之间以及校园内都设置了漂流书屋。基于各年龄段孩子的心理特点和阅读水平，设计了读前激趣、读中交流、读后品评的全程介入式阅读推进模式，也根据节日、习俗等主题设计了形式多样的大单元阅读活动。③优化评价，建构多维纳入的激励体系。学校通过每周一议、每月一评、每期一选等评价手段，激励孩子们不断深入阅读，在阅读的道路上走得更稳、走得更远。老师们深深地感受到了通师二附小在儿童阅读课程方面的付出与收获。智慧在阅读中生发，精彩在课堂中体现。

（2）孙晓玲老师《经典诵读，涵育童年生命的芬芳》的讲座，让我们印象深刻，她生动的讲解，让我们明白国学经典诵读的目的就是给孩子们烙刻中国印，让他们做好中国人。

习近平总书记说过，培育和弘扬社会主义核心价值观，必须立足中华民族传统文化。博大精深的优秀传统文化是我们在世界文化激荡中站稳脚跟的根基。国学经典是中华民族优秀文化的精髓。国学经典诵读能够传承我们中华民族的优秀文化，能够让学生感受到源远流长的民族精神，特别是那些经典的篇目能够让孩子的智慧得以提升。

孙老师认为，对于诵读内容的选择，要以学生的发展为主，可以根据当地的名人、名地来激发学生爱家乡、爱国家的情怀；通过晨诵、午赏、暮背，加深学生对经典篇目的记忆。通过经典诵读课程，将“美”“趣”“真”融合在一起。同时，孙老师还提出，古诗词的诵读要将古诗文进行拓展，将拓展的内容带到课堂，发展古诗文中源远流长的中国味。在学习经典的过程中对学生进行潜移默化的影响，让诵读成为一种习惯，成为一道风景！

（3）情境教育研究所所长施建平为老师们带来了关于“语文主题性情境活动”的讲座。他为我们展示了通师二附小在情境教育理念下，学校组织的趣味性语文主题活动。这些活动聚焦于一个明确的主题，在不同的学科中都能够融会贯通。比如相约在春天、母语文化节、南瓜节、风筝节、萝卜节、螃蟹节、我家住在濠河边等。

李吉林老师说过，活动是儿童生命力的体现，儿童是通过自身的活动去认识世界、体验生活、学会创造的。这些丰富多元的主题性情境活动贴近儿童的生活，顺应儿童的天性，给知识注入了生命，充满了成长气息。

三、慎思笃行·促成长

通过五天的学习，老师们对情境教育理念有了更全面、深入、精准的认识和理解。对基于儿童全面发展，基于儿童语文核心素养的培育的情境语文课堂的设计与实施，情境阅读之整本书阅读和经典诵读的活动开展、学校大单元主题情境教育活动课程的开发与实施都有了更深入的学习。

从一节节精彩迭出的情境语文课堂中，从一场场智慧创新的讲座中，我们不禁从内心深处感叹：学习情境教育，用好情境教育，是我们给学生最好的礼物。情境教育中的趣味、智慧、情感是学生成长道路上必不可少的基石，让我们不断吸取经验，且行且思，为兰州情境教育的深度推进尽最大的努力。

李吉林老师创立的情境教育，为中国教育理论宝库增添了一笔宝贵财富；为素质教育的实施提供了一条最优途径；为中国教育对话世界，赢得了一席应有之地。让我们学习李吉林老师，研究情境教育，努力做“道德优美、学术纯粹”的好老师！

立德树人担使命　深度教学育新苗

——2020年名师发展学校研修心得

疫情年份，冬月天虽寒，学习不间断。12月14日至20日，我们150名教师参加了由人民教育出版社和兰州市教育局组织的第二届名师发展学校研修活动。满满一周，七天的时间，兰州市电教中心小礼堂内，暖意融融，我们求学如饥似渴，12位全国知名教育专家的12场专题讲座，听学精彩的教育思想，让我们如沐春风，收获满满。

面对新时代教育的新要求，如何做新时代的好老师，贯彻立德树人，五育并举，学科育人，培育学生核心素养……站在国家深化教育改革的关键节点，我们有不少教育实践中的疑点、盲点和断点，而本次高端研修，教育大咖从课程教材、国家政策解读、教师专业发展、学习理论、课程评价等多个层面，给予了我们高站位、全视域、大容量新理论的引领。他们在我眼中，是高大的思想者，是明亮的灯塔，领航指点，加速了我们思想更新的进程。他们是深度学习的引领者，研修所学，犹如源头活水，旱冬润雪，滋养着我们学习者的思想和心灵——思想汇聚力量，智慧迸发光芒。

回顾研修，难忘很多场景：南站军局长在开班仪式上的殷切期望——政治站位高，教育意识强，始终明确教育的方向，采取“理论+理念”“行动+成效”的方式，让教育在教师的主导下发声，做好培根铸魂，启智增慧工作，让兰州教育更加美好。

还记得，人教社郭戈总编发言中对兰州教育一如既往的支持、鼓励和厚爱。

还记得，人教社章建跃老师对数学学科精准深透的把握和教师专业发展的

“四个理解”（理解学科、理解学生、理解技术、理解教学）。

还记得，浙江专家任学宝、重庆名师庞友海、北师大创新学院院长嵇成中3位老师全程站立的激情讲述，教育研究的执着，可敬可爱!

还记得，郭元祥老师《深度教学：促进学生素养发育的教学变革》的学习攻坚战理论和女教师韦志榕《改造我们的教学》讲座中，学科融通的敏锐思考。

下面，仅选取两场讲座，展开谈谈体会。

一、创新：素养时代的教育新视角

未来，今天以后的日子，现在以后的时间。如此紧迫，即将扑面而来。智能时代，技术变革，知识经济，如何应对未来的不确定的挑战？嵇院长《素养时代的教育新视角》的报告，视野广阔、视角新颖、剖析精准。高位理念引领，冲击着头脑，震撼着心灵，“鸟笼”组诗，鸟、鸟笼、天空的隐喻与影射，再次引发了我们对于当下教育的反思，未来教育的展望。

回到教育的几个基本问题：为何教？教什么？怎么教？用啥教？（教育目的、教育内容、教育方法、教育载体）上，现代教育将突破传统教学教师中心、教材中心、课堂中心的特质，走向以成长发展为中心，超越课堂与学校，更加强调自主建构、社会参与的深度学习、自适应学习和个性化学习。

21世纪，数字网络成为知识载体，知识发生了五大变化：①由静态变成动态。知识流立体、超时空、超链接、非线性。②由抽象变为具象。读图时代，除文字外，更多影像。③由“硬”变“软”，从结构化走向未结构化。④由整体变成碎片。⑤由单纯的人类生产变为“人—机”共同生产。教育与技术的关系，也经历由工具与技术的辅助作用，到与教学模式的融合，再到促进学校形态和教育结构改变的内生。

我们的课堂，师生应成为学习共同体，教师应赋权，让每一位学生经历真实而有意义的学习，让理解、转化、迁移成为教学的全部过程。为理解而教、为意义而教、为生成而教、为发展而教、为素养而教。基于师生发展，教研应转向如何发展核心素养，更加关注和落实：基于标准、学习目标、单元备课、观念聚合、能做什么等学科教学实践。同时，我们教师应把握学习评价新趋势：基于标准、任务驱动、情景创设、真实评价。由评价“知识数量”转为考察“知识建构”，由评价“知晓水准”转为考察“理解水准”，由评价“基于输入”转变为“基于输出”，评价中由“过去取向”转变为“未来取向”。

我对美国的费曼学习法，也非常感兴趣：明确目标—模拟教学—重复回顾—概念压缩。给孩子创造当小老师的机会，讲给别人听，用自己的语言把复杂的观点表达出来。真正理解，转换表达。生活中动手实践，写出来做出来，迁移运用。

又想起多年前，几位科学家和学者对中国原创的归因，我深切感受到：素养时代，知识无穷，教育，需要来一场彻底的颠覆性的创新！我们教师，必将全员卷入！

二、用好统编教材，培育学科素养

在我们为期7天的高端研修班培训中，我有幸聆听人教社课程教材编委陈先云先生的《漫谈语文教科书选文》和《统编小学语文教科书编写理念与教学注意的问题》两场讲座。对于我，第一次与编教材的专家面对面交流，很是难得，我们也深切体会到一代代编委，选编教材付出的艰辛劳动，敬意油然而生。第一场讲座，让我们了解了语文教材70年来的沿革发展的脉络，让所有小语人回忆起难忘的童年时光，唤起了温暖的母语情结。尤其是第二场讲座，更让我受益匪浅。

（一）对统编教材的再认识

在读教材、学教材、用教材中，又一次认识统编教材在选文具有经典性、文道统一、文质兼美、适宜教学、适当兼顾时代性等特点。教材人文主题和语文要素双线组织，更加便于教与学。

1. 层级目标明确

各年段每一册教材语文学习目标明确，具体到每一单元，有具体的阅读和习作训练目标。单元内的每一课，课后习题提示下的每一课个性化具体化的学习目标与单元目标呼应，这样三级目标相互关联，步步落实。

2. 语文要素清晰

每一单元内的几篇文章的组合方式多元化，有些是题材组合，有些是文体组合，也有综合组合，有以文学体裁编排的单元，如童话故事、寓言故事、神话故事、民间故事、现代诗歌、说明文等；有走近文坛巨匠的单元，如初识鲁迅；有以作家作品编排的单元，如作家笔下的动物、作家笔下的人；有中国古典名著单元、外国文学名著单元；还有阅读策略单元、习作单元等综合组元方式，但紧扣各单元语文要素展开。

3. 习作贴近儿童

阅读策略单元、习作单元作文特殊单元，承载着读写综合训练的重要功能。统编教材中年级开始，每册各安排一个习作单元和一个阅读策略单元。习作单元内有2篇课文，之后安排交流平台和初试身手，对写法初步小结，并通过初试身手进行素材选择，写法（多为片段）初练习，之后通过习作例文的批注和课后问题导读，进一步体悟写法。无论是习作单元，还是普通单元，教材习作从话题引入，题材或思路提示开拓，再到习作要求表述，尤其强调交流修改。一整页，图表文相结合，连通贴近儿童生活，激发学生自主表达的愿望。

（二）教学实践中的几点感悟与思考

1. 通读全册教材

一线教师，一定要树立基于促进儿童语文素养全面培育的新课程观，通读全部12册教科书，纵览全貌，将全册课程内容分布结构化。

2. 大单元备课意识

在进行每学期备课时，更要精读全册，梳理出全册内容目标图，有大单元备课意识，对单元内容作深层解读，合理安排调整教学顺序。

3. 与人教旧版教材衔接与补充

我们甘肃省兰州市2016年起始一年级的师生，相对统编教材的使用，教与学连贯性强。对于2019年秋，我们旧人教版衔接统编六年级来说，有一些问题，如学生对教材编排，学法适应，课文二次出现，如何再学习等。我在不增加学生负担的基础上，高年段统整，做了如下的引入补学补练，将统编五上、五下日积月累的名言、古诗、成语有选择地补充，增加积累。选择了5—6篇学生感兴趣的单元习作话题，周记作练笔或假期练写，效果不错。

（三）避免几个极端走向

陈先云先生在全国讲学调研基础上，向我们一线教师做了如下提示：1. 中段儿童诗教学忌当散文来教学。2. 古典名著单元应重文学熏陶，兴趣为先，大致读懂，能读下去即可。3. 一些城市教师教学繁杂，想太多，反而字词不扎实，写好字读好书落实不好。4. 课外阅读课程化。绘本阅读，吟诵等加重，课内就可能会做不扎实。

总之，素养时代，我们的语文教学，教材的全面精准解读，建构知识关联，课程教学内容合理的取舍、开发，是我们进行有效深度教与学设计实施的前提和关键。

七天的沉浸式、层进式深度学习，我们痛并快乐着。我们对学习的挚爱更深，我们对课堂的敬畏更深。我们将勇担培根铸魂、启智增慧的教育使命，将学到的新理念落实到自己的教育教学实践中，努力提高教育教学本领，积极培育学生学科核心素养。

深入学习领会课标精神 立足实际用好统编教材

——2022年名师发展学校线上主题研修心得

暑假，疫情又袭金城。全民战疫，在做好居家自身防疫的同时，作为一名党员教师，我也主动报名，积极参加了社区志愿服务。按照兰州市教育局兰州市名师发展学校的安排，我认真全程参与线上主题研修活动，先后观看了以下学习视频：统编教材主编温儒敏讲座《遵循课标精神，尊重教学实际，用好统编教材》，人教社陈先云讲座《对统编小学语文教科书革命文化内容的基本认识》，课改中国行暑期公益云端研修系列讲座。

2022年4月22日，《义务教育语文课程标准（2022年版）》颁布，我们一线教师就积极行动，5月、6月开始了认真研读学习。自主学习、组内学习，参与全省全市云端新课标专家培训，先后聆听了北师大吴欣歆《〈义务教育语文课程标准（2022年版）〉解读》和山西崔云宏老师《以核心素养为导向，推进课程教学深度改革》等专家的多场讲座。

结合暑假的集中线上主题研修和前期新课标培训，边学习边思考边领会，我对于新课标的认识由陌生到熟悉，由浅层浏览到逐页细读，与《义务教育语文课程标准（2011年版）》对比，有了如下学习所得。

从某种意义上说，语文课程标准是实施语文课程教学的“宪法”，必须遵循的基本要求。《义务教育语文课程标准（2022年版）》与2011年版比，仅正文部分，33000多字，是2011年版16000多字的2倍。新课标再次明确语文课程的性质：语文课程是一门学习国家通用语言文字运用的综合性，实践性课程。强调义教语文课程的课程育人功能和奠基作用。立德树人，以文化人，以更高的政治站位，体现社会主义核心价值观的引领。强调课程实施的情境性和实践性，以此促进学习方式变革。整体来看，总目标和各学段要求变化不大。具体内容有整合、增加。各学段要求将原来的“识字写字、阅读、习作、口语交际、综合性学习”五块内容整合为四块：识字写字、阅读与鉴赏、表达与交流、梳理与探究。

新课标呼应新时代深化义务教育课程改革的需要，强调语文核心素养立意，瞄准学生语文核心素养的培育和发展。新课标首先“新”在凝练了“语文核心素养”（正确的价值观、必备品格和关键能力）的内涵。它涵盖文化自信、语言运用、思维能力、审美创造四个方面。它瞄准学生语文实践活动中综合表现，聚焦生长与发展。温儒敏教授告诉我们：要重视民族文化自信的培育，必须以语言运用为基础，“以一带三”，融会综合，协调发展。针对我们以往语文教学的弱项——思维能力培养，要格外关注直觉思维、形象思维、逻辑思维的培养，呵护孩童的好奇心和想象力。

新课标其次“新”在“难”在“语文学习任务群”。它是课程内容组织与呈现方式结构化的体现。新课标修订者郑国民给出的概念是：真实的语文学习情境，统整的学习主题，典型的语文实践活动。要结合学生的生活，努力沟通生活与语文学习的联系。创设真实的语文运用情境，结合教材资源统整出语文学习任务，引导学生开展语文实践活动。吴忠豪教授认为，“语文学习任务群”是课标的新突破，也是语文教学的新探索。将静态的语文知识点的学习转化为一种动态的语文综合性实践。

温儒敏教授指出，“语文学习任务群”是一种基于国外素养型课标经验和教育学理论的顶层设计和创新设想。学习任务群有三个层级：一是基础型学习任务群，包括语言文字积累与梳理；二是发展型学习任务群，包括实用性阅读与交流、文学阅读与创意表达、思辨性阅读与表达；三是拓展型学习任务群，包括整本书阅读、跨学科学习。

我还认真学习了六大学习任务群不同的目标要求、不同学段的具体学习、内容提示。比如说，小学阶段比重较多的文学阅读与创意表达任务群的教学提示，要求我们教师：根据学段学习要求，围绕多样的学习主题创设阅读情境。第一学段“春夏秋冬”“多彩世界”“童心天真”“英雄的童年”，第二学段

“饮水思源”“珍爱自然”“童年趣事”，第三学段“英雄赞歌”“壮丽山河”“爱与责任”“成长的脚印”。这就需要我们教师对统编教材进行梳理、调整、整合和重新架构，教师还要整合听说读写，引导学生综合运用朗读、默读、诵读、复述、评述等方法学习作品。重视古代诗文的诵读积累，感受文学作品语言、形象、情感等方面的独特魅力和思想内涵，提升审美能力和审美品位；鼓励学生在口头交流和书面创作中，运用多样的形式呈现作品，发挥自己的创造性；引导学生成长为主动的阅读者、积极的分享者和有创意的表达者。

关于整本书阅读，新课标也针对不同学段，从书目类型、篇目、读书要求等方面做了具体明确的指导，如小学低段图画书、儿歌及童话书，中段英雄模范事迹、儿童文学名著、古今寓言、神话传说等，高段革命传统作品、文学科普科幻优秀作品；小学低段体会、感受、想象、简单讲述，中段学习书中中华智慧、口头书面分享，高段学习梳理内容、展开话题交流、分享整本书阅读的经历，体会和阅读方法等。阅读专家指出，读书是磨性子的语文实践，小学是阅读的黄金时期，要能适度自主选择书单，要让学生在兴趣浓厚、心理放松的状态下阅读。

语文学习任务群的落实是我们一线教师实践中最为困惑的地方。它呼吁一种新的教学模式的产生，设计任务驱动下的学习活动，更注重主题统整，强调真实的学习情境，重视学生自主学习。这就要求我们教师不以文本为纲，不以真实知识完备为追求，不以训练为手段。我们必须迎难而上，更新教育理念，变革语文课堂的教学方式，遵循以任务为中心，遵循生活逻辑、学科逻辑和学习逻辑，以综合性学习为参照，依托教材设计学习任务群，让学生在真实的语文情境中，通过典型的实践活动，实现语文核心素养的全面提升。

第二辑

情润课堂

《观书有感》教学设计

【教学内容】

苏教版语文六年级上册第七单元《古诗两首》。

【教材简析】

《观书有感》是苏教版语文六年级上册第七单元“读书有方”《古诗两首》一课中的第二首古诗。两首古诗均为说理诗，宋人诗歌“在议论中说理”的特点鲜明。古人读书的感悟，揭示的道理，在今天仍有现实指导意义。

【设计理念】

传承经典，弘扬中华优秀传统文化，在诵读中感染熏陶，有较为丰富的积累和良好的语感，注重情感体验，发展感受和理解的能力。学生处在高年级，教师要在“语言品读、意境拓展、情感体验”方面适度地引导和点拨，培养学生对古诗词阅读的浓厚兴趣，让学生积累一定的方法，为七年级学习打好基础。

设计力求体现目标引领，大胆创新，适度拓展，加强学法指导，让学生在进入诗境的深情诵读中，深入感悟诗情诗理，初得赏析要领。

【教学目标】

1. 正确、流利、有感情地朗读古诗，背诵古诗。理解诗句的意思，想象诗中描绘的半亩方塘的美景。

2. 联系全诗，明白活水对于方塘的重要性，领悟这首诗蕴含的哲理，感悟“不断读书，不断汲取新知识”的重要性。

【教学重难点】

教学重点：

（1）理解诗句的意思，想象诗中描绘的半亩方塘的美景，明白活水对于方塘的重要性。

（2）读中感受古诗文字和意境的美，初步培养鉴赏古诗词的能力。

教学难点：

理解古诗内容与题目的关系，领悟诗中蕴含的深刻哲理，了解古诗借景喻理的特点。

【教学方法】

情境导读法、朗读感悟法、互助讨论法等。

【教具准备】

多媒体课件。

【教学过程】

（一）古诗导入，简介作者

（1）分享古诗《偶成》。

少年易老学难成，一寸光阴不可轻。未觉池塘春草梦，阶前梧叶已秋声。

（2）相机出示有关朱熹的资料。

（3）揭示课题：观书有感。

（二）明确学习目标

（1）学生试读古诗。

（2）出示学习目标。

读通——朗读古诗，背诵古诗。

读懂——理解诗句的意思，想象诗中描绘的美景。

赏悟——赏文字美、意境美，悟诗情、悟诗理。

（三）指导自学，读通读懂古诗

1. 按自学要求自主读诗

自学提示：

（1）反复诵读，读准字音，读出诗的韵味。（个人自主练习）

（2）理解不懂的词语，说说各诗句的意思。（同桌交流）

（3）借助图画，想象诗歌所描绘的画面。（对照图画，边默念边想象）

2. 检查汇报

（1）认读生字。

鉴　徘徊　渠　为　天光云影　源头活水

指名试读古诗。齐读古诗。初步指导读出韵味。

观书有感

半亩／方塘／／一鉴／开，
天光／云影／／共／徘徊。
问渠／那得／／清／如许？
为有／源头／／活水／来。

（2）汇报词意、诗意。

鉴　　徘徊　　渠

那得　如许　　为

学生疏通诗意，教师点拨指正。

（3）指导有感情地诵读，体会意境美。（配乐）

有何感受？读出画面了吗？

（澄澈明净的方塘如一面镜子，映照着多姿多彩的天光云影，恬静而幽雅，使人赏心悦目，浮想联翩）

（四）深入赏析，领悟哲理和写法

（1）教师点拨。

纵观全诗，塘水最鲜明的特点是什么？（清）对，“清”这个字正是全诗的诗眼。面对清澈透亮的池水，诗人触景生“问”——“问渠那得清如许？”他放眼望去，寻到了“方塘”的“源头”，高兴地自问自答道——“为有源头活水来”，可见，“源头活水”对于池水保持清澈是多么重要。其实，“天光云影共徘徊”一句中“共徘徊”也暗示了水是缓缓流淌的，是“活水”。

（2）引导学生质疑。

这首诗读到这，你们还有什么问题呢？

释疑并引出：诗中写的明明是池塘的水，可是诗的题目是《观书有感》。是文不对题吗？池塘的水和读书有着怎样的联系呢？小组讨论。

（3）汇报填空：

________________使池塘变得如此清澈。

________________才能使人变得更加聪明。

源源不断的活水就像________________。

半亩方塘就像________________。

引导感悟道理。交流读书感受。

（4）总结写法，诵读古诗。

（五）拓展延伸

（1）你还能举出一些跟这些诗相似的说理诗吗？

如苏轼《题西林壁》、白居易《赋得古原草送别》等。

（2）课外阅读朱熹的《观书有感其二》

（3）搜集阅读与读书有关的古诗或名言警句。

（六）板书设计

《再见了，亲人》教学设计

【教学内容】

人教版语文五年级下册第四单元。

【教材简析】

本文是本单元首篇课文，是落实单元目标“抓住内容，体会情感，领悟表达”的重点篇目。这篇叙事抒情散文，描写了1958年中国人民志愿军最后一批官兵离朝回国时，在车站上同朝鲜人民依依惜别的动人情景，表现了志愿军和朝鲜人民比山高比海深的真挚情谊，赞扬了中朝两国人民用鲜血凝成的伟大友谊。课文以志愿军对前来送别的朝鲜人民谈话的口气来写，感情真挚强烈，叙事抒情相互交织，语言亲切感人，构思精巧别致。前3个自然段的写法大体相同：用满含恳求意愿的祈使句开头，中间叙述送别时的情景和追忆那些令人难忘的往事，反问句结尾，将中朝人民的深厚感情表达得淋漓尽致。最后3个自然段以呼唤的方式，抒发了志愿军战士的心声，表达了志愿军战士与朝鲜人民“不是亲人胜似亲人”的感情。

【设计理念】

本文所讲的故事离五年级学生的生活实际相对遥远和陌生，我首先布置学生充分预习，查阅有关抗美援朝战争的图文资料，观看相关影视作品，全面了解故事背景。其次，针对语文课程特点，我设计了由题目入手，初读课文，抓住主要内容——品读课文，咀嚼情节，以读激情——研读课文，体会写法，延伸拓展的“三读”环节，入情入境地读，以读为本，读中感悟，由易到难，层层递进，突破重难点。再次，根据五年级学生已经具备一定的自学能力的实际，为贯彻新课程倡导的自主、合作、探究的理念，我还设计了学习伙伴读书讨论环节，分享感动，体会志愿军和朝鲜人民的真挚情谊。最后，换角度拓展补充，“志愿军为朝鲜人民做的事情，付出的流血牺牲的代价”，让学生理解到中朝人民的伟大友谊是用鲜血凝成的，从中受到深刻、生动的国际主义教育。

【教学目标】

1. 认识8个生字，会写12个生字。能正确读写“战役、封锁、暂时、硝烟、噩耗、刚强、大嫂、篮子、雪中送炭、同归于尽、深情厚谊”等词语。

2. 正确、流利、有感情地朗读课文，背诵自己喜欢的段落，摘录使自己感动的词句。

3. 理解课文内容，理解中朝人民的伟大友谊是用鲜血凝成的，从中受到国际主义的教育。

4. 领悟课文表达上的一些特点，体会课文重点语句对表达情感的作用。

【教学重难点】

教学重点：指导学生有感情地朗读课文，体会中朝人民的伟大友谊。

教学难点：领悟文章表达上的特点，体会课文重点语句对表达情感的作用。

【教法学法】

情境导读法，讨论法等。

【课前准备】

了解抗美援朝战争，搜集志愿军战士与朝鲜人民之间发生的故事。

【教学准备】

多媒体课件。

【教学过程】

（一）复习巩固，激情导课

（1）揭题。朗读课题。

（2）回顾课文内容。

通过初读，我们知道：课文中的“亲人”指朝鲜人民，文中重点以大娘、小金花、大嫂3位与志愿军的交往为典型事例，表现出朝鲜人民对志愿军关爱、帮助、照顾的深情厚谊。

（3）志愿军在回国之际，不忍心离开这些朝鲜亲人，火车即将开动了，他们含泪挥手，深情地呼唤。（出示第4—6自然段）教师范读。

（4）到底是一种什么样的情感，牵动着志愿军战士们的心呢？这节课，我们继续品味课文。

（二）精读品味，体会真情

1. 指导品读第一自然段

（1）请同学们放声自读第一自然段，边读边画出最让你感动的事例或句子，圈出其中你认为最重要的词语，并细细体会。

（2）反馈交流（师根据学生发言，相机出示句子）。

①“您说，这比山还高比海还深的情谊，我们怎么能忘怀？”

引导以此为切入，学生交流对感人事例中重点词句的理解，体会比山还高比海还深的情谊。

②“您带着全村妇女，顶着打糕，冒着炮火，穿过硝烟，送到阵地上来给我们吃。这真是雪中送炭啊！”

引导抓住“冒着”“穿过”“顶着”等动词展开想象，说说对这句话的理解。体会大娘的真情。（冒着生命危险，枪林弹雨送打糕）（关爱、支持、鼓励……）

指出“雪中送炭”这个词，让学生联系上下文理解词意。（五次战役中供应困难，空着肚子，三天三夜，及时的支持和帮助）

指导朗读，体会感情。（对志愿军战士的热爱；对朝鲜人民的感激之情）

（学生如果讲到其他句子，教师随机教学）

③ 小结：八年来，大娘为我们花了多少心血，给了我们多少慈母般的温暖！志愿军不能忘怀——大娘几夜不眠洗补衣服；枪林弹雨送打糕；为救伤员失孙儿。这一切，我们怎么能忘怀？这比山还高比海还深的情谊，我们怎么能忘怀？指导朗读第一自然段。

2. 迁移学法，学习第二、三自然段

（1）总结学法：①入境读，画句子，寻感动；②抓重点，品词句，议感动；③感情读，读中悟，诵感动。

（2）按以上学法，小老师带领学习第二自然段。

①“第二天传来噩耗，你妈妈拉响手榴弹跟敌人同归于尽了。同志们伤心地痛哭起来，你却把脚一跺，嘴角抽动着狠狠地说：‘妈妈，这个仇我一定要报！’”（抓住“噩耗”“同归于尽”两个词品味）（小金花的妈妈与敌人

同归于尽，她的死重于泰山。失去亲爱的妈妈，小金花多么痛苦，多么悲伤啊！）（动作语言，对美帝国主义的恨）

②“小金花，你是多么刚强呀！可是今天，跟志愿军叔叔分别的今天，你怎么落泪了呢？”（对志愿军叔叔的爱，这两种情感是多么真切，对比又如此强烈）

（3）按以上学法，小组合作学习第三自然段。

自主快速默读，小组有效交流，多种形式朗读。

反馈交流。根据学生读的句子，随机点拨。

“您为我们付出了这样高的代价，难道还不足以表达您对中国人民的友谊？”

（抓住“代价”一词，说说“代价”具体指什么？把反问句改成陈述句，比较表达情感的不同）

（三）补充拓展，再读再悟

（1）志愿军战士付出了怎样的代价？从哪里可以看出来？再读课文，找出句子体会。

（2）交流。

补充：在两年零九个月的战争中，有200万优秀的中华儿女奔赴朝鲜战场，其中36万余人将热血洒在了朝鲜的三千里江山。

这些描写和图片说明了什么？（中朝两国人民的友谊是用鲜血凝成的，是经受过战火洗礼的。志愿军战士踏上异国他乡，与朝鲜人民共同浴血奋战；朝鲜人民关心志愿军战士，军民一家人，同甘共苦，为了共同的敌人，为了共同的心愿——和平，这就是爱国主义，这就是国际主义精神）（不是亲人胜似亲人）

（3）再次配乐齐读后三段，这同样道出了朝鲜人民的心声。

（四）朗读全文，领悟写法

（1）典型人物，典型事件，具有代表性。

（2）前三段叙事与抒情相结合（反问），结尾反复直接抒情，深化主题。

（3）第二人称的叙述，直接、自然、亲切，便于情感交流。

（五）布置作业

（1）背诵自己喜欢的段落。

（2）小练笔：结合课文，利用资料，展开想象，写一件志愿军战士为朝鲜人民做的事。

推荐课外阅读：魏巍《谁是最可爱的人》和《依依惜别的深情》。

（六）板书设计

朝鲜人民	大　娘	洗衣服	几夜不眠	不是亲人胜似亲人
	送打糕	昏倒路旁（雪中送炭）		
		救伤员	失去小孙孙（唯一）	
	小金花	救老王	妈妈牺牲（同归于尽）	
	大　嫂	挖野菜	失去双腿（血的代价）	

《卖火柴的小女孩》教学设计

【教学内容】

人教版语文六年级下册第三单元。

【教材简析】

本文是人教版语文六年级下册第三单元“外国名篇名著”中的一篇课文。世界童话大师安徒生的作品历久弥新，闪烁着人性的光辉。作品语言浪漫、唯美、感伤，充满对当时黑暗社会的悲愤和不满，对下层穷苦劳动人民的深切同情。本文是对高年级学生认知异国文化，进行审美教育、情感教育的范本；是落实课程语用功能——想象力训练、语言积累、读写结合的绝佳文本。写实和写虚交替进行，美丽的幻象和残酷的现实更迭出现，是这篇童话的突出特点，也是这个凄美的故事最打动人心的地方。卖火柴的小女孩擦了五次火柴，出现了四次幻象。作者把现实同幻觉有机地糅合在一起，在鲜明的对比中使我们认识了旧制度的不公平、腐败与丑恶。结尾中的“美丽”“新年的幸福”等词语更突出地衬托出了结局的悲惨。

【学情分析】

对于六年级学生来说，安徒生童话他们已经有所接触，可能会觉得浅近，因此，准确定位教学目标，找准教学的切入点，引导学生从一个新的视角走近安徒生，激发他们阅读安徒生童话的兴趣，是本节课努力的方向。六年级学生在以往的学习中积累了一些学习叙事类课文的阅读经验，已经具备了一定的自学能力。因此，在教学中，力求落实“生本教育”思想，留给学生更广阔的时间和空间，让学生按自己的需求主动学习。

【设计理念】

教学中，力求落实课标自主、合作、探究理念，利用阅读任务单和自学提示，让学生主动学习，深入思考，在分享朗读中受到异域文化精华的滋养。

设计针对难点问题做了有效突破。通过情境朗读、音乐渲染、共同归纳、表格梳理等学习策略，引导学生深化理解，升华情感，领悟写法，写下感动。引领高年级学生尝试从更新更高的层面（文化层面）解读文本中的“幸福”，学习总结、领悟安徒生童话的表达特点，体会作品中蕴含的善良和爱、感动和美。

【教学目标】

1. 会写6个生字，能正确读写“乖巧、围裙、硬币、裂缝、橱窗、圣诞树”等词语。

2. 有感情地朗读课文，把握课文内容，关注课文中人物的命运，体会作者的思想感情。

3. 了解作者虚实结合的表达方法，体会这样表达的效果。

【教学重难点】

教学重点：引导学生整体把握课文内容，体会作品中人物的思想感情，切实关注课文中人物的命运，深入体会作者的思想感情。

教学难点：

（1）理解文中最后三个自然段中一些含义深刻的句子。

（2）体会作者虚实结合的表达方式及表达效果。

【教法学法】

情境导读法，小组合作等。

【课前准备】

搜集作者安徒生的资料，阅读《安徒生童话》。

【教学准备】

多媒体课件。

【教学过程】

（一）复习导入

（1）依据板书，回顾上节课的内容。

（2）读结尾质疑。

预设：明明是悲惨地死去，为什么嘴上带着微笑？

小女孩是那样的不幸，可课文为什么说她“曾经多么幸福”？

她“跟着她奶奶一起向新年的幸福中走去”其实就是死了，为什么死对小女孩来说是幸福的呢？

（二）汇报上节课布置的表格

（1）课文第二部分写小女孩五次擦燃火柴。她看到了哪些美丽的东西？

自主阅读作业一：用简要的短语汇报完成的表格。

（2）列表格概括归纳，是阅读长文章的好方法。

（三）引导品读第一次擦火柴的片段

学法小结。

（四）出示自学提示，小组合作学习第二至第五次擦火柴的片段

（1）出示自学提示。

小组练习：再读勾画的句子，抓住关键词，体会小女孩的幸福和痛苦。

展示汇报：有感情地朗读幻象和现实的部分，分享理解。

（2）小组合作学习（5分钟）练习多形式朗读第5—10自然段。

（3）多形式汇报朗读。读中分享理解。重点点拨第四次、第五次。

“没有寒冷，没有饥饿，也没有痛苦的地方”是什么地方？（基督教所谓的天堂）现实中，小女孩只有饥饿、寒冷、孤单、痛苦，没有亲人的关爱，连她的爸爸也把她看成挣钱的工具，经常狠心残忍地毒打她。只有死亡，才能让她彻底摆脱残酷的现实，悲惨的命运。

（五）配乐朗读结尾，体会现实，揭秘幸福

第二天清晨，这个小女孩坐在墙角，两腮通红，嘴上带着微笑。她死了，在旧年的大年夜冻死了。

谁也不知道她曾经看到过多么美丽的东西，她曾经多么幸福，跟着她奶奶一起向新年的幸福中走去。

（1）小女孩在温暖明亮的火柴中，看到过那么美丽的东西，她是幸福的。

（出示句子）信仰西方文化的安徒生说——

幸福不是艺术家的名声，王冠的光辉。幸福存在于对清贫的满足，对苦难的承受……追求幸福的途中，才是最幸福的。此刻，上帝与我们同在。

（2）可怜的小女孩死了，在旧年的大年夜冻死了。一个弱小的生命定格于狂欢的大年夜；定格于绝望的呼喊，定格于令人心碎的微笑。

（3）齐读，情感共鸣。

（六）总结写法，揭示中心

（1）同桌对照表格讨论：安徒生这篇凄美的童话有哪些突出的表达特点呢？（表2–1）

表2–1　童话《卖火柴的小女孩》的突出表达特点

擦火柴	幻象	渴望	现实	处境
第一次	暖和的火炉	温暖	只有一根烧过的火柴梗	寒冷
第二次	喷香的烤鹅	食物	只有一堵又厚又冷的墙	饥饿
第三次	美丽的圣诞树	欢乐	一颗星星落下	孤独
第四次	慈爱的奶奶	关爱	已经去世	痛苦
第五次	和奶奶一起飞走	幸福	冻死了	悲惨

（2）师生共同总结写法。

幻象是虚幻的想象中的景象，描写美好的幻象就叫虚写。直接阐述现实就叫实写。安徒生读懂了小女孩的内心：在寒冷的大年夜，她最需要温暖、食物、欢乐、亲人的关爱，童话中的虚写基于现实，想象合理。

童话中，虚写和实写相结合，美好的幻象和冷酷的现实形成鲜明的对比，（狂欢的大年夜，美好的幻象）以喜写悲，悲更悲，震撼读者心灵。

（其他表达特点：情节的巧妙安排。外貌动作等细节描写，刻画可怜的形象）

（3）作者写这篇童话时，是怀着怎样的心情？（悲愤不满，深切的同情）

（4）再呈现创作背景。

（文中那小女孩的原型就是安徒生的母亲。安徒生的母亲，幼年是个讨饭的孩子，有苦难的童年。安徒生的童年也非常贫苦，小女孩的遭遇，他感同身受。因此创作了这篇感人的童话）

（5）有感情地朗读全文。

（七）拓展延伸，分享感动

写几句话送给“卖火柴的小女孩”。学生完成后个别展示。师生分享。

（八）课后作业，鼓励读整本书

用童话，去创造一个我们心中向往的美好世界。

童话世界充满了善良和爱，充满了感动和美。

安徒生是用生命写作的作家，他的生活、经历、情感、血液、梦想……一切都在文字中。他一生为孩子们写了168篇童话，真不愧为“世界儿童文学的太阳”。

课后阅读整本书——《安徒生童话》，准备召开班级读书会。

（九）板书设计

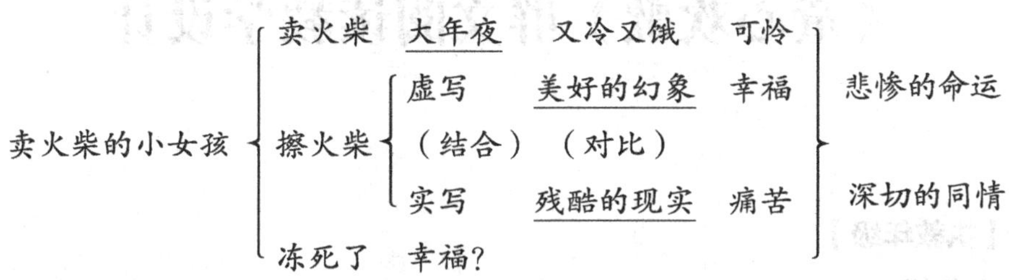

《童心欢歌》群文阅读教学设计

【执教年级】

四年级。

【群文议题】

探究儿童诗的基本表达方法。

【群文篇目】

《春草》《小鹿》《海浪》《就我一个人的时候》。

【设计理念】

从发展学生语言能力的角度看，群文阅读教学的终极目标，就是通过学习文本来学习写作。它有两个指向，一个是阅读策略，另一个则是写作。我选择了中年级儿童诗群文阅读，认识到儿童诗巨大的教育价值：她能引领孩子进入奇异的语言空间，在读中提升孩子的语言品位；她能给孩子一双飞翔的翅膀，培育孩子的想象力；她能让孩子的想法不一样，训练孩子的创造性思维；她释放孩子的心灵，倾听心灵的歌唱；她是情感的柔软剂，能丰富孩子的情感。儿童诗的阅读实践，正与语文核心素养的指向一致。我设计了这个以“儿童诗语言探秘”为议题的儿童诗阅读，旨在让孩子们通过儿童诗这种文学表现形式，了解儿童诗，感受儿童诗的表达特点，从而自己尝试仿写或创作儿童诗。

【学情分析】

儿童是天生的小诗人。本班学生从三年级开始阅读儿童诗，每周一天晨读，利用《日有所诵》，集体阅读3—4首，略略读过，但是缺乏对儿童诗的主要特点的全面了解，也没有系统而集中地去感受交流分享过读儿童诗的乐趣，在以前的学习中很少有练习仿写小诗的经历，所以，这课的教学，不仅要引导学生进一步感受儿童诗情感饱满、想象丰富、构思精巧、语言活泼、意境优美的基本特点，还要有意识地引导学生在情境朗读中感悟儿童诗基本的构思和表达方法，初步尝试儿童诗仿写和创作。

【教学目标】

1. 阅读4首儿童诗，初步把握儿童诗的基本特征。

2. 引导学生仔细品读赏析，在诵读、交流中，进一步感悟儿童诗基本的构思和表达方法。

3. 创设情境，拓展思路，激发灵感，培养学生想象力和创造力，初步尝试儿童诗仿写和创作。

【教学重难点】

教学重点：引导学生仔细品读赏析，在诵读、交流中，进一步体会儿童诗基本的构思和表达方法。

教学难点：创设情境，拓展思路，激发灵感，培养学生想象力和创造力，初步尝试儿童诗仿写和创作。

【教学过程】

（一）诵读导入，明确学习任务

（1）新学期，我们班在继续《日有所诵》的晨读，最近背过这样一首小诗《小船》（提示：作者林良）

小船

河边的小船，
像一个睡午觉的孩子，
河水轻轻摇着小船，
像一个柔软的摇篮。

（小船是午睡的孩子。河面是柔软的摇篮。好别致的比喻！多么温暖、多么安静！）

（2）它是一首（儿童诗），老师发现你们非常喜欢读儿童诗。联系曾经读过的儿童诗，说说它有什么特别之处？（与古诗、一般的文章比）谈谈你的理解。

（3）交流小结：凡是适合儿童读的诗都称儿童诗。它既包括成人为儿童写的诗，也包括儿童自己创作的诗。（格式自由，字数不限，不一定有标点。贴近儿童生活，想象丰富，活泼有趣）

（4）今天，就让我们放飞想象的翅膀，一起走进儿童诗的世界，吟诵儿童诗，探秘儿童诗的表现手法。

（二）学习单交流，发现儿童诗主要特征

（1）自由朗读：再次走进文字中，享受读诗好时光。读后交流：你读4首儿童诗时，是怎样的心情呢？

（开心、快乐；好玩，写出了我们的生活，心里想说的话等）读诗有感受！带着感受再读诗！多好啊！

（2）交流学习单填写（表2-2），了解课前自读情况，整体感知与梳理。（一生上台展示）

（简短汇报，教师提示）（品读探究中修改完善）

表2-2　交流学习单

题目	作者	素材内容	具体描述的方面	读后整体印象 感受	表现手法
春草	雪野	春天的小草	生长、色彩	动感、有活力	比喻、拟人；儿化音、押韵；叠词；短句子
小鹿	金波	小鹿	体表、鹿角、姿态	漂亮、彩衣、活泼、可爱、友好、迷恋、春天	比喻、拟人；动静结合；第二人称
海浪	（日）金子美玲	海浪	海浪涌动	变化多、淘气、贪玩、神奇	比喻、拟人、排比；摹声；把字句；写动态
就我一个人的时候	（美）爱·格林菲尔	“我”的幻想	角色变换、儿童生活	异想天开、自由自在、快活无奈	排比、反复；长短句；第一人称；前后照应

（3）小结：这几首儿童诗写植物，写动物，写大自然，写孩子们的生活。篇幅短小、主题鲜明、语言凝练、想象丰富、感情纯真。

（三）诵读交流，探究儿童诗表现手法

（1）配乐范读《春草》（诗配画）感受丰富奇特的想象，体会赞美怜爱之情。

（2）探究发现语言表达特点。

（叠词短句子；比喻、拟人；句尾儿化音、押韵等动态描写、生长似乎有痕迹和声音，表现了小草的动感与活力）

（3）齐读。师生有感情表演读。

（4）展示教师的阅读批注，示范学法。

（5）选择最喜欢的一首默读，圈点批注，自主发现，四人小组交流。（完善表格）

（6）品读分享，汇报每首诗的不同表现手法。（填表）

预设：

《小鹿》男女分读，个别汇报。

适当补充，点拨：森林静谧的春景烘托，形象鲜明。

《海浪》分4组轮读。

写法汇报1：比喻、拟人、排比；摹声；把字句；写动态。

和浪花玩耍多有趣！你眼中的浪花像什么？引导想象练说：

浪花是大扇子，慢悠悠地扇哪扇。浪花是运动员，跑来跑去，不知疲倦；浪花是雨刷，洗净，白白的小脚丫；浪花是歌手，啦啦啦，哗哗哗，唱了一首又一首。

《就我一个人的时候》带动作读，四人小组读。

写法汇报2：排比、反复；长短句；第一人称；前后照应。

（生活场景展现人物特点：爱笑、爱玩、自由、爱唱歌、爱动物等）

作业单仿写练习三个。（字数增多，加上形容词或象声词。示范例。冰激凌、小魔方、蜘蛛侠、小雪花等）

（7）小结。儿童诗中的多种表现手法让诗歌读起来形象生动、富有音乐美感。真是越读越有趣，越读越喜欢！

（四）学生作品引路，尝试创作

（1）《庭院》（或本班学生作品）。

（2）提供素材情境图，选自己喜欢的一种事物，尝试创作一首诗。（提示词如下）

蘑菇　蒲公英　星星　雪花　蜗牛　萤火虫等

（3）收集有创意的作品展示，集体交流、评议。

（五）课堂小结，阅读推荐

（1）孩子们，今天这节课，我们一起阅读儿童诗，把握了它的特点，在诵读中发现了儿童诗的语言密码，还练习写了儿童诗。

儿童诗中童真满满、童趣多多、一颗颗明亮欢快的童心在歌唱！

（2）课后作业。

阅读分享：给爸爸妈妈朗读你写的小诗。

（3）推荐阅读。

① 儿童诗《作业机》《老祖母的牙齿》《致老鼠》《捉月亮的网》。

② 儿童诗作品集日本金子美铃《向着明亮那方》《世界金典儿童诗集》《张晓楠童诗系列》等。

（六）板书设计

有趣的儿童诗

表现手法：比喻　拟人　排比

叠词　押韵　儿化音……

童心　童真　童趣

附：阅读材料

春草

雪野

如打了个盹儿
冬天的床上
小草醒了

醒了
便不再安宁
顶一两片小叶帽儿
直挺挺
从土被子里
站起来
就好像约好了似的
小草们都起来了
从山那边
到山这边/滚过来

这一阵
绿茏茏的声响

小鹿

金波

花的影、叶的影，
给你披一件
斑斓的彩衣。
你站在那儿，
和无边的森林
融合在一起。
然而你还像一株飞跑的树，
高昂着你枝枝丫丫的角，
闪进密密的大森林里。
一会儿和这棵树，
一会儿和那棵树，
交谈着春天的消息。

海浪

［日本］金子美铃

海浪是娃娃，
手牵手，笑着，
一起跑过来。

海浪是橡皮擦，
把沙上的字，
全都擦去了。

海浪是士兵，

从海上涌来，大家一齐
砰砰砰开枪射击。

海浪是糊涂虫，
把很美很美的贝壳，
忘在了沙滩上。

就我一个人的时候

［美国］爱·格林菲尔

就我一个人的时候，
闭起眼睛，
我真快活。
我是双胞胎，
我是小酒窝儿，
我是玩具仓库，
我是动人的歌儿，
我是吱吱叫的松鼠，
我是一面铜锣，
我是树枝就为了红色，
……
反正，
我想是什么，就是什么，
我愿做什么，就能做什么。
可是，
一睁开眼睛，
唉！我还是我。

《农民·土地》群文阅读教学设计

【教学内容】

统编版六年级上册第六单元《三黑和土地》主题拓展阅读。

【群文篇目】

《三黑和土地》《中国的土地》《最好的早晨》《多情的土地》。

【设计理念】

设计体现统编版教材“一篇带多篇”的群文阅读理念。紧扣第六单元主题“保护环境”由第四篇略读课文《三黑和土地》引入，围绕“农民与土地”主题，拓展课外3篇现代诗歌的阅读，重点是结合当时的创作背景，通过感情朗读，体会几首诗共同的情感——农民对土地、对家乡、对祖国深厚的热爱之情。在诵读中引导学生进一步感受现代高度的概括性、鲜明的形象性、浓烈的抒情性、和谐的音乐性等特点，鼓励学生表达对土地的鲜活感受与真挚情感。

【教学目标】

1. 阅读3首与土地、农民有关的现代诗，抓住关键句把握诗歌内容，了解现代诗的基本特征。

2. 引导学生仔细品读赏析，在诵读、交流中，进一步感悟农民对土地、对家乡、对祖国深厚的热爱之情。

3. 在诵读基础上，鼓励学生表达对土地的新感受。

【教学重难点】

教学重点：引导学生仔细品读赏析，在诵读、交流中，进一步感悟农民对土地、对家乡、对祖国深厚的热爱之情。

教学难点：了解现代诗的基本特征。鼓励学生表达对土地的新感受。

【教学过程】

（一）汉字导入，揭示课题

（1）农的字理。一个人手持工具在山林草地耕作，种庄稼。

（2）农民与土地的联系，揭题。

（二）课文回顾

（1）师生共同归纳现代诗特点。（高度的概括性、鲜明的形象性、浓烈的抒情性、和谐的音乐性等）

（2）学法提示。

结合时代背景，抓诗眼和关键语句；联想想象，挖掘意象内涵；反复朗读，加深理解，体会情感等。

（3）自读《三黑和土地》片段，重点体会鲜明的形象性和浓烈的抒情性。

（三）指导赏析《中国的土地》

1. 了解作者刘湛秋和创作背景（师生资料交流）

十一届三中全会，改革开放，家庭联产承包责任制等。

2. 指导赏析

预设：前一节写土地，后一节写人民，结构完整。祖国山川的神奇秀美，暗示出中华民族的悠久历史和古老文化，使作品具有横的地域感和纵的历史感。神奇的土地固然动人相思，美丽的人民尤为惹人爱恋。他们的外貌是美的，他们的性格也是美的，他们的思想更是美的：葡萄挂霜，并且核里“绽开复兴的契机”，表明已经成熟；犹如中国人民饱经风雨的洗礼，摆脱了幼稚和愚昧，走向了改革与开放。意味着新的生长与繁荣，亦如中国的复兴与昌盛。

3. 配乐诵读，体会情感

预设：对中国土地、中国精神的讴歌，对中国人民丰收和复兴的礼赞……

（四）小组合作学习《最好的早晨》《多情的土地》

（1）抓住鲜明的意象和关键诗句，理解内容。

（2）组内多形式朗读，把握主旨，体会情感。

（3）朗读汇报，完成表格。（表2–3）

表2–3　朗读记录表

题目	作者	创作时间	创作背景	诗歌意象（勾画）	表达情感（主旨）
中国的土地	刘湛秋	20世纪80年代	改革开放		
最好的早晨	苏金伞	20世纪70年代末	改革开放前夕		
多情的土地	任志平	1982年	改革开放初期		

（五）升华理解，抒写对土地的感受

（1）人，诗意地栖居在大地上。此刻，你对脚下的土地又有了怎样新的感受与体验？请你写下来。

（2）分享交流。

（六）课堂小结

我们是大地的儿女，祖辈们世世代代在这片热土上播种、耕耘、收获。黄土地上有他们洒下的汗水、泪水和欢笑。掬一捧泥土，轻轻抚摸。她亲切、温暖；她慈爱、多情。大地母亲，我深深爱您！祖国母亲，我深深爱您！

（七）布置作业，阅读推荐

（1）阅读《在希望的田野上》，并学唱歌曲。

（2）课外阅读苏金伞诗歌《小轿和村庄》，体会乡土情怀。

（八）板书设计

热爱

农民 ⇄ 土地　热烈　深沉……

养育（母亲　祖国　家乡）

附：阅读材料

中国的土地

刘湛秋

你可知道这块神奇的土地

埋藏着黄金般的相思

一串串杜鹃花嫣红姹紫
激流的三峡传来神女的叹息
冬天从冻土层到绿色的椰子林
蔷薇色的海浪抚爱着砂粒

你可知道这块神奇的土地
黄皮肤，黑头发是那样美丽
敦厚的性格像微风下的湖水
顽强勇敢又如长江一泻千里
挂霜的葡萄下跃动着欢乐
坚硬的核里已绽开复兴的契机

最好的早晨

苏金伞

随着一轮巨大的红日，
跃出一个辉煌的早晨。

群山像刚从地下钻出，
又猛然耸入天外，
鲜丽得使人感到陌生，
梦幻般闪耀着千万种色彩。

河流挣脱冰雪，冲出峡谷，
在空阔的天地间奔泻；
泻进人们的血液，
泻进人们的心怀。

欢乐无羁的莽莽麦野，

到处追逐着绿色的晨风；
农民是这样认真耕作，
从汗珠里溢出笑容。

在太阳的记忆里，
这是最好的早晨。

多情的土地

任志平

我深深地爱着你
这片多情的土地
我踏过的路径上
阵阵花香鸟语
我耕耘过的田野上
一层层金黄翠绿
我怎能离开这河叉山脊
啊——
我拥抱村口的百岁洋槐
仿佛拥抱妈妈的身躯

我深深地爱着你
这片多情的土地
我时时都吸吮着
大地母亲的乳汁
我天天都接受着
你的疼爱情意
我轻轻地走过这山路小溪
啊——

我捧起黝黑的家乡泥土
仿佛捧起理想和希冀

我深深地爱着你
这片多情的土地
多情的土地
土地，土地

入境赏春咏柳　诵读诗润童心

——《古诗两首·咏柳》教学设计

【教学内容】

义务教育课程标准实验教科书（人民教育出版社）三年级下册第一单元第二课。

【教材分析】

这篇精读课文由《咏柳》和《春日》两首古诗组成，描写和赞美了春天的景色。《咏柳》是唐代诗人贺知章的作品，写的是初春二月的柳树。

《咏柳》，咏，意思是用诗词的形式描述，在本课是歌颂、赞美的意思。柳树在春天生发，是春天有代表性的景物，作者描写柳树，歌颂春天，赞美大自然呈现出的勃勃生机。前两句用比喻的手法，描绘了静态中的柳树，却使人感到柳树内在的生命力。后两句用自问自答的形式，赋予巧妙的想象，把对柳树的赞美，引向对春天的赞美。这是这首诗的主要特点。

选编这两首诗的目的，一是让学生在诵读中了解春天的美丽和生机勃勃，从中感悟春天生命力的美好，同时，增强热爱大自然的思想感情；二是让学生积累诗句，培养对祖国古代诗歌的热爱之情。

本文为第一单元第二篇课文，体现“感受大自然的美好”单元专题，是学习观察方法，积累优美句段，诵读训练语感，提升语文核心素养的经典范例。

【学情分析】

在第一课散文《燕子》的学习中，已经调动了三年级学生对春天的观察、积累，初步感受到春天美好的自然景象。这首诗，绝大多数学生已经能熟读，甚至背诵了。但是，古诗中诗人是如何细致观察，抓住特点，生动描绘春天的柳树的呢？古诗中精妙新奇的比喻想象学生体会不深，诵读不深入，不能完全感悟到古诗中的诗情画意。中年级学生学习古诗的方法需要加强指导。课前布置再次走进春景中，细致观察柳树，特别是柳枝和柳叶，为理解古诗做好铺垫。

【教学目标】

1. 随文认识4个生字，会写7个生字。能正确读写“碧玉、裁出、剪刀、细叶”等词语。

2. 朗读古诗，背诵古诗。借助图画、注释等，能用自己的话说出诗句的意思。

3. 在诵读中体会诗人热爱春天的感情，领略春天大自然景物的美好，初步培养学生的审美情趣。

【教学重难点】

教学重点：让学生大体了解诗句内容，体会作者热爱春天的思想感情，背诵积累诗句。

教学难点：诵读中感受诗歌描绘的意境，体会诗人热爱春天的情感。初步培养学生的审美情趣。

【设计理念】

中华民族的文化瑰宝——古典诗词，对于小学生语文学科核心素养发展具有重要的奠基引领价值，大量优秀古诗词的阅读，必将促进小学生语文素养的核心要素语言、思维、审美、文化的协同发展。

《义务教育语文课程标准（2011年版）》中，对中年段古诗阅读提出了这样的目标：诵读优秀诗文，注意在诵读过程中体验情感，展开想象，领悟诗文大意。

依据课标阅读目标，教学设计力求体现李吉林老师“情境教育”理念，让语文课堂情感活动和认知活动结合，通过创设“生活展现、图画再现、音乐渲染、语言描绘”等情境，引起学生积极的情感体验，从而帮助学生愉快地理解学习内容，获得全面发展。课堂注重落实情境教学五要素：以培养兴趣为前提诱发主动性，以观察周围世界为基础强化感受性，以发展思维为核心突出创造性，以激发情感为动因渗透教育性，以训练学科能力为手段贯穿实践性。

诗歌的语言最为精练，感情最为丰富。我试图沿着“情境语文”所倡导的理念，让学生在“品读想象，诵读涵泳”中逐步走进古诗优美的意境，体会诗人所要表达的情感。教学中，我循着自读，熟知内容，学习生字——初读，理解诗题，走近作者——细读，借助注释，疏通诗意——品读，想象画面，体会诗情的“四读”古诗教学法，引导学生在反复诵读中与文本深入对话，感悟春柳的特点和写法，背诵积累优美的语言，让诗情画意在学生心中产生共鸣。观察、绘画、片段练写，把对柳树和春天的热爱表达出来，激发审美愉悦。

【教学准备】

1. 制作多媒体课件。

2. 课前观察春景和初春的柳树，搜集相关图片和诗人的资料。

【教学方法】

情境导读法、图文对照法、互助讨论法等。

【课时安排】

1课时。

【教学过程】

（一）诗文导入，激发阅读兴趣

（1）复习课文春景片段。（图片）

郑振铎笔下的燕子活泼机灵，春天光彩夺目。春天是苏醒，是温暖，更是希望。许多古代的诗人都曾用优美的诗句来歌颂美好的春天。

（2）诵读课外积累的描绘春景的古诗。

（3）揭题。

今天，我们一起学习一首写春天柳树的古诗。（板书课题，提示“柳”的写法）

设计意图：*以春天的美文片段、古诗，配以优美图片导入，创设情境，入文入画，激发学生阅读古诗的浓厚兴趣。*

（二）检查预习，自读反馈

1. 打开书，轻声自读。自读反馈

《咏柳》这首诗写的是初春二月的（　　）。我最喜欢的诗句是（　　）。我觉得春天的柳树（　　）。

2. 词语认读，指导写字

歌咏　丝绦（tāo）　碧玉　化妆（形）　裁出　剪刀

范写“裁”（书写提示：第三横、衣和斜钩撇的穿插谦让）书写练习。

（三）初读古诗，理解诗题，走近作者

（1）齐读古诗。

（2）谈谈你对诗题的理解。（咏物诗）

咏，意思是用诗词的形式描述，在本课是歌颂、赞美的意思。

（3）交流诗人贺知章简介。

（4）试读出诗的节奏、停顿、韵律。

碧玉/妆成/一树/高，万条/垂下/绿/丝绦。

不知/细叶/谁/裁出，二月/春风/似/剪刀。

设计意图：针对三年级学生自学能力现状，自读和初读布置课前自主完成，课堂反馈交流，节约时间，提高效率。试读环节给诵读能力强的学生展示的机会。

（5）自读初读后，自主质疑。相机解疑或存疑。

（四）小组合作，细读古诗，借助注释，疏通诗意。

（1）小组长带领，读古诗，借助预习学习单，组内交流诗意。

（2）落实重点字词释义，小组代表汇报诗意。

碧玉　妆　一树　万条　绦　细叶　裁　似

设计意图：培养学生勤查字典等工具书的好习惯，将注释补充到8条，为疏通诗意扫清障碍。小组合作学习，用自己的话说出诗句大意，倾听表达，训练理解诗意的能力和流畅表达的能力，基本掌握古诗直译的方法，落实教学目标。

（五）引生入境，品读古诗，体会诗情画意

1. 图文结合，激发想象，赏析一二句

（1）（插图）早春二月，我们同诗人一起去河边赏柳。（图片）远远地看，柳树像什么？

（引发想象，自由描绘——飘浮的绿色的云，撑开的绿伞，笑盈盈望着河面上的穿着绿裙子的大姐姐，亭亭玉立，绿屏风等）

出示：“碧玉妆成一树高。”

看！高高的柳树，长满了嫩绿的新叶，像是碧玉装饰成的一样。碧玉翠绿晶莹，青翠欲滴，美极了。

（2）倒垂下来的柳枝又像什么？（图片）

（绿辫子，秋千，裙子上的飘带，绿色的长发）

出示："万条垂下绿丝绦。"

千万条柳枝下垂披拂，就如同绿色的丝带，长长的，柔柔的。

（3）"碧玉妆成一树高，万条垂下绿丝绦。"（图片）

诗人观赏柳树，越看越美，越看越喜爱，这碧玉般的柳树，这万千条柔嫩的柳枝，阳光下，绿茸茸，亮晶晶，微风中，婀娜多姿，多么迷人，充满生机！喜欢吗？

指导带着感受诵读一二句。个别读，齐读。评价。

设计意图：图片形象再现情境，生动语言描绘情境，个性化的想象创造富有美感的意象画面，教师引导下的古诗赏析激起学生审美体验，带着美好感受和体验的诵读别有情味。

2. 品读三四句，体会"春风裁柳叶"的神奇

（1）这首诗的三四句更为绝妙，妙在何处呢？请你和同桌一起读三四句。（互问互答）读后交流体会的妙处。

（2）作者由眼前的柳树，由柳树的新叶引发想象，想到了什么？（二月春风）他自问自答。师引读。

（3）春姑娘来了，二月春风这把神奇灵巧的剪刀，"唰唰唰"，裁出了满树整整齐齐、细细尖尖的柳叶！（图片多幅）

原来，二月春风巧手裁柳，巧手裁春，她才是美的创造者啊！

3. 朗读古诗，探究写法

柳树多美啊，它长得又高又绿，树上垂下无数的柳条，它的叶子细细的，多么惹人喜爱啊！

齐读古诗。

师生共同总结写法。（完成板书）

诗人细致观察，抓住特点，生动描绘，把长出嫩叶的柳树比喻成"碧玉"装扮，嫩绿鲜亮，生机盎然。

第二句诗用"绿丝绦"来比喻柳条，随风飘拂，轻柔美丽。

第四句诗，用"剪刀"来比喻"二月春风"更是精妙。一连用了三个比喻句，生动描绘了春柳的色彩美和形态美，表达作者对柳树的赞美之情。前两句描绘静态中的柳树，是实景，后两句展开巧妙的想象，把对柳树的赞美，引向对春天的赞美。

4. 配乐吟诵古诗，体会诗情

诗人喜爱柳树，赞美柳树，更赞美生机勃勃、花红柳绿的春天！（指板书）春天来啦！我们和诗人一样，内心涌动着无尽的喜悦！我们爱春天！！全班配乐诵读古诗。

（吟唱微课）鼓励在个性化吟唱中表达自己的阅读感受。

设计意图：古人云“三分诗，七分读”。诵读是学生与诗人情感交流、情感共鸣的纽带，通过有声有情的诵读，文中的字句就会活起来，文章整体也会更具形象性，从中年级就要培养学生诵读的习惯，读出语调、读出感情、读出韵味，让他们在反复吟诵中浮现出诗的意蕴。个别读，分句读，男女生读，配乐诵读，多形式练习，发挥学生的能动性，让学生自己去感悟、体会词句的妙处，学习语言、积累语言。吟唱微视频，鼓励学有余力的学生课后开展语文实践活动。

（六）总结学法，片段训练，赞柳颂春

1. 中年级阅读古诗的方法

自读——熟知内容，学习生字。

初读——理解诗题，走近作者。

细读——借助注释，疏通诗意。

品读——想象画面，体会诗情。

2. 结合课前观察，片段练习：（二选一）

（1）古诗中的春柳真美，我要把它写下来。

（2）课前我观察了小河边、公园里的柳树，我要抓住柳树的外形，枝条、嫩叶的颜色和形态等特点细细描绘。

3. 学生片段展示，评价

设计意图：古诗阅读方法的习得将使以后课内外古诗的阅读吟诵轻车熟路。课前细致观察，绘柳树图，又有读古诗的美好体验，抓住契机，当堂进行情境片段练习，训练表达。两个话题，自主选择，分层要求。

作业布置：

（1）完成一篇《咏柳》硬笔书法作品。

（2）课外背诵：描写春天的古诗词3—5首，并与同学交流。

在师生诵读杨万里《新柳》中结束本课。

新柳

（宋）杨万里

柳条百尺拂银塘，且莫深青只浅黄。
未必柳条能蘸水，水中柳影引他长。

（七）板书设计

咏柳　　赞春

实景 { 树　　碧玉妆
　　　 枝　　绿丝垂 } 比喻
想象 { 二月春风——剪刀
　　　 裁细叶 }

《铁杵成针》教学设计

【教学内容】

统编版教材四年级下册第六单元《文言文二则》。

【教材简析】

课文选编了《囊萤夜读》和《铁杵成针》两个故事。《囊萤夜读》主要讲了车胤家贫没钱买灯油，只好捕捉萤火虫照明读书的故事；《铁杵成针》主要讲了李白小时候贪玩不爱学习，后感动于老人铁杵磨针的毅力开始认真读书的故事。这两个故事展示了我国传统文化中勤奋学习、持之以恒的精神，揭示了只有坚持不懈地勤奋学习，才能取得成就的道理。课文中一些词语的意思与现代汉语基本一致，如“倦”“贫”“弃”等，学生感受到文言文与现代文的共通之处，会激起浓厚的学习兴趣。

【设计理念】

《义务教育语文课程标准（2022年版）》总目标中提出：热爱国家通用语言文字，认识中华文化的丰厚博大，汲取智慧，弘扬中华优秀传统文化。能借助工具书阅读浅易文言文。第二学段要求指出“诵读优秀诗文，注意在诵读过程中体验情感，展开想象，领悟诗文大意”。基础型学习任务群语言文字积累与梳理第二学段中也提出“在诵读积累中初步认识中华优秀传统文化蕴含的思想”。本课教学，我力求体现：①利用插图，结合生活实际，情境带入；②以读贯穿，注重句子中间的断句停顿，引导在反复朗读中理解；③充分用好书中注释，准确理解难字难句，疏通全文。适度渗透阅读方法，鼓励迁移运用。④以课后习题为导学，把准中年段文言文阅读的不同的具体要求。为激发学生主动学习探究，新授部分设计文文小博士带大家闯关游戏，小组合作等活动。适度拓展，增加成语积累，小古文阅读等实践。

【学情分析】

学生在三年级和四年级上学期，已阅读4篇文言文，有一定的阅读经验，初步掌握了常用的方法，文中大多数词语的意思与现代汉语基本一致，教师要鼓励引导学生，总结并运用文言文学习的方法，如借助注释、联系上下文等，帮助学生消除畏惧心理，理解文言文的意思，体会故事中人物勤学苦读、持之以恒的形象，并能初步受到古典文化的熏陶。

【教学目标】

1. 认识“恭、勤”等4个生字，会写“囊、萤”等9个字。

2. 正确、流利地朗读课文，背诵《囊萤夜读》。

3. 能借助注释理解课文每句话的意思。在诵读中初步感受文言文的特点，习得阅读方法，进一步激发学生学习文言文的兴趣。

【教学重难点】

教学重点：

（1）正确、流利地朗读课文，背诵《囊萤夜读》。

（2）能借助注释理解课文的意思，领悟文中的道理。

教学难点：运用多种方法理解重点词语，能借助注释理解文中每句话的意思，领悟文中的道理。

【教学方法】

情境创设法、诵读感悟法、小组合作法。

【教学准备】

多媒体课件。

【教学过程】

（一）复习导入，学法回顾

（1）背诵《囊萤夜读》。

（2）重点词释义填空。我们继续用这些方法来阅读《铁杵成针》。

（3）揭题，理解题意，简介出处。

（二）初读课文，整体感知（第一关：朗朗上口）

（1）自由轻声读文，读准字音，读通句子。

（2）个别读，齐读。指导读出节奏。

（3）学习生字“逢”“卒”。（微课）

（4）表格梳理，把握主要内容。

（三）小组讨论，理解文意（第二关：句句通晓）

（1）朗读课文。看注释，再提出不懂的词语，用扩词语、联系上下文等方法理解。

（预设：世传 成 弃；去 逢 欲等）

（2）小组合作，交流课文每句话的意思。

（3）情境想象，补白对话，体会人物心情。

（4）用自己的话，完整讲述故事。

（四）诵读课文，感悟道理（第三关：深深明理）

（1）配乐朗读。

（2）思考：读了《铁杵成针》的故事，你明白了什么道理？

（3）总结收获。

如学习文言文的方法、课文感悟等。

（五）拓展延伸，阅读实践

1. 课前预学作业

（1）自读课文，尝试断句，读出节奏。自学一二类生字。

（2）借助注释了解课文大意，提出不懂的问题。

（3）搜集李白求学故事。了解古籍《方舆胜览·眉州》中的磨针溪和象耳山。（选作）

2. 课后研学作业

基础性作业：

（1）熟读课文，用自己的话给家人讲述这个故事。

（2）勤学成语积累。

拓展性作业：

（1）阅读古诗：（唐）杜光庭《读书台》。

（2）阅读文言小故事《凿壁偷光》。

特色作业：（选作）

阅读古人刻苦求学的文言小故事：《手不释卷》《韦编三绝》等。

（六）板书设计

李白 { 读书未成，弃去 / 逢老媪磨杵欲作针 / 感其意，还卒业 } 坚持不懈　勤奋学习

身临其境赏美景　含英咀华品文字

——《美丽的小兴安岭》第一课时说课及教学反思

【说工作室的教学主张和学校高效乐学课堂理念】

兰州市小学语文陈玉花名师工作室成立近一年，在课改新教育思想的启迪下，结合教育教学实际，工作室提出语文教育新主张——润语文。润语文主张语文教育要与审美教育、情感教育更加地紧密结合。她体现了语文课程人文性熏陶浸润和工具性习得运用的统一和融合。我们着力培养丰厚、灵动、细腻的读书型温润教师，努力建构简约、童趣、生长为特征的朗润乐学课堂。从长远看，润语文将对学生个体生命成长和精神发育产生积极深远的影响。

近几年来，在“立人”文化引领下，兰炼一小课堂教学模式从目标引领下的生本参与式教学到如今的“六助”高效乐学课堂，将努力建构“百花齐放”的个性化智慧课堂。强调培养学生自主学习的能力，鼓励合作、探究的学习方式的运用，积极培育学生乐问，善思的学习习惯和学习品质，会倾听，会质疑，能实践。保护学生浓厚的学习兴趣，爱学习，会学习、自信表达、踊跃展示，全面提高学科核心素养。

【说教材简析】

《美丽的小兴安岭》是人教版三年级上册第六单元“壮丽的祖国山河”中的第三篇课文，是一篇语言优美的写景文章，采用“总—分—总”的结构，按四季的顺序，抓住景物特点，生动描绘了小兴安岭的景色和丰富的物产，抒发了作者热爱祖国壮丽山河的感情。

第二课《富饶的西沙群岛》与本文相比，前者以空间为序，后者以时间为序，均可以作为中段学生学写习作，学写片段的绝佳范文。文章思路清晰，段落分明，中间四段每段都是先写树木，再写树木周围的景色。因此，此文有利于引导中年级学生感悟组段方法，落实《义务教育语文课程标准（2011年版）》“积累课文中的优美词语、精彩句段”的要求。同时，课文语言准确、生动，有利于培养学生想象能力和语感。本课一些要求会认或会写的字，如“汇、涨、挡、浸、献、刮”等，体现了季节的特点，有利于教学把识字、写字与阅读紧密结合起来，在语言环境中理解它们的意思和表情达意的作用。

【说学情分析】

三年级第一学期的学生处在过渡爬坡关键阶段，有一定的语言积累、初步的语言文字感受理解能力，但准确地把握词句含义、灵活运用词语、具体生动的表达还是薄弱点。阅读过写景文章，本文内容并不很难，但小兴安岭的美景离他们很远，很陌生。理解生动的描写语句，品析用词的精准，体会写法有一定难度。如何拉近学生与小兴安岭的距离，让学生通过文字用心感受它的美，进而在课堂中培养学生听说读写能力，是上好这节课的关键所在。

【说设计理念】

新课标指出：阅读教学是学生、教师、编者、文本间多元对话的过程。但阅读又是学生的个性化行为，要使学生在主动积极的思维和情感活动中，加深理解和体验，有所感悟和思考，受到情感熏陶，获得思想启迪，享受审美乐趣。重视朗读，初步感受语文作品中生动的形象和优美的语言，积累课文中优美词语，精彩句段。

课文美景片段的阅读，我正是循着这样的步骤和方法：通读，找景物（感受美）—细读，抓特点（欣赏美）—朗读，悟情感。（歌颂美）由整体到部分再到整体，一边读一边想。始终让学生与文本、教师多次对话，让朗读贯穿始终，读中感受，读中体悟。这正体现了工作室润语文在文本阅读中渗透审美教育和情感教育的主旨。

受到李吉林老师情境教学的启示，针对本文特点和中年段学生感性认知的思维特点，我抓住高效课堂的六个要素——教学内容、教学环境、教学策略、教师、学生和教学评价，合理安排教学内容，用富于激情的教学语言、优美的音乐和图片，新颖的微课，营造出生动活泼的教学情境，让文字鲜活起来，在自读自悟、合作探究、听说读写的语文实践中丰富语言积累、习得学习方法。

【说教学目标】

针对文本的特点和学生实际，结合课标中段阅读要求，本单元的教学训练重点“学习作者观察和表达的方法”，设计了第一课时的教学目标：

（1）认识本课生字词，会写“挡、献、刮”，初步领会左右结构的生字的书写要领。

（2）正确、流利地朗读课文，读出对小兴安岭的喜爱之情；背诵喜欢的段落。

（3）探究并发现片段的组段规律，学习和积累准确、生动的语言。

【说教学重难点】

教学重点：有感情地朗读课文，读出对小兴安岭的喜爱之情；背诵自己喜欢的段落，积累文中准确、生动的语言。

教学难点：学习作者抓住景物特点观察描写的方法，尝试探究并发现写春夏秋冬四段的组段规律。

【说教法学法】

教法：将情境导读、合作研读、品读感悟运用在乐学课堂中。

学法：作业单自学、自主阅读、小组合作交流等。

【说教学过程】

（一）激情导入，资料交流

课始，由课文景点黄山奇石、日月潭、葡萄沟、西沙群岛游览导入。有趣简洁，读地图、师生资料交流一同走进美丽的小兴安岭。

（二）整体把握，随文写字

1. 学生自己轻声读通课文，思考

（1）课文是按什么顺序描述美丽的小兴安岭的？

（2）小兴安岭留给你怎样的印象？

2. 检查字词认读，分类积累

渗透不同的理解方法。

3. 随机指导“挡”“刮”“献”三个字的书写

范写。（注意左右宽窄布局，笔画的迎让）学生作业展示。

设计意图：这一块大多是前置性作业的检查和展示，渗透联系上下文、词语搭配等理解词语的方法，在评价中肯定自读效果，增强学习信心。也有教师对课文描述顺序和结构的整体梳理、点拨。训练左右结构的字的美观书写，体会书写时左右宽窄的不同布局和笔画的迎让。读全文四季树木描写的句子，渗透长期、细致、抓特点观察的指导。

（三）美读课文，积累语言

1. 教师背诵，学习第二段——感受春天活力之美

（1）如何抓住特点描写？哪些句子写得生动？哪些词语用得准确贴切？

（2）图文结合，品读探究、汇报分享。对描写树木、溪水、小鹿的句子中的关键词品读赏析。

（3）师生合作读第二自然段，指导背诵，强化对组段特点的感受。

（4）师生共同总结美景片段的阅读方法。

设计意图：配乐背诵示范，带生入境，先入为主，激发情感，情景交融，喜欢上文字，喜欢上小兴安岭。阅读文字感受美景时，充分利用图片，先想象，再看图。品析词句时，多形式的感情朗读仍是最有效的策略。分层朗读、分句背诵，发现片段的组段规律。针对中年级片段阅读的训练重点，总结学法，为下一段合作学习做好铺垫和准备。习得阅读方法，学生今后的学习也会受益多多。

2. 学法迁移，在学习任务单提示下学习第三段——感受夏天葱茏之美

出示学习任务单，学习并汇报。

（1）自主默读：勾画夏季描写的景物，概括景物特点。

（2）同桌交流：你认为写得最美的一句话，读后感受和体会。（抓住关键词如“浸千万缕像利剑”等朗读体会描写树木、浓雾、阳光、野花的生动准确的语言）

（3）小组朗读：表达我们对夏季小兴安岭的喜爱之情。

配乐有感情齐读，体会夏季的葱茏之美。

设计意图：此段最长，描写的景物相对较多。由扶到放，小组合作学习，填表整理，鼓励用书中的或积累的词语概括景物特点，训练提炼的技能，丰富语言积累。品析语言中，能引导抓住关键词朗读体会。组段特点也有了进一步的了解。

3. 微课旅行，教师图片解说

下节课学习秋冬段落，体会丰收之美和蕴蓄的生命之美。

设计意图：微课导读，对学生不熟悉的物产和耐寒动物做简要解说，丰富对“巨大宝库”的感性认识。调动了下节课阅读秋冬段落的浓厚兴趣，让学生充满期待。

（四）课堂小结，美段拓展

（1）谈谈这节课自己的收获和疑问。

（2）欣赏优美段落。鼓励课外阅读。

设计意图：课堂是学习真正发生的场域，是学生核心素养落地生根的地方。学生盘点本节课收获，教师激情吟诵，美段推荐阅读，带着美好的阅读感受结束本课。

课后作业是熟练背诵，摘抄优美词句和观察家乡的一处景物，巩固所学，为下一节课做好准备。

【板书设计】

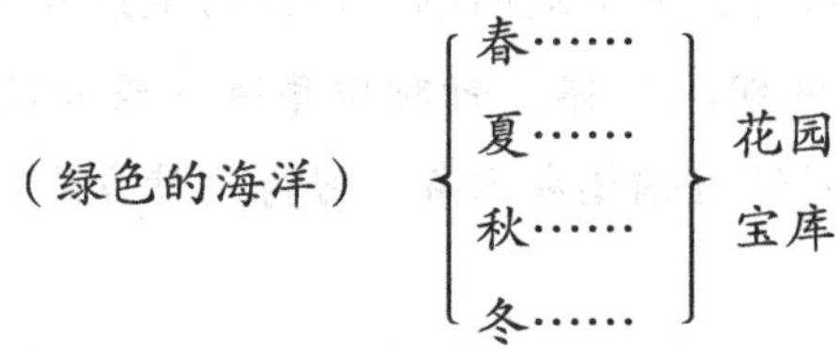

设计意图：板书简洁明了，展示了课文的结构和作者的思路，将课文四季描写的主要景物作了标识，让学生感受到小兴安岭的景色优美和物产丰富。

【说教学反思】

同课异构，我们按进度选择了《美丽的小兴安岭》。传统的经典老课文怎么上，困惑多多。静心思考，决定在这一课时的设计和施教中，努力体现工作室“润语文”倡导的潜心文本对话，落实语言训练，润物无声，美育渗透，情感熏陶的主张。针对三年级学生语文学习的实际情况，努力体现兰州市小学倡导的“乐问善思”乐学课堂文化，让学习活动在课堂真正发生，深度展开，让学生真学会学，学有所获，积极培养学生自主学习能力，提升学科素养。

从某种意义上说，教什么（引导学生学什么）比怎样教更加重要。第一课时应该教什么，怎样合理选择、整合、安排教学内容呢？试讲后，我一直在做减法，最终做了这样的处理，①布置前置性作业：搜集资料，熟读课文，整体感知。理解词语，练写难字。勾画描写四季树木的句子，对林区的树木有深刻印象。这样，自主学习铺垫，课堂学习更有效。②重点引导学习春天段落，学法迁移，学习夏天段落，默读交流，朗读体会。秋季冬季一分钟微课导读，放在第二课时学习。③在想象、图文结合中，训练有感情朗读、背诵，积累语言，品析生动的词句，领悟片段写法。争取一课一得，习得读懂一段话的方法。④14个会写的字，11个左右结构，重点练写“挡、献、刮”3个左右结构的生字。⑤适度拓展，雨景片段和诗歌，努力建构教读—自读—课外阅读的科学阅读体系，在阅读中自然渗透爱国教育、环保教育。

一周备课，教学预设的过程是艰辛而快乐的，有三点突出的感受：①经典老课文，仍散发着优美文字熠熠的光辉。我们应站在当今角度，对文本进行透彻深入的解读，有创意的解读，尤其是发掘文本语文教育的价值。②用多种渠道全面把握学情，前置性作业单作为课前自主预习作业，能搜集很多学生的所得所思所感、兴趣点和知识盲点等，使教学更具有针对性和实效性。③三年级的语文教学设计有挑战性，一定要落实新课标理念，凸显片段的阅读理解和朗读指导。比如细细分析，本文每个自然段句子间存在着并列、承接、因果等逻辑关系。我国传统的语文教学中一些有效的方法，仍可以拿来借鉴，如读写例话中一边读一边想的方法等。

汉语拼音《ao ou iu》第一课时说课

【说教材分析】

本课为第二个拼音单元（共5课）复韵母ai、ei、ui后的第2课（第42—43页）。本课有六部分内容：①3个复韵母和情境图。②复韵母ao、ou、iu的四声。③声母与ao、ou、iu的带调音节拼读。④四个词语和情境图。⑤儿歌《欢迎台湾小朋友》。⑥要求会认的3个生字和要求书写的1个音节词。教材图文结合，包含丰富的拼音、识字、朗读积累等语文学习活动，生动有趣。本节课学习前三部分内容。

【说学情分析】

新生入学才一个多月，喜欢新奇的事物，注意力易分散，通过识字单元和汉语拼音前9课的学习，有一定的识字写字、拼音学习的基础，会读十多个音节词和6首注音儿歌，前一课学习了ai、ei、ui，对复韵母整体合读的发音方法有了认识，有音节拼读实践。在教师引导下，可以由易到难，正确认读拼读，完成本课学习任务。

【说设计理念】

2022年版新课标第一学段仍将“汉语拼音”归到“识字与写字”中，功能定位为帮助识字、正音、学说普通话。

（1）贯彻新课标理念，以趣为先，以读为主，采用形象直观的教学手段，结合学生的口语基础和生活经验，在丰富多样的学习活动中，将识字与拼音的学习有机融合，相互促进。

（2）渗透情境教育理念，在生动的学习情境中进行积极的语文实践，初步培育语文核心素养。

（3）落实学校爱立课堂文化，体现三彩六助学习，从低年段培养乐问善思、细听会读等良好的学习习惯。

【说教学目标】

1. 正确认读复韵母ao、ou、iu和它们的四声，读准音，认清形，能按标调规则标出声调。

2. 正确拼读声母和ao、ou、iu组成的带调音节。

3. 在四线格里正确书写ao、ou、iu。

【说教学重难点】

教学重点：复韵母ao、ou、iu的正确认读和四声标调。

教学难点：声母与ao、ou、iu组成的带调音节的正确拼读。

【说教学方法】

图画导读、示范引读、游戏促读、自主练读、伙伴助读。

【说教学准备】

1. 教具准备：拼音卡片、教学课件等。

2. 学具准备：练习本。

【说教学过程】

课前两分钟：看情境图讲故事“海岛度假”。

课前预学（备助、自助）：按一定顺序观察情境图，看清图中的动物，说说它们在干什么。

课中共学（求助、互助、补助）。

（一）创设情境，复习导入

文文带我们游历拼音乐园，快和3个复韵母朋友打招呼吧：ai、ei、ui。这节课，我们和文文一起继续认识复韵母家族中的新朋友。

设计意图：带入拼音乐园情境，复习旧知，朗读中再次体会复韵母整体合读的发音方法。

（二）探究新知，趣味认读

1. 学习复韵母

（1）借助图片，读准音。

引导观察情境图，结合“猫、鸥、游”，借助“豹、藕、球”等读音，顺口溜引出ao、ou、iu的读音。教师示范ao读音，学生边听边看，练习体会：连贯滑动、口型变化。

同法教学，鼓励自主练习ou、iu读音，体悟发音方法。

iu的教学要与ui比较，提醒学生它是iou的省写。iu的发音从i开始，最后撮起嘴；ui的发音从u开始，最后嘴变扁。

借助手势来示意口形，练读比较，区别发音。

设计意图：充分利用情境图，联系熟悉的事物，读顺口溜、听范读掌握发音。自主尝试练习，方法迁移。准确区分iu和ui的读音。

（2）气球游戏，识记形。

区分形近的复韵母ao—ou，ai—ao，iu—ui。

设计意图：指名读、同桌读，比一比，认一认，读一读。读准音，认清形，巩固强化复韵母认读。特别是准确识记iu和ui，突破易错点。

（3）自主标调，四声练习。

利用标调规则，学生练习标调，强调i、u并列标在后。

打乱次序认读带调的ao、ou、iu，采用“摘苹果”游戏练习四声。

设计意图：按照标调顺口溜，指名上台标调，掌握方法。多形式朗读，游戏中熟读复韵母的四声。

2. 拼读练习

（1）游戏一：海岛探秘寻音节。

再次回到情境图，将含有ao、ou、iu的9个音节找出来，同桌拼读、自主拼读。

（2）游戏二：音节花盘转转转。

自主尝试拼读、开火车拼读，借助已经认识的“口、鸟、六”等熟字，练习拼读两拼音节和三拼音节。

（3）游戏三：音节朋友手拉手。

lǎo—nǎo　duī—diū

设计意图：整合学习内容、情境、方法和资源，3个游戏寓学于乐，前后呼应，让情境图实现最大教学价值。借助图画拼读，降低难度。借助熟字，熟练拼读，分类整理音节，巩固两拼法和三拼法，适度补充2组音节，纠正方言，发挥音节识字、正音的作用。个别读、开火车读、小老师领读等，让孩子在轻松有趣的活动中熟练拼读音节。

3. 复韵母书写

整体观察，提示两个字母靠近，写紧凑匀称。教师范写。学生练习各写两个。注意正确的写字姿势和执笔方法。同桌互评。作业展示。

（三）课堂小结，对标评价

表2–4　我们是拼音学习小达人

学习目标	星级评价
我能读准ao ou iu和它们的四声，认清字形，会标声调	☆☆☆
我会正确拼读声母和ao ou iu组成的带调音节	☆☆☆
我能在四线格里正确书写ao ou iu	☆☆☆

设计意图：对照学习目标，以评价促学习，正向激励、鼓励学生争做学习小主人。

课后研学（续助）：

拼读音节词，猜猜是什么，把它们画下来。

shū bāo　　pí qiú　　shǒu tào　　niǔ kòu

结课精彩回顾：

孩子们，拼音乐园真好玩。我们和文文又认识了三个复韵母朋友，通过看一看、读一读、拼一拼等游戏活动，增长了语文学习本领。

（四）作业设计

1. ▲必做作业

将复韵母ao、ou、iu的四声各写1个。

2. ○选做作业

拓展阅读。和大人一起读儿歌，圈出含有ao、ou、iu音节的字。

小气球去旅游

红气球，绿气球，快快乐乐天上走，
看见鸟儿点点头，看见白云拉拉手。
随着风儿跳个舞，天南地北去旅游。

3. ☆拓展作业

拼一拼，读一读。选择其中一个词语说一句话。

dòu jiǎo　　yóu cài　　dǎ qiú
豆 角　　油 菜　　打 球

zǎo cāo　　qiū yóu　　tiào wǔ
早操　　秋游　　跳舞

设计意图：推进双减落实，必做、选做、实践作业，科学分层设计布置。习在课堂，学在课外，巩固所学，鼓励自主拼读，为第二课时学习做好铺垫。阅读识字，生活识字，积累语言。

（五）板书设计

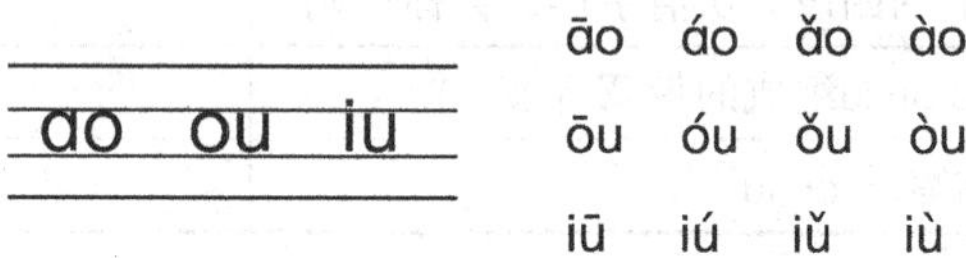

设计意图：此板书展示主要学习内容，示范书写，学生参与标注声调。简洁，有条理。

【说教学反思】

汉语拼音是比较抽象枯燥的纯表音符号，要让学生学得快，记得牢，就要变无趣为好玩。整堂课我创设了文文带大家游拼音乐园的情境，通过图片观察、游戏活动，采用“五读法”，与学生口语经验、字词积累联系，轻松学习，学生主动参与，发现、思考、朗读，享受语文学习的快乐，在真实的语文实践活动中初步培育了学科核心素养。

第三辑

爱润生命

支教日记十四篇

支教，教育人生中难忘的一段经历。带着对教育事业的真挚情怀，怀着反哺山乡孩子的大爱之心，我耐心教诲，潜心育人，帮扶弱校，引领示范。条件虽艰苦，日子真幸福。支教故事，朴实暖心。

2014年3月11日　　星期二　　轻微风沙

孩子们，我来了

昨日上午，坐大巴车到支教的永登县城教育局门口，我们4位教师又坐教育局的专车到中堡镇。下午，去中堡镇中心小学校园，看到校园新建的六排平顶房（六七间办公室在最后，镇学区办公室也在这里），操场边上另有两排做阅览室、电教室等。室内要生炉子。李校长介绍了任课情况、学校概况等。这所乡镇小学为金城厂子弟小学（1976年左右建设）与地方学校的合并校。现有教师14人，学生120人左右。现校舍为2011年新建。

今天上班，我教三年级语文课兼思想品德课。班里有19个孩子，女生12人，男生7人，个个脸蛋红扑扑。孩子们个子普遍偏低，没有近视眼。我第一时间发现了3个好动的男生。和孩子们交谈，他们怯生生的，相对见识少。

今天上了5节课。中午未回住所，赶时间批了好几样作业。记住了所有孩子的名字，对于学生各方面情况有了初步了解：孩子们上课听讲认真，但反应较慢，语感欠敏锐，发言不够积极，思路单一。朗读时，声音响亮，但方言较浓重，语气生硬，感情欠缺。钢笔字写得还不熟练，涂改较多。学习方法急需加强指导，要补充口语练习，读书引导，书写指导。带领全班积极说好普通话，沟通交流更畅达。4个留守儿童，独立完成作业有困难，平时应多多关爱和鼓励。

下午课前，晓东的美文推荐《小蜗牛》很有意思，我请他读了两遍，让学生赏析。每天坚持课前三分钟，日积月累，语文素养定有提升。两位同学的作文当范文赏析，着手培养学生修改作文的习惯，读中发现问题，尝试从小处改起。下午放学时，男生小铭给我两块糖，剥开吃了，真甜！

一天结束，回到住处，虽灰头土脸，但信心满满，无限期待。

2014年4月7日　　星期一　　小雨

第一场春雨

昨夜，睡梦中听到风声。清早，天气阴沉，今晨穿了单衣，稍感凉意。

第一节课后去操场跑了几圈，一抬头，无意发现这两日东边操场一株碧桃开花了，一树粉红，格外显眼，看到眼里，春意暖人。如同看到校门口田地里泛青的小麦苗一样，倍感亲切，欣慰。

阴天却带来了惊喜——第一场春雨。中午时分，竟零零星星地下起来，一点、两点、无数点，落入干涸的土地。不一会儿，斜斜地越下越大，淅淅沥沥，轻柔地、一下一下地拍打着土地，如轻抚，似按摩，顿时，便使大地从沉郁中鲜活起来，清新起来，大地水水的，亮亮的，土地潮湿了，软软的，似乎隐约还能听到土地里的小生物，花儿草儿吮吸甘露的咂嘴声，甜美、畅快。春雨贵如油，金贵的雨儿，不到一个小时就悄悄走了，太阳出现在天空，又明晃晃的了，风儿也来了，带来雨的味道，轻轻吹了一阵。又去操场踢了12分钟毽子，身体轻了，回到办公室读书。

路面无尘，晚饭后去学校西边的塘土村转转，天色暗了，更凉了，风很大。村子里人们的生活看来很不错，平顶房很整齐，门口土地里也种上了庄稼，一年的忙碌又开始了。看到村路两旁，有着高高的白杨树，颇好。还看到了不少炕洞，麦场上的草垛，摩托穿行，忙了一天的人们回家了。

懒懒地，行走，拍照。用照片留住瞬间，记录日子行走的足迹，静心闲气地生活。

2014年5月7日　　星期三　　风　晴转阴

与风对语

空气流动，便有了风。风是大自然不可或缺的装点。

初春的风，带着寒意，吹在脸上，有点疼，似乎告知我，冬天不忍离去。又飘了几丝春雪，雨夹雪！冬势已尽！

两三周后，微风送暖，带来了兰州的春意，人们穿皮衣了，风儿似乎有湿度，树木、小草、迎春花即将被唤醒，一点一点地唤醒。猛然间，三月底的一天，春天的暖风吹过，盛情催开一树灿烂的迎春花，黄灿灿，粉扑扑，似乎看到了笑靥如花的少女！

微微的风，又吹了一两周后，乡村公路边，杨柳吐绿了，田地里，小苗泛青了，心中涌动着一份喜悦。春暖花开，欣欣向荣，春风如慈母般，轻抚大地，似乎能听到她轻柔地低语。

最喜爱的，还是雨后潮潮的，又夹着阳光的味道的春风，润润的、甜甜的，沁人心脾。迎着风的规律，一二三四，二二三四，小草长高了，花儿绽放了。绿意更浓，春意满满，大地晒得暖暖的，湿湿的，地表散发着千千万万淘气的水分子，在空气中消融。风吹过，草香、花香、泥土香扑面而来，身在其中的人们闭目尽享芬芳……

也有讨厌风的时候，乡镇公路上，大车过后，人为的风，把脏兮兮的沙尘扬起，吹入人们的毛孔、头发、皮肤上似乎黏上了。毛孔不畅通，不清洁，不痛不痒却又难言之苦！更有甚者，天上的灰尘与扬沙，和土路上沙土共同勾结，一起疯狂地肆虐，惨了，望天想哭，再看看地面，心情一落千丈，灰溜溜地躲进房间里。

走在乡间的大路边，风的味道就是土的味道！跟我走吧，去乡野山间，青草青处……

2014年5月15日　　星期四　　晴　天气忽冷忽热

寂寞的日子

这一周，同宿舍周老师生病，请假。下周去做评委，赶课。

守着昏黄的灯光，一个人方能安然入睡。

这四天的时间，下午5点以后，下班了，回到支教的家中，就我一个人，空旷的房间里，显得孤零零的。清晨，一个人去上班，晚上去邻居家看完电视回来，不到10点，又是我一个人，陪伴我的，除了广播、音乐，便是卫生间淅沥沥的水声。（夜晚声音更响）

我照例独自热饭或做饭，摆好了一个人听着广播静静地吃饭，吃完一样样收拾。俨然居家过日子的程序。就是室内冷清清的，少了个说话的人，看了两集电视剧，打了一次扑克，权当消遣娱乐。周二的晚上风好大，周一周三天好晴，深夜竟是在隔壁麻将馆的喧闹声中入睡。是否感谢他们的陪伴。

人是社会性群体动物，有意识，有情感，近两个月时间中，与周老师形影相随，成了伴儿。她不来，总觉得心里空落落的。我定时开窗，拉窗帘，透气，开灯，打扫。耳边似乎有她温柔的话语“好吧，就这样了！”

婚后的这十年里，也有过一个人（或与小小孩）独睡的情形，也许是在家里，熟悉而温情，似乎有亲人的影子，想到三道门高层相对安全，很自然就能坦然地安然入睡。独自在这里，虽知道家属院相对安全，民风颇淳朴，但还是寂寞、孤单，忐忑地无法安睡，尤其是深夜，不太封闭的木门，木窗，又是一楼，竟很是担心，睡得不踏实，有几分小孩一般的害怕。

白天，在校园里，高大的树木，蓝天白云，沐浴阳光，我不禁在问自己：“陈老师，告诉我，你在害怕什么？为什么害怕？”

小时候胆小如鼠，乖巧内向，不自信，也有一个人傻乎乎睡觉的情景，但周围院子里有大人，爷爷奶奶、妈妈，我做噩梦他们会哄我。

长大了，贪玩外向了，与小伙伴疯玩，胆子大一些了，但仍底气不足，渴望强大的巍峨的父爱的呵护，自尊又好强，做事小心，认真。

丈夫的冷静、坚强、独立影响了我，自己的事自己拿主意。当了妈妈，呵护我的孩子，我又坚强了不少，有争吵，有小心眼，但更多的是对家人温情的呵护与关爱。

支教是一段难得的经历，一人独处，一人独睡，其实也是锻炼自己的坚强，丰富深刻自己内心的机会，不想别人了，多与自己内心对话。

坚韧，柔中带刚，没有什么是害怕的，很多时候是自己吓自己。怕风声，怕坏人，怕小偷，怕门被撬开，是因为你太不相信这个世界，你担心自己无法应对，其实，来之安之，有事时灵活应对。

夜晚了，心如水般静，读书，听音乐，绝好，有事做，不空虚，又怎会怕这怕那，胡思乱想。开始理解常独处的周老师为什么喜欢有光而眠，灯光会安慰心灵曾经受伤的孩子，因为陌生，你总怕受伤害！让内心强大，再强大。

一切自然安然，日出而作，日落而息，该干什么，想干什么，就干什么！累了就睡，心无负担地眠。守着温暖昏黄的走廊里的灯光，我如看到亲人的笑脸，听到亲人的话语，安然入睡，一觉睡到5点多，天亮了，外面鸟儿又叫了，新的一天，真好。

2014年6月4日　　　　星期三　　　　晴

乡村夏日

周一，回兰州与家人共度端午，节日甜甜的，黏黏的，兰州夏日艳阳，已热辣辣了。

端午过后，永登乡里气温也升高，天气一天天热起来，穿单衣了，穿网鞋了，坐到屋里也不冷了。温度适宜，空气新鲜，人们倍感舒适。

四五点钟，天已蒙蒙亮，日头使劲地往上爬。在清脆的鸟叫声中，晨之序幕拉开。乡村醒来了，越来越亮，周围一片寂静，偶尔有早起外出的人匆匆的脚步声，远处传来的鸡鸣声，村子里有劈柴火的声音，过一会儿，炊烟袅袅，在青青的麦田上飘来飘去。东边的天空似乎能看到太阳的影子，红霞慢慢铺开，为华丽的日出炫彩。清晨，略有凉意，水沟里的水不停息，“哗哗”流着，日子如流水般又有新的开始了。空气湿漉漉的，却格外清凉，搭上外套来到院子里，院子里花草间散发着清香，缕缕入鼻，一抬头，太阳已露出半个脸，清晨早起，人们又忙碌起来！好个清凉之晨。

乡村小学院子里，书声琅琅，穿着花花绿绿的小孩子已经开始晨读。校园的铃声响亮但并不刺耳。院子里班级包干的田地中，青菜花苗在微风中精神抖擞，绿油油的，不经意的几天，已长到盖满院子了。沐浴阳光，吮吸雨露，种得晚，但总能随着时节，慢慢地长高。夏日，植物长势最旺，辛勤的园丁总能读懂时令言语，一大早，就提着水管，不停地浇灌，在太阳当空之前，让它们喝饱喝足，蓄势生长。

快到中午了，天越来越热。天空一碧如洗，阳光照得透明。赶早田间忙碌的人们已回到家里。树荫凉下，太阳底下，冷热分明。校园里，老师孩子，神清气爽地学习了老半天，似乎越来越活跃，在院子里开心玩耍。高大挺直的白杨“哗啦啦”地响，伞一样的大柳树静立着，祖母般俯视可爱的孩子，似乎格外安详。

最喜欢夏日的黄昏。经过匆忙赶饭的午时，孩子们又奔到学校，课堂上，不睡午觉的小淘气困得迷迷糊糊。一放学就又鲜活起来。夏日很长，天还很亮，风儿送来凉爽，晚饭后，是最快乐惬意的时光，家属院里，留守的老人早早吃饭，已在健身器上活动，拉家常，围着的是一个个小小的孙儿。晚霞满天，太阳落下山了，跳舞的女人们开始跳舞了，舞姿轻盈。而男人们下象棋，打乒乓球。最忙碌的是骑车转圈的孩子们，疯跑玩耍的孩子们，满头大汗，满脸通红……一天的忙碌，换来夏夜清凉甜蜜的梦。

乡村夏日，少了几分喧闹，没有城市的高温炙烤，早晚凉爽舒适，午间热得适度，风沙少，空气湿润，天高云淡，日子拉长了，慢慢地过，满眼片片绿意，耳边阵阵鸟鸣，在倾听大自然中，常常忘我陶醉，好个生命力旺盛的夏日！

2014年6月8日　　　　　　星期日　　　　　　晴

乡里乡情

来永登支教三个多月了，这里的乡亲们，留给我极深的印象。有一起工作的中堡镇中心小学的十几位教师，有住宿大院的工人和家属们，有塘土湾村骑摩托车接送孩子的家长，有附近小卖部里的人，有逛县城遇到的陌生人，有马路上来往大货车的司机……有的天天见，越来越熟悉，有的仅一面之交，陌生的注视而已，透过他们黑红朴实的脸，听着那浓重的乡音，我渐渐融入了他们，似乎能在与他们交往的“慢生活、苦日子”中，了解他们，读懂他们。

惜物

受经济条件的限制（差距在缩小），他们大多对物品、财物格外珍惜。一块煤、一张纸、一本书、一碗饭、一毛钱，老乡们小心地使用，十分节省。原来，在豪爽个性的背后，是珍重物品的价值，物尽其用的想法。小到家用的卫生用具，再到一张床、一把椅子、一件衣服，他们非得用到不能再用才换，要换也要换厚实、质量好一点的，为此，他们会舍近求远去县城。节俭真好！

重情

小学生恋老师。一周不见，会真诚地说出想你了，用依赖的眼神看着你，那份心意，那份对大姐姐、对妈妈般的老师的诚意，容不得半点虚假。永登人，尤其是男子，豪饮，个个酒量颇好，斟酒杯杯尽。老乡们拿上一些好吃的，最看重“礼让”，一把瓜子、一个苹果、一块大饼，总要捧到大伙面前，分着吃。分享中，人与人之间嘘寒问暖，问长问短，他们看重的，是你想着他，念着他，理解他的难处。乡里乡亲之间，需帮忙时实打实地帮助，绝不口头虚情假意。支教的老师一来，搬东西、扫房子、刷房子、借生活用品，周围的人热心搭手忙活。暖洋洋的话语，笑盈盈的眼神，让我们感动不已。

寡欲

小镇在公路（312国道）旁，但并不十分喧闹，日子安静悠闲，很多时甚至能在学生做作业时，听到阳光下树林里布谷鸟的啼叫和喜鹊的欢叫。这里的人们，如金城厂的工人，中堡的老师，相对却幸福感很强。在永登县城，兰州市区也时不时转转，思想并不很落后，不少人已迁居县城和兰州市区，但仍然在小镇静静生活，渴望过上更好日子的劲头很高，但并不钩心斗角，人际关系相对单纯。欲望少，上进心埋在心里，扎实工作、默默奉献，干起活来格外尽心尽力，一丝不苟。真不像我们城里人那样太看重自己的利益，一味追求享受！

惜物节俭，思来之不易。重情重义，懂人情世故。但寡欲勤奋，享闲适生活。慢慢地、静静地过日子，乡情在一个个日出日落中，在乡土乡风里酝酿、发酵……浓如酒，甜如蜜，请君珍藏！

2014年6月10日　　　　星期二　　　　小雨转晴

可爱的淘淘们

三年级这班19 个孩子，与他们已经相处14周了。9岁多的孩子，既有低年级的贪玩、乖巧、心疼劲，又似乎逐渐走向懂事，会听话了，有了初步的对事物与事件的辨别分析能力。

在近100天的日子里，小家伙们已能感受到他们的大朋友我永存的那份真挚、童稚、简单、专注。有在日记中喊我大姐姐（我刚来时扎辫子），有在六一送书时大胆直呼我名字的机灵鬼。你可爱，有趣，能带给他们鲜活的东西，孩子们就会在心灵深处越来越信任你，崇拜你，喜欢你。

小阳，是个有点内向、内心细腻的男孩。今晚问起他的继母，原来她再婚带来了一个男孩（小弟弟），希望父母给他更宽裕的成长环境。他的硬笔书法写得很不错，很有字体，但最近书写有点退步，要加强督促。

机灵的孩子小怡，心灵手巧，画画很不错，说话伶牙俐齿，很懂事，像个小大人。她平常由奶奶带着，她的妈妈在县城，爸爸在外地，都很少陪伴她，小姑娘说话时，表现得格外坚强。

上周请了阿翔的父亲，父母管教颇严，但孩子有时听讲不专心，常记不住作业。家中写作业磨蹭，字软绵绵的，字体欠美观。我认为孩子身上缺乏自信和男子汉的坚强，个别谈话后，我又用小本子和书签鼓励他。

小刚，皮肤黑黑的，像小老鼠般的爱咬东西，既坐不住又站不住，需要我时时提醒，要讲卫生，要守纪律。小惠，长着不服输的小眼睛，今天上课她把腿跷得老高，我马上指出让她纠正。

农村学校，课很多，但安静地上课，不烦不躁，不担忧琐事，专注地教学，与每个孩子更好地接触，一对一个别辅导成为常态。天热了，孩子们中午不睡觉，下午常打盹儿。做作业反应较慢，老师要细细指导，尤其是阅读量，还上不去，作文套作较多。

我可爱的小淘气们，见到你们，我满心欢喜。希望天天看到你们的点滴进步！

2014年6月11日　　星期三　　晴

读书的姿势

教师群体自称是读书人。这不，我就颇有几分读书人的清高和宁静。俗语难听，但在理，“三天不读书，不如一头猪”。说实话现在忙碌的生活，人们为工作生活的事务缠身，属于自己的自由时间真少。读书，真正静下心来，读自己喜欢的书的时间很少。现代媒体电脑、电视、手机占领了人们的视野，侵占了人们休闲的时空。

因为孩子上高中，看电视新闻，也不上网聊QQ。每晚倒有一个半到两个小时的时间可自由支配。有时兴趣使然看一看，翻一翻闲书。即使看不进去，有点儿困，还要强迫自己看40分钟左右。徜徉文字丛林，身心放松，或思考，或想象，很奢侈的一种享受。在家时，我常关自己在一室，在沙发中盘腿或斜倚着读，很放松地看。半小时后起来转一转，定力还不够，应该向大家学习定坐三五个小时。

周末时间充裕一些，一周劳累后休息好了，精力充沛，在神清气爽时看书，不急不躁，躺在床上，四肢放松。但因为太放松，有时候就睡着了。一般早晨或晚上8点左右看书效果好。

来永登支教了，少了许多杂事。不用做太多家务，闲时间多一点了，为了让生活不单调，带来了许多本书。如《蒋勋说唐诗》《仓央嘉措》《张爱玲传》《英伦见闻录》等。读书，让闲暇更充分。读书，让心灵更宁静，更自由。

书非借不能读也，少女时代，读小说的痴迷，复述故事时的绘声绘色，古旧书店淘收藏书的乐趣，似乎都溜走了，有钱买书了，却挤不出更多的时间读书。要做家务，要打电话，要写论文，要备课，做课件。时间都去哪儿了，被千头万绪的事务纠缠不清了，读书的热情锐减。

好在在永登，每晚有两个半小时的时间读书。白天没课也能挤出时间来读。在放松，心情愉快的情况下读书。爱读，进到书中快，读进去了就越来越爱读。读书成为一种习惯，如吃饭，睡觉一样必不可少了。

有人说读书就是读生活，读人生。在书中读自己，在书中经历，在书中照镜子，看自己，看别人。昨晚读书没有慵懒地蜷缩在干板床上（有靠枕），而是借活动后的热力、精神，端坐在书桌前，干板凳垫了个毛毡。

正襟危坐，当是读书的姿势首选。做行端，不会有私心杂念，注意力集中，不会打盹儿。你自己告诉自己，读书是每天必做的功课。我要专心认真去做，意念力量很重要。昨晚一试，灯下静静地读，读书的进度快了，越读越有意思。很佩服季羡林、杨绛、钱锺书等大师们一天十多个小时的苦读的精神，学问从读书中来，学问从阅读积累中来。

热爱读书，让生命更有宽度和厚度，选择自己喜爱的读书姿势，对自己狠一些，吃那么一点儿苦。却换来阅读无尽的乐趣。

2014年6月19日　　星期四　　晴

支教，另一种修行

这一周过得颇为寂寞，周老师不在，王老师去旅行了。刘老师晚来了，小张老师早回了。支教战友团两三个人，也没有集体活动。期末教师们都有体力透支的感觉，盼望放假盼望放松的假期生活。

这几周，为给孩子上学的事儿闹心，出入宿舍没有伴儿感觉很孤独。这种情绪加在一起夜晚心常静不下来，不能安稳入睡。

来县城支教，是工作安排，是自己主动报名，也为了职称评定，更深处想寻找一份内心真正的宁静，去丰富自己不惑之年的经历。我选择了，做好了最坏的打算。吃点苦，我不怕的！

本以为条件艰苦，是人无法克服的。谁料，陌生环境中的无人陪伴与倾诉，对于女教师来说更加难耐。每一周，精神饱满地出发，赶着上课，批作业。周二状态也较好，周四就开始归心似箭，总想看到可爱的家人，听到他们的语言，于是，每天简短的电话成了唯一的心灵慰藉。思念，牵挂，90公里，如果是10公里、20公里，真想日日跑回去，美美地和他们交谈，放心地在大床上睡觉，吃自己喜欢的小吃。于是，这样的时刻，似乎读懂了陇南老教师独守一栋大楼之硬汉孤单，也似乎体会出周老师选择回家，想回归都市便捷生活的焦急，对于一日无家务可做，无孩子可唠叨的妈妈，闲来寂寞，怎不是一种无奈的煎熬。

对于社会人，群体生活必不可少。白天的日子与孩子们、同事有说有笑，有事可做。上课，批作业，逛校园，转村庄，踢毽子锻炼身体，乡村的环境真好，风轻云淡，天蓝草绿，鸟语花香，宁静中有悠闲，天气凉爽，空气新鲜，我喜欢上了支教生活，很是享受。

深夜，独自静坐，支教，另一种修行。不说你与战友们、新学校同事共同生活的缘分，不说你想认真教乡村孩子的美好愿望，单从人生旅途的经历来看，它就是要让你放慢脚步，在乡间一个人独立行走，且行且思，看到另一个真实的自己。每天啃馒头，吃苦行吗？单调行吗？耐得住寂寞吗？内心坚持行走的力量足够强大吗？小小的你在一个相对闭塞的环境中能否开悟，让自己心灵的足迹飞得更远。有时间阅读、写作、记录、思考，让日子留下印迹：

一切的光鲜理由都已忘记，
单调的生活逼我们反观内心。
宁静幽美的环境，
让我们排除城市之毒。
慢了，静了，净了，
又有自由的呼吸，敏锐的听觉

在双城生活中对比，
在自然的生活中丰富、深刻、坦然。
质朴、纯真的孩子，
把渴盼期待的目光投进我的心田，
不愿辜负……

2014年7月1日　　星期二　　晴转小雨

漫步乡野

这十来天的天气，凉爽得怪怪的，不似夏天。雨、小雨、中雨、夜雨颇多，伴着电闪雷鸣，狂风大作，沙沙的阵雨，淅淅沥沥的秋雨，好似这几天就走过了几季。乡村今年的夏，似乎热不起来。

昨日，似乎带着本学期期末的几分留恋。又一次和小李游走乡村里。这是第三次进发，从第一次春播不久，小苗泛青，到第二次三人细识庄稼，满眼葱绿，草长莺飞。走入乡间渣子路，不知因浇水，还是下雨，雨水阻断了道路，改道走上了旧的火车道，空气很潮湿，太阳在云后歇息，天一边蓝一边黑。踩在棱角分明的砾石上，硬邦邦的，但行走有声。路向远方延伸，脚朝前方迈去，有远行的豪迈，有旅行的自由。

一路上，路在高处，看铁道两旁低低的庄稼，浓密的绿色。有蔬菜，有小麦，有苞谷，有土豆，有路旁的野草。沟渠里水满满的，好多处漫出来，低处的庄稼淹了一大片。闲聊，读懂了小李结束支教一年生活的释然和一丝留恋。支教结束，不再懒散，回归都市生活。一柔一刚的两个女孩儿，遥想30年前的童年，手握小野菊和蒲公英，一首一首唱着童年之歌，《城南旧事》《乡村小路》《读书郎》……由着性子向西去的火车大喊大叫，在水池塘里扔石头打水漂，无忧无虑的童年，别了！在乡间似乎欣喜又感伤地找回了那曾经的简单的快乐。

不料，伴着好心情，天公却不作美，40分钟后，天又阴沉下来。说下雨就下雨，雨点越来越大，两个小女人，共撑一把伞，小心地走在水汪汪或泥泞的乡间小道。眼看着过往的车辆溅起半米高的水花，置两位美女于不顾，终于走到学校，匆匆休整，吃晚饭。

人啊，快乐总是短暂的。还好，练完毛笔字又瞎玩了半个小时的乒乓球。在广场上看星星，天空似乎很低，星星格外明亮，对于近视眼的我，似乎在小李的指导下看到了北斗星和三连星，遥望星河，夜幕降临，清凉凉的夜，拥一个童年的好梦入睡。

2014年9月2日　　星期二　　气温回升　大晴

人生有味是清欢

去乡间，嗅花香，听鸟鸣，看远山。带着对乡土的特别情感，我选择了百公里之外的支教生活。

走在乡里清幽的小路上，内心洋溢着“逃离”城市的喜悦，这里只有幽静和安闲，时间的流逝似乎放慢了脚步。你感受得到自己的呼吸均匀平缓。你听得见自己的心跳，平静却有力。突然间，你身边的世界顿时静下来：耳朵静下来能听到蛙声、鸟鸣；眼睛静下来，能看到天空飘飞的云朵，路边的一朵小花；脚步静下来，贪婪地走在松软的泥土上。心静下来了，如蓝天一碧如洗，伴着细雨清风停下来，慢慢欣赏一路的风景。

这里，如同难得的心灵驿站，沐浴阳光，享受片刻的清欢，纯然的安静。青山绿水，眼的清欢，宁静自然。歌的清欢，洁净空气的清欢，简单饭食的清欢，难得的清纯净土，身的清欢，深思明心，意的清欢，充分感受，用心品味。清代画家盛大士说得好，“人多熟一分世故，即多一分机智。多一分机智，即多一分高雅”，又怎能享受人生如此的清欢？体味到人间清欢滋味的人物，不可多得！忘了苦，忘了累，忘了忙。忙里偷闲，苦中作乐，尽享人生路上的诗意。

清欢的可贵，在于片刻，于清寂中的欢愉，在自由中内省。安放自己在广阔的自然中，安放天地在广阔的胸怀中。

不断回到了解、理解学生的起点，用客观而富于温情的目光观察他们，并积极思考，持续修远，突破已有印象和判断。沉静、谦虚、慈爱。始终不忘记自己也曾经是个孩子的人，才能成为真正的教师。静守心灵的清欢，用最初的心完成乡村支教。

2014年9月10日　　星期三　　小雨

不一样的教师节

教育发展的新时代，我，一位从教二十多年的女教师，有幸在并不很偏远的县城，度过了不同寻常的教师节，第30个教师节！

虽然没有享受一天的休假，内心却坦然淡定。9月10日，我仍安安静静坚守在自己的支教岗位，扎扎实实地上了六节课，与乡村的20个娃子和姑娘子（方言）度过了愉快的读书学习时光。

一大早，刚进教室，就收到孩子们自己采的几束鲜艳的花、两支钢笔、一个手工制作的荷包，孩子们已经在黑板上写了朴素的祝福语。此时，我内心格外激动，送给他们最美的微笑，告诉孩子们，要珍惜我们相处的日子，天天进步！

和同办公室的吕老师分享了月饼、葡萄、枣子。她送的零食，课间加餐。闲谈，很是放松。谢谢她给我们烧水。上午第四节课时，没料到学校竟给我们支教老师也发了100元钱。与以往教师节相比，觉得这100元分量尤其重，你融入了这个小集体，学校钱并不多，但大家还是想着你，真不错！向校长和老师们表达了谢意。

这里的其他老师，也收到了许多孩子的心意和祝福。一朵大丽花，一块月饼，一个苹果，一把枣子，我们的办公室里五颜六色，浓浓的节日气氛。老师们脸上写满欣慰，内心涌动着更加努力工作的激情。小小礼物值钱不多，可是家长孩子的心意是真诚的，对老师的尊重和爱戴蕴含其中。

难忘——乡村，秋日，不一样的教师节！

2014年11月25日　　　　星期二　　　　晴

逮鼠记

这两天，又与滞留在办公室的小老鼠玩起了捉迷藏。它时不时露面，在我们仨的追逐下，在办公室贴着墙根转圈圈。吕老师胆大，一下子拿起了煤炭夹，勇敢抓捕。石老师尽力寻找，用笤帚围堵，一心想把它弄出去。我被小老鼠折腾得心神不宁、神经兮兮的，总觉得吱吱声就在脚下、柴堆里、脸盆后，甚至在包包里，是幻听吧。

下午第一节课我和石老师在静静地批作文，无意间往左边地上一瞥，呀！它贼眉鼠眼，在目中无人地溜达呢，我尖叫一声："啊，老鼠！"石老师被我的叫声吓到，大声喊道："哎哟，妈呀！""哈哈！老鼠吓我，我又吓到你了，石老师。"

两人迅速放下手中的活儿，抄家伙。铲子，拖把，又到门口叫来救兵——三名四年级的学生。又一次围堵紧张上演，挪柴火袋，敲电脑桌，腾大柜子下面的东西，"嗖"，灰黑色小老鼠，又一下窜到门背后的炭堆后面，挪、夹、赶，出来了，出来了！在这儿，在脸盆后边儿。学生和老师目不转睛，紧盯老鼠的动向，我也不敢怎么堵，只是在一旁大惊小怪地哇哇叫。眼看在门口把它连扫带拖赶出了办公室，男孩子着急的，想抓，想夹，想扫，却不料，它又一次转身溜回了办公室，又藏了起来，并"吱吱吱"地叫个不停。我们乘胜追击，几个回合，最终，石老师用笤帚将它堵在火炉后面，一个高个子男生用夹子夹住，并戴上手套从尾巴提起，将我们的俘虏逮住，并扔到学校围墙外面。

将近一节课的忙碌，总算大功告成，也许能安宁几日，是办公室太温暖了，还是我们带好吃的，总有老鼠光顾，告诉你，它是第四只了。不会再有了吧？喜过之后又是担忧……

2014年12月25日　　星期四　　晴

再见吧，孩子们

收拾行李，整理照片，因培训要提前一周结束支教生活。

难舍的情愫弥漫心间，和班里的孩子们相处200多天，即将分别，不知该说什么，做什么。不想太伤感，影响他们复习。下午给大家发了牛奶糖，孩子们写了留给我的心里话（没有告知他们明天我要去培训），有几个女孩儿写着写着就哭了，一遍遍地读了他们写给我的话，真诚，感伤，感动，你辛勤地付出了，孩子们都记在心里，好几个孩子，叫你妈妈，有什么情谊，能与稚嫩的心送给你的温暖相比呢，我的心似乎倏地痛了一下，但立刻涌上无尽的欣慰和幸福。

下课时，孩子们在黑板上画画，写留言："陈老师，我们爱您！您辛苦了！""母亲，我们会想您"……五颜六色的彩色画，大大小小的粉笔字，一个个多像他们调皮的笑脸。我给他们拍照，和他们合照。孩子们一个个笑开了花。相处长了，心相通，情相系，爱相连，这里的孩子，说出的话，没有很多华丽的词语，但懂事的小大人似的童言，多么珍贵！

还想再走进教室，再多给他们讲几句话，叮嘱几句：坐端正，认真写字，用心读书。多穿点，把手洗干净。

下课时，一个个小脑袋趴在办公室的窗玻璃上叽叽喳喳。也不知道往办公室看什么。我努力克制自己的情绪，不要太伤感，就像平常一样。活动时间，看他们游戏，唱歌，围在一起，没有城里的孩子的骄娇二气，天真少年吾心怜。

今夜，躺在床上，回忆两个学期的点点滴滴。收获孩子的尊重、信任、理解、爱戴、祝福、感谢，内心多么充实！飘满花香的梦中，我和孩子们再次相聚……

我眼中的他

他，一个话语不多的11岁小男孩，瘦弱的身体，白净的皮肤，小脸盘，大眼睛，目光冷峻而平静。一年四季多数穿着朴素的校服，平时比较喜欢“单独行动”，学习成绩优异，尤其是数学，课堂上一向思维敏捷，同学们很是佩服。这位资优生在我的语文课上发言不多，但往往一鸣惊人，思路清晰，表达准确。可我还是不满意：语文课堂上的他不够兴奋，朗读课文缺乏激情，上六年级后，他的钢笔字由原来的规范美观，变得毛草“洒脱”，习作也只求中等，欠缺有生动的表达。他做事利落，为什么不当班干部？为什么对班级的事情一点儿也不热心？课堂上他偶尔低头，甚至玩小玩具，想心事，打哈欠。他到底算不算我们老师心目中的优等生呢？这以后，我用心观察他，多方面了解他，下课时常找他聊天，用我特有的细心和耐心，我试着从母亲、大朋友、长辈的角度去发现他、理解他……

一日，我和他在菜市场相遇，他爽快地向我问好，我真高兴。但我看到旁边他的家长——奶奶，却冷若冰霜，一副知识分子的干练高姿态。我在想：常和孙儿在一起，她的为人处世会对孙儿产生怎样的影响？

一次，批到他的周记，表达对母亲的爱：妈妈每天清晨为他装水，并不断提醒他喝水。他贪玩，常常忘记喝水，嗓子发炎，听着母亲晚上的责备和絮叨，内心充满深深的歉意。多么懂事的孩子啊！在评语中我对他习作中流露出的真情实感大加肯定。语文课上，请他用家乡方言为大家朗诵童谣，那地道的山东口音，逗得同学们哈哈大笑。瞧他，居然忍住不笑，一本正经。听同学说，父母给他还有不少额外作业，他还在练习小提琴。国庆节后与他闲聊，听他说起和父母的兴隆山之游，很没意思，天下雨，父母意见不统一，不欢而返……

原来，读懂一个孩子很不容易，孩子许多本色的东西，由于种种原因，被遮掩、被忽视、被替换，我们现行教育体制下的孩子很累，也很无助。有时候，他们确实不招人喜欢，也不愿喜欢别人。我想：作为独生子女，在家中，他是否有那么点小孤单？在学校，他有时又显得不大气，自顾自。是谁影响了他？我们抑或是他的家长？隐约感觉这两方面有点不同步。

我在寻找最佳的教育契机，想让他在全班同学面前再次“大放异彩”。很高兴，我今天终于找到了——批阅了他的当堂作文，写给同学们的一封信：极其严肃地关注到我班近期整体学业成绩在年级的下滑现状，较为客观地分析了原因——课堂纪律的散漫，个别学生听课不专心，不自觉完成作业，浮躁，破坏班级原有的踏实上进学风。他号召全班做爱集体守纪律爱学习的学生……

“你很会发现问题，能冷静分析问题，有一颗为班级着想的火热的心！”我写下自己的评语，发下作业，当着全班同学的面朗读了这封信，并浓墨重彩地表扬了他：别看他平时不哼不哈，却能敏锐发现问题，这封信语言恳切，写得太好了！我们班就缺少这样有思想的小主人，全班同学为他送去热烈的掌声！

课下，我与他有了更深入的愉快的交谈，我看到了他眼神中的热情，我看到了他难得的微笑。灵机一动，我想邀请向往自由的他，做班级管理顾问。

真的，他太可爱了，我越来越喜欢他！

山上杏花烂漫时

——帮扶送教有感

5月4日，国际青年节。提前在美丽的杏胡台小学过了一个迟到的春天的节日——满眼清新的绿，遍野灿烂的花。

学校不是很大，操场开阔，土地颇为平整，用红砖铺出了几条雨天走的小路。昨天晚间下过小雨，土地湿湿的。操场四周有树木和花草，倒有点农家小院的味道。南面是一幢不是很新的二层教学楼。全校学生不到100人，教师12人，因为人少，又在山上。校园里显得格外安静，这一点，我很喜欢，难得耳根清静。

杏胡台，一个很令人遐想的名字。听这里的孩子们说，这里原来叫黑虎台，有王家营和孔家营，属西固乡四季青街道管辖，所以学生几乎非王姓即孔姓。来之前，也曾想，这里一定是一个高高的平平的台子，阳光充沛，树木茂盛，尤其是，植满茂密的杏树。杏花开了，粉白粉白的，很美，杏子熟了，金黄金黄的，很是诱人。看来，与想象中相差不远，我放眼望去，看到了学校四周苹果花和梨花静静地开放，比山下迟一些，少了几分喧闹和炫耀。那杏花灿烂在何处？

走进教室，因为每个班的学生都很少，才16人，教室很宽敞，长条桌，有点破旧。但老师讲台上的那块红绒布很是显眼。孩子们一下课就往外跑，风吹日晒，皮肤黑黑的，看上去很结实。和我说话聊天，感觉他们很听话，有一丝拘谨，但认真回答问题的样子，微笑的样子，友好的眼神，很是朴实可爱！

兰炼一小为该校师生送去了语文、数学两节课，还送去了电脑、电子琴、书籍等物品，同时带去了全校师生真诚的问候和热忱的友谊。两节课都是苏教版的，小赵执教五年级的数学，我上的是六年级的语文，听小赵说，因为是教材拓展课，有一定的难度，他很是费了一番功夫引导，看来，这里孩子们的数学思想的启迪还远远不够。这也许和任课教师有一定的关系。

说说我的语文课。这是第三次执教《观书有感》。最初选定四年级下册的《乡下人家》，课都备好了，因为运动会没能试教，考虑到上第二课时，第一课时不能亲自去上，不够完整，临时又换成了我比较拿手的六年级古诗教学。前两次执教《观书有感》，感触不同。第一次是学校骨干教师“青华杯”赛课，用我自己的班，有充分的预习备助和课中自助互助，效果良好，落实第七单元主题“读书有方”，与第一首诗《冬夜读书示子聿》同法迁移，学生感悟深刻，赏析初得要领。第二次在市级骨干评选课中，用五年级（第二学期）学生，想不到学生的理解同样丰满，诵读感情饱满，诗情诗理品悟较深。

古诗词教学，是不少语文教师的一大困惑。我聆听过孙双金、窦桂梅、江秀梅等全国名师的古诗课，受益多多，启迪多多。孙双金老师厚积薄发，《走进李白》的诗意、多元、深入解读，令人折服。窦桂梅老师《清平乐·村居》深情吟唱，国学功底，无不佩服。古诗词教学，我同意一些专家“先吞食，后反刍”的观点。

在本次杏胡台执教前，翻阅课程标准时竟发现，附录中小学优秀诗文背诵推荐篇目增至75篇（原来70篇），其中《观书有感》是新增的5篇之一。考虑到教材版本和山上的孩子的接受能力，我教学做了适当调整——增加了文后注释，减少了一些课外拓展。执教中，我心有目标，文本熟透，全面关注学情，巧妙引导，启发质疑，静心等待，捕捉学生现场生成的亮点，由易到难，层层深入。我思考，突出课堂的真实性、有效性、创新性、拓展性；我追求，在古诗词教学中体现语言美、意境美、情感美；我希望，课堂学生能在自主投入学习中收获多多：读懂诗意的方法、读出诗韵的吟诵方法、意境默想深度赏析的方法等。再往大里说，小学语文教师，怎样让自己的教学风格向充满语文味、儿童味、个人味迈进，我们的实践探索似乎还很漫长！

写到这，不禁想问问可爱的孩子们——杏花春雨的诗意课堂，你们感受到了吗？会忘记吗？想想你们课后留给我的甜甜微笑，我会加倍努力！

孩子们，新年快乐

12月31日，年末最后一天，辞旧迎新，被人们赋予满满仪式感的一个日子。作为新上任的三年级班主任，特别想和孩子们总结与展望，联欢放松一番，缓解年末紧张复习的压力。按照学校疫情防控下的迎新活动要求，不带零食，不请家长！喜庆，祥和，简朴，就很好！

选主持——报节目清单

周五上午的元旦庆祝活动，周二课间，我找来班里的4位文艺骨干（2个男生，2个女生），给他们布置了主持人任务，讲清活动要求，分发了活页纸，让他们分男生女生上报节目。下午放学，他们高兴地跑来告诉我，已经上报了32个节目。在家长的协助下，第二天就完成了编排，写好了串词，还穿插了几个小游戏。周三、周四两天时间，一下课，4位小主持人就在楼道角落里悄悄排练，兴奋地偷偷“密谋”！

感悟：从最终演出效果看，4位小主持人表现非常棒！他们语言表达清晰，仪态自信大方，调控灵活，组织有序。老师交给任务，重点环节指导，敢于放手，让孩子们分工协作。在文艺活动中，他们的组织能力、沟通能力得到充分锻炼与提升！

迎新图——画家齐上阵

周四下午第三节语文练习课，下面的学生在做期末练习，我把6位小画家请上黑板，两位组长小陈和小刘带着中午小组讨论好的小样，6位画手抓起彩色粉笔，认真忙碌起来。40多分钟后，两块黑板画好了，礼花、灯笼、动画、祝福等迎新元素，精彩呈现！

感悟：孩子们的兴趣爱好让生活更丰富有趣，平时所学，绘画特长学以致用，他们成就感爆棚！

饰教室——气球飘起来

周四下午课间，我从后面柜子里翻出班级去年存货——气球和拉花，和孩子们一起吹了近30个气球，随手打结。放学前请配班老师帮忙在灯管上搭上拉花。第二天一早，我又找来丝带，花十几分钟把气球3个5个绑起来，挂到教室的黑板前，门窗上。一个个彩色气球似乎在笑着欢迎小家伙们呢！

感悟：和其他班级网上新购的贴画、双层气球、闪亮大拉花等相比，我们班的装饰似乎有点土，不够时尚，但孩子们和我一起参与教室的节日装饰与布置，动手动脑，旧物利用，多好啊！

搬桌椅——谁来搭把手

周五上午，大家身着盛装入校。为了留出更多地方让孩子们表演节目，我脱了棉服，和跟班教师小张快速把桌椅摆成“U”形。八点半左右，同学们兴致勃勃地观看了学校大事记、师生送祝福、校长的新年贺词。九点，班里的联欢开始……

感悟：布置教室搬桌椅费时费力，应该提前一天就位。当时，我和小张老师忙了一身汗，我俩一直在说“谁来搭把手”，但仅仅是四五个高个男生在帮忙，是不知道怎么摆放？还是不想参与劳动？是背着书包不方便？还是穿着新衣服只想玩？孩子们，你们的劳动技能去哪里了？

演节目——才艺大展示

两个小时的班级联欢活动，在欢乐的气氛中进行，孩子们真是多才多艺：男生小杨和小窦等的街舞、小袁的民族风孔雀舞、小吴和小姜的武术、两位小女生的魔术、两位双胞胎姐妹花的《歌颂祖国》的诗歌朗诵，还有小李和小刘（一女一男）钢琴演奏的视频节目、3人组葫芦丝《青花瓷》、小闫的现场书法等，8岁多的孩子，节目真的很精彩。我和跟班老师小张，各镇守一角，负责照相摄像与音响，各司其职，成了幕后的工作人员。每一个节目，我总要录制近一分钟的视频，发到家长群，与家长分享。下午整理相册，一张张照片记录了新年联欢的美好瞬间。

感悟：与孩子们相处一学期，对他们的学习纪律等表现关注多，比较熟悉。今天他们表现了自己活泼泼的另一面，文艺小少年们能说会唱，能演会舞，个性张扬。活动中，孩子们释放心情，展示艺能，交流互促，得到了老师和伙伴的肯定和赞扬。

写卡片——祝福小伙伴

最后，留出了10分钟，分发老师送的小书签，孩子们提笔写下新年祝福，署名，小组间随机交换抽取。这样，每人拿到了小伙伴写了祝福语的小书签，庆祝活动画上圆满的句号。

感悟：借书签小礼物送祝福，友谊最珍贵。新年新希望，我们一起努力吧！相信经过元旦的休整，孩子们定会元气满满！

结 语

活动中，我还让班干部邀请原班主任、数学、英语教师等参与活动并送上新年祝福。2022年“喜迎元旦佳节·共庆百年华诞”主题教育活动在欢声笑语中结束了，但每一位班主任在活动的组织中付出了很多。前一天晚上加班的，一上午进到教室就没有出来的，顾不上喝一口水的……班主任的辛苦，我深深懂得，致敬，我的同事们！孩子们，见证你们的成长，希望你们全面发展。新的一年，一起向未来，我们携手再出发！

漂亮的垃圾桶

它，一个高约40厘米的塑料垃圾桶，白底子，上面有紫色的条纹。已经用了两年了，有些陈旧。换教室，又被挪到三年级，默默无闻“安居”在卫生角的柜子里。

新学期，孩子们用钢笔写字了，很多人用墨囊学生钢笔，地上（甚至桌面、墙面）经常出现钢笔墨水印，地上时不时也会出现空的和满的小墨囊管子。落实“双减”政策，实施课后延时服务，下午教室学习结束后，放学静校就没有集中做清洁的时间了。作为班主任，我就“见缝插针”，随时组织值日生清洁。

最近，孩子们美术课、手工课玩超轻黏土、折纸飞机，一下课，教室地面就“惨不忍睹”，黏土团滚来滚去，纸飞机随处乱停。一下课，我就提醒整理清洁，捡地面的垃圾。于是，一会儿的工夫，学生的垃圾袋就满了，垃圾桶就满了，一整天要倒三四次垃圾。为此事，我也很烦恼。

今天下午第二节劳动课后，第一节延时是我的课，我照例课前组织了全班卫生自查与清洁。收拾停顿，铃声响起，学生在安静地做练习。我利用10分钟，打开卫生角的柜子，抓起笤帚，准备悄悄扫地面的小碎屑。这时，我发现垃圾桶桶底有小部分垃圾，我猜测，也许是因为少，上课铃响来不及，值日生没有及时倒掉（垃圾箱在操场）。

我扫完地，撮垃圾，再倒入垃圾桶。细一看，不知何时，垃圾桶外边和内侧，竟然墨迹斑斑，这一团，那一道，似乎绘就了一幅儿童漫画，画中淘气的孩子在咧着嘴朝我坏笑！我擦完讲桌、窗台、柜子等处，回到讲台，环顾教室，已经有七八位孩子写完练习在举手。我指指语文书，示意做新课默读预习。

我走下去，来到做完练习的小范同学身边，悄悄告诉他，垃圾桶有点满，有点脏，请他帮忙去倒垃圾。四目相对，他欣然接受，飞快地去倒垃圾。

五六分钟后，孩子们都写完了练习。我拿起练习册开始订对答案，难题指点。一投入，居然把倒垃圾的小范忘了，讲到最后一题课外阅读时，一声响亮的“报告”，小范倒垃圾回来了！

正值初夏，天气开始热起来。我一回头，看到高个子小范脸上、额头全是密密的汗珠，我看看表，已经过去近一刻钟了。我不解，倒一趟垃圾平时五六分钟就够了。我请他进来，当着全班问他，怎么用这么长的时间？

他笑着走到我身边，面向大家，双手端起垃圾桶，大声说道：“我倒完垃圾，发现垃圾桶底部，外边和内侧都非常脏。尤其是墨水印特别多，我就在操场上的水龙头下面，滴上洗手液使劲洗，用了我三个湿巾呢！大家看，现在的垃圾桶干净多了吧？”说完，露出颇有成就感的笑容。

我刚要说什么，教室里立刻响起热烈的掌声，为这个爱劳动、会劳动的小男孩！他粗中有细，不怕脏，不嫌累，做事认真负责，这些品质多么可贵啊！这不正是我们班的“小少爷小小姐”身上所欠缺的吗？值日劳动时，组长不太会分工，你说他才做，转圈圈，各干各，不知怎么扫，怎么拖？

我和他再次举起垃圾桶，我和孩子们都看见了，它干干净净，色彩鲜亮，焕然一新！我的一句“有点满，有点脏”的任务布置，他竟然能完成得如此漂亮！我摸摸他的头，欣慰地笑了，同时为他竖起大拇指，浓墨重彩地表扬了他，热爱劳动、关心集体、爱护公物、做事认真……让同学们想象他用手一点一点清洗的不易！当即为他颁发玉兰劳动奖章！

那一周，孩子们在日记中写下了这件事。从那以后，垃圾桶自身的清洁，也成了值日生的分内之事。

立德树人，五育并举。劳动教育不可或缺！让劳动教育理念深入每一位学生的心中，让学生自觉自愿、认真负责地参与劳动，动手实践、出力流汗，接受锻炼、磨炼意志，培养他们正确的劳动价值观，具备基本的劳动技能，形成诚实守信、吃苦耐劳等良好的劳动品质，这是我们每一位班主任教师和家长必须合力共育的新时代好少年必备的基本素养！

重温童年的梦

——与女孩子共读绘本《玛蒂娜》

《玛蒂娜》系列是从比利时引进的故事绘本大系（共50本）。它围绕一个叫作玛蒂娜的活力女孩，描画了玛蒂娜的生活、学习、游戏、娱乐、交友、体育、戏剧、音乐、旅游等一系列女孩成长过程中的点点滴滴，以场景式的水彩绘图和简单明了的儿童语言表达出一个真、善、美的儿童世界。该系列自首个故事出版以来，至今已销售五千万册，涉及故事、手工、识字、粘贴等多种形式。

《玛蒂娜》系列作品故事题材涉猎广泛，对儿童与自然、儿童与家庭、儿童与动物、儿童与社会、儿童与学校等诸多主题进行了探索，并用大量细腻逼真的“芭比”式绘图，勾勒出作者头脑中理想的儿童生活场景，使作品中处处洋溢着浓浓的爱心和诙谐的童趣。作品对主人公玛蒂娜近乎完美的塑造，使得本书直接成为小女孩的行为成长范本，被全球的儿童尤其是女孩子们喜爱和追捧，因此本书又被教育专家们誉为“小女孩的书本妈妈”。在儿童的世界里，童心童趣就是永恒。《玛蒂娜》故事系列一方面培养了孩子们的识字阅读能力，加强他们对社会的认知，另一方面则通过一例例生动的小故事，一帧帧唯美的图画，让孩子在童心童趣中感知爱的力量，在耳濡目染中接受美的教育。

按照年级班级的读书计划，我和本班女生共读绘本《玛蒂娜》系列。第一周召开了班级读书推荐会。会上，我在让学生大体了解绘本内容，吊足阅读胃口的基础上，以我童年的成长故事为例，告知她们有故事陪伴的童年多么幸福。课后每位女生2本书，可以交换阅读。其间，我提示阅读方法：先看封面故事名字，猜想故事；然后逐页看图，看懂图后再阅读文字，大声读出来，学习图意表达；课间把喜欢的故事讲给小伙伴，家中把喜欢的故事讲给父母听，练习生动复述；坚持每天读30分钟的书，养成自主阅读的好习惯；月底班级读书汇报时，小组推荐（6小组）的同学上台讲述一本故事中的精彩的一小段，鼓励加上自己几句简短的读书感想。

这一套书中，很多女生最喜欢的是《玛蒂娜学做厨师》。我们的学校没有开设这样的课堂，而她们曾经有个理想，就是要当厨师，让理想成为孩子的引路人。

《玛蒂娜的怪邻居》故事的情节很紧张，也很精彩。读完故事，孩子们长出了一口气，啊！原来玛蒂娜的邻居不是女巫，而是一个演员啊。如果不是去找小胡子，她们还不知道呢！看起来什么事情都不能只听别人说。

《玛蒂娜的生日礼物》这个故事告诉我们，孩子都会犯错误，犯了错误及时改正，就是一个好孩子，还告诉我们，不是自己的东西不能要，即使是最喜欢的。

每月师生共读一本书，让学生在浓浓的书香浸润中，增加人文积淀，丰润心灵世界，完善人格发育。行走文字间，读出真善美。我告诉自己，做一个充满童心童趣的语文教师，读懂孩子的喜怒哀乐，引领他们成长。最近发现，孩子的日记也增加了读书收获的内容。看来，以读促写，积累好词句，学些对话，领悟道理等方面，学生也收获多多。读书真好！！

友谊，需要真诚和宽容去经营

——《柳林风声》读后感

这个假期，按惯例，我为孩子们推荐了十多本阅读书目（有必读和选读），照例，我也选择了其中的一本必读书目和孩子们共读——英国作家肯尼斯·格雷厄姆的《柳林风声》。

这本书写得非常有趣，真是一本童书经典！它是一本别具一格的动物童话，也非常适合教师、家长等成人阅读！杨静远的译本堪称经典，梅子涵先生的序言强调经典童书阅读的深刻意义。全书12个章节，配了12幅插图，场景再现，引人入胜。

一片神秘而又美丽的柳林，微风吹动了柳树的发梢，飒飒的风声就在耳边回响。他们，一群个性鲜明而又可爱的小动物，在这婀娜多姿的柳林里上演了一场场妙趣横生的动人生活故事，最打动人的就是那萦绕在柳林里的友谊与温情。《柳林风声》优美的文字间流淌着真诚无私的友情，整本书中充满了一种淡淡的甜美，一种无法言喻的温馨。那轻轻流淌的小河，令人神清气爽；那自由欢快的田野，令人神往；那随风起舞的野树林，令人难以忘怀。富有诗人般的河鼠，聪明的鼹鼠，憨厚而稳重的獾和自高自大的癞蛤蟆在这片仙境般的森林中生活着……

这本书讲述了河鼠、鼹鼠、蟾蜍和老獾四只小动物间的友谊故事，讲述了他们丰富多彩的生活。善良忠诚的鼹鼠和热情好客的河鼠在一次偶然中成了好朋友，在河鼠的介绍下，鼹鼠又认识了河鼠的两位好朋友——爱炫耀、爱吹牛的蟾蜍和侠义十足的老獾。河鼠、鼹鼠、老獾极力帮助蟾蜍改掉爱慕虚荣的坏毛病，可蟾蜍却偷偷溜了出去。经过了一番经历，使他成了阶下囚。而阴险狡猾的黄鼠狼、雪貂乘人之危，住进了蟾蜍的别墅。最后，蟾蜍改过自新，在好朋友的帮助下，打败了敌人，过上了幸福美好的生活。

轻轻合上手里的书，一阵清凉与宁静拂过我的心田。胆小又爱冒险的鼹鼠、热情又浪漫的河鼠、睿智侠义的獾先生和虚荣而喜欢吹牛的蟾蜍时常回荡在我的脑海里。这四只小动物心地善良，关心他人，能为朋友牺牲一切，对待他人又是如此真诚、和善！是友情的力量改变了蟾蜍，改变了森林，使森林恢复了往日的平静。

书是用来教育人的。书是一面神奇的镜子，能够照出人的丑恶善美。当你真正、细细地去品味一本有益的书时，你就受到了心灵的教育。我们能从这本书读懂很多，它告诉了我们友情的力量是伟大的，是可以挽救一切的；告诉了我们，要学会珍惜身边的每一个朋友，不能白白地放弃，因为友谊是十分宝贵的，不能用金钱来衡量；告诉了我们要懂得珍惜自己所拥有的一切，懂得爱护身边的每一个人，不能过分地贪婪；告诉了我们要乐于助人，为自己的生命增光添彩；告诉了我们要明白事理，要机智勇敢地去面对一切；告诉了我们要学会认认真真，踏踏实实过好每一天；告诉了我们恶人有恶报好人有好报的道理；告诉了我们人与人之间要和睦相处……

真正的友谊，需要真诚和宽容去经营。朋友之间真挚的感情，不计较得失，真心为对方好，为朋友付出，对朋友永不放弃，这才是真正的朋友，真正的友情啊！有一个真正的朋友是件很幸运的事，何况蟾蜍有三个！有付出和宽容的友谊是多么令人欢喜与欣慰！友谊的力量是非常强大的，但是再坚定的友谊，都是需要真诚和宽容。如鼹鼠因为不听劝，把河鼠的船给打翻了，险些丧命，而河鼠解决这个危机后，没有任何责备，直接爽快选择原谅。

我常常在想那个奇妙的柳林，我的心仿佛已经飞到了那个奇异的童话世界，再去看一看那些可爱的朋友们。我羡慕柳林里的美丽温馨的田园风光，我羡慕蟾蜍，因为有那么多的好朋友愿意去帮他，我羡慕河鼠的落落大方，我羡慕所有动物，他们都有着共同的友谊，他们都有着彼此……

《柳林风声》虽然读完了，但它带给我的美妙感受回味无穷，它温馨动人，生动有趣，就像一缕温柔的阳光，就像一滴滋润的甘露，就像一首动听的歌，它让我感受到友谊的珍贵，家的温暖！作者描写得那样生动，多么开心的河水，多么可爱的动物，多么美丽的一幅图画啊！动物们相处得特别好。作者笔下的大自然永远是宁静的、和谐的、温暖的，在一个和平、美丽，充满爱的世界里，动物们幸福地生活着。

切实指导学生会读书乐写文

——读《叶圣陶语文教育论集》有感

暑假期间，按学校语文组共读计划，带着崇敬的学习之心，我静心阅读了叶老先生的《叶圣陶语文教育论集》一书，认真做笔记，结合吕叔湘先生的指点，联系实际，边读边思，感悟颇丰。

叶圣陶先生是著名的作家、教育家、语言学家。他朴素的语文教育思想深深吸引了我。《叶圣陶语文教育论集》这本书编入叶圣陶同志1919年以来论述语文教育的文章一百一十二篇，书简三十六封。共六辑：语文教育和语文学习的论述；作者编辑的和参加编辑的各级学校语文课本的例言、序言等；阅读和文章分析；写作、写作教学和作文评改；语言文字和修辞；语文教育书简。每一部分各按年代顺序编排。从报章杂志或手稿录载的，以发表日期或写作日期为序；从单行本录载的，以出版年月为序。叶圣陶先生的语文教育思想，最重要的有两点。一是关于语文学科的性质：语文是工具，是人生日用不可缺少的工具。二是关于语文教学的任务：教语文是帮助学生养成使用语文的良好习惯。

“为什么学习国文？学习国文会学到些什么呢？”就这两个问题，叶老说：学习国文就是学习本国的语言文字。语言文字的学习，就理解方面说，是得到一种知识；就运用方面说，是养成一种习惯。这两方面必须连成一贯，就是说理解是必要的，但是理解之后必须能够运用；知识是必要的，但是这种知识必须养成习惯。语言文字的学习，出发点在“知”，而终点在“行”，到能够“行”的地步，才算具有这种生活的能力。这是每一个学习国文的人应该记住的。学习国文会学到些什么呢？简单地说，只有两项，一项是阅读，另一项是写作。阅读是“吸收”的事情，从阅读，咱们可以领受人家的经验，接触人家的心情；写作是“发表”的事情，从写作，咱们可以显示自己的经验，吐露自己的心情。每一个学习国文的人应该认清楚：得到阅读和写作的知识，从而养成阅读和写作的习惯，就是学习国文的目标。

《义务教育语文课程标准（2011年版）》指出语文课程应激发和培育学生热爱祖国语文的思想感情，结合语文核心素养的要求，作为语文教师，要切实指导、扎实培养学生的阅读能力和写作能力，正确运用祖国语言文字的能力，全面提高语文素养，其中的重中之重就是切实指导学生读好书，乐写文。

一、训练学生朗读，提升阅读能力

关于语文课中的朗读，叶老指出：“要把握好吟咏，必须先了解文意，无论是白话文或文言文都需要吟咏。”这句话犹如一缕阳光穿过层层迷雾直射语文教学的绿色田园。让我明白了语感的培养离不开品读中理解语言文字这一中心环节。教材中那些典范的作品，其语言都是经作者精雕细刻，是妙不可言的。教师只有切实在语言文字训练上下功夫，语感的培养才有保证。特别要在作品中抓住那些重点的、精美的词句作为语感培养点，进行比较、揣摩、欣赏，进行透彻理解，使学生对它们不仅仅是有所感觉，而是有更深的领悟。

朗读，是最经常、最重要的阅读训练，也是理解课文内容、体会课文思想感情的主要方法。在精读课文的教学过程中，要安排比较充裕的时间让学生朗读课文，使学生在理解的基础上朗读，通过朗读加深理解，并使朗读能力不断得到训练和提高。从当前阅读教学的状况看，教师分析讲解多、学生读书时间少的现象较为普遍，这种状况严重影响了学生阅读能力的提高。克服这种弊端，坚持多读少讲，是改进阅读教学的有效措施。

记得有位特级教师说：语文课即读书课。语文课堂当然要有读书声，学生在读中才会有所悟，才会对文章有自己的体会，反之一切领悟都是老师强加给学生的。陶行知老先生也曾指出：教育不能填鸭式教学，而是要发挥主观能动性。读书的过程就是对语言的日积月累。作为老师，我们应该经常反思自己：我们在课堂上有没有让学生反复去朗读课文。“书读百遍，其义自见。”读的次数多了，体会多了，语言积累也就跟上了。

二、引导学生，贴近生活乐表达

写作能力是语文素养的综合体现。叶老的作文教学体现“求诚”思想——“作文先做人”。在他看来，一个人的德行是一切的基础，就像一棵树，要变成参天大树一定需要坚实的根基、肥沃的土地。如果文如大树，这德性就是树的根基。在当今，落实中国特色社会主义核心价值观，“立德树人”“学科育人”“求诚”思想对作文教学仍有着深远的影响。

首先，鼓励学生写真话，表达真情实感。在《作文论》第二章里，叶老就提出作文应是写“诚实的自己的话”。在叶老看来这是提笔写作的第一前提，必须是心中有所想，并有写下的冲动，才能真正做到我手写我心。

其次，还要引导孩子做生活的有心人。如何让孩子心中有话想说，并让这话有质量，还得追根溯源，这心中的话到底来自哪里。叶老认为它来自生活的充实，这对我们现今的作文教学依旧有着深远的意义。如果去观察一些不会写作文的孩子，很多人的眼神是空洞涣散的，只有在下课和同学谈到某款游戏、某部动画片时眼神才会散发出光彩。你问他们对生活的感受，他们甚至会听不懂你在问什么。他们和真实的生活是疏离的，他们只有在网络电视中才能找到自己。如果让他们去写命题作文，他们完全没有方向，因为他们生活的源头是枯竭的。要写出真正好的作文，必须先有健康的生活态度，内心与真实的生活贴近。

有了真切的经验、思想，必将引起真切的情感；成功则喜悦，失败则痛惜，不特限于一己。对于他人也会兴起深厚的同情。而这喜悦之情的享受与痛惜之后的奋发，都足以使生活愈益充实。

——叶圣陶《作文论》

最后，语文教师的潜移默化的影响。叶老认为这源于思想的训练和情感的培养。思想的训练需要多经历和接触，“而接触的多少不在乎外物的来不来，乃在乎主观的有意与无意；无意应接外物，接触也就少了。所以我们要经验丰富，应该有意地应接外物，常常持一种观察的态度”。学生的生活范围毕竟有限，但这并不妨碍对生活的观察，只要有心，生活的美一定能被人发现。情感的培养则可以借鉴阅读中的引导来建立学生和生活的联系，这要求教师能灵活阅读文本、解读文本进而解读生活，或反过来通过生活来解读文本。

三、教师要加强学习，热爱读写，努力提高自身素质

语文教师，必须要终身学习，热爱阅读，在广泛阅读的同时，切实指导班级开展课内外阅读活动，班级共读，师生共读，将阅读的种子植于学生心田。叶老崇尚教师“下水”，只有亲身经历，才会知晓学生作文甘苦，才会在点评作文时切中要害。“要处处能扣准，处处能辨明，哪怕一个‘的’一个‘了’，增删全有交代，哪怕一个逗号一个问号，改动全有理由，非对作文非常熟练，具有敏感不可。怎么达到非常熟练，具有敏感的境界呢？唯有经常动笔，勤写多作而已。”这意味着教师要更多地从学生角度思考问题，并要不断提高自身语文素养。

汲取古代典籍中的教育智慧

——读《学记》有感

假期，我潜心阅读了我国古代教育典籍《学记》，它是我国古代，也是世界上最早的一部专门论述教育和教学问题的著作。一般认为作者是战国末期孟子的学生乐正克（郭沫若考证）。读着读着，这些晦涩难懂的文字变得浅显易懂。读着读着，这些陌生的文字就牢牢地记在了脑海中。随着阅读的深入，我越来越被书中的文字吸引，深深地被古代教育者的教育智慧折服。

《学记》虽然只有1229个字，微言写大义，字字珠玑，让人有高山仰止之感。它系统而全面地总结了先秦时期教育的经验，阐明了教育的目的及作用，教育和教学的制度、原则和方法，教师的地位和作用，在教育过程中的师生关系以及同学之间的关系等等。

《学记》首篇，就讲到了教育的目的意义。不管是“发虑宪”“求善良”，还是“就贤体远”都无法达到“化民成俗”的境界。只有教育可以“化民成俗”，可见，教育是一切的根本，开篇就彰显了教育的重要性。结合教育教学实际，谈谈我对书中教育教学原则的理解和认识。

一、教学相长的原则

“虽有嘉肴，弗食不知其旨也；虽有至道，弗学不知其善也。是故学然后知不足，教然后知困。知不足，然后能自反也；知困，然后能自强也。故曰：教学相长也。”也就是说，即使有美味的熟食，不吃就不知道它的味美；即使有最好的道理，不学就不知道它的好处。因此，学然后才知道自己的欠缺，教然后知道自己理解不透。知道了自己欠缺，然后才能自己刻苦地钻研。所以说：教与学是互相促进的。

教师和学生是教育教学的双主体，教师领学，学生自主合作探究。师生在课堂中一定是相互启迪，共同进步成长的。教与学本是一体之两面，两者结合，才是一次完整的过程。对学生而言，要身体力行，知道自己的缺失之处，才能有的放矢地去学习，去补失，去刻苦努力。对老师而言，要成为流淌的“源头活水”，知识及时更新，不断补充，要跟得上新时代教育的需要，不断进取，随时为学生解疑释惑。因而，要想“教学相长”，根本之处便在于“乐效”，不仅是学生乐，还必须是教师也乐，只有如此，才能做到上有愿施下则愿效，并且效而有觉，觉而有悟，悟而能行，行而有得，这才是“教学相长”。

二、循序渐进的原则

《学记》在多处提到学习须循序渐进。如“大学之法：禁于未发之谓豫；当其可之谓时；不陵节而施之谓孙；相观而善之谓摩。此四者，教之所由兴也”。它强调，在学生的错误没有发生时就加以防止，叫作预防；在适当的时机进行教育，叫作及时；不超越受教育者的才能和年龄特征而进行教育，叫作合乎顺序；互相取长补短，叫作相互研讨。包含了两层含义，在该教育的时候一定要实施教育，在时机不合适的时候就不能超越，否则就会“杂施而不孙，则坏乱而不修”。又说道：“良冶之子，必学为裘；良弓之子，必学为箕；始驾马者反之，车在马前。”指出做任何事情都需要一定的基础，要有所铺垫，这样才能有志于学。

当今社会，对学生拔苗助长的事比比皆是，家长老师“望子成龙”无论孩子是否乐意，都让孩子学习十八般的“技艺”，美其名曰：不输在起跑线上。实际上很多都是违背了孩子的成长规律，最终只会让孩子背上沉重的包袱与压力，也许哪一刻承受不了，就会伤及孩子的筋骨。当前，国家“双减”政策的推行，就是我国教育生态转型的变革，是减轻教育成本，增值提效，促进孩子全面发展，让教育回到教育当中去。

三、启发诱导的原则

“故君子之教，喻也：道而弗牵；强而弗抑；开而弗达。道而弗牵则和，强而弗抑则易，开而弗达则思。和、易、以思，可谓善喻矣。”教师在教学过程中要注意启发诱导。引导学生却不要硬牵着他们的鼻子走，这样才能使师生之间和悦相亲；对学生严格要求，但却不要压抑其个性与需求，只有这样才能使学生感到学习虽有压力但却容易达到目标，不至于“苦其难而不知其益”；教育学生学习的门径，引导学生打开思路，但不要急于提供现成的答案，才能养成学生独立思考的习惯，在教学过程中真正做到了“和易以思”，就算是善喻了。

孔子教育弟子就是对其引导而不是牵着他们走，是开导弟子自己思考问题而不是代为表达。孔子回答弟子提出的问题，总是循循善诱，使弟子受到启发，有所体会。

《学记》继承了孔子启发诱导的教学思想，要求教师在教学过程中必须充分调动学生的积极性，采取恰当的方法，鼓励学生积极思考，使教学过程成为师生双边共同活动的过程。应该说，启发诱导是教学的核心原则，也是最高原则。面对每一个学生，我们教师一定要遵循儿童的学习规律，因材施教，把握好启发诱导时机，“不愤不启，不悱不发。举一隅不以三隅反，则不复也”，进而帮助学生打开思路，提升学生的思维品质。

《学记》是我国古代教育史上的瑰宝，它启迪我们：让教育回归本真，以人为本，促进儿童全面发展。作为教育的传承者，我们理应阅读经典，常读常新，把学到的思想理念灵活运用到自己的教育实践中，不断汲取其中的教育智慧，把中华传统文化发扬光大。

静心品情境　深入研课堂

——读《情境教育视域下的课程建设与教学变革——来自情境教育发源地的典型经验》有感

开学初，我们项目组将《情境教育视域下的课程建设与教学变革——来自情境教育发源地的典型经验》定为组内共读书目，也已向学校申请购买人手一本。特殊时期，我们只能阅读电子书，两个月的静心品读，情境教育的智慧光芒深深吸引着我，让我对情境教育理论和实践有了更全面透彻的认识感悟，收获颇多。

这本书是来自情境教育发源地的典型经验的一个最新汇编（2020年），主编施建平校长曾是情境教育研究所所长（李吉林老师的爱徒）。这本书分上、下篇，上篇为特色课程，共七章，下篇为各科教学，共十章。内容非常全面，上篇特色课程，涵盖情境德育，主题情境活动，低幼衔接，情境行为训练等，理论指导性强。下篇各科教学有德法教学，语文识字阅读作文教学，数学，英语，音体美等综合学科教学，紧扣教学案例，示范性强。

我对上篇的高年级文化意象课程和博物馆群课程非常感兴趣，对这两个篇章进行了重点研读。对下篇涉及语文的三个章节识字、阅读、作文教学也进行了精细品读。高年级文化意象课程，这一章内容主要从五个方面展开：课程界定、课程目标、主要特点、基本理念、开发原则。通过阅读，我理解了这一特色课程的概念，它以意象为突破口，通过引领学生对意象这个重要的文化概念进行解读，了解其背后的文化内涵，从而达到传承民族文化精神，提升学生核心素养的教育目的。借助文化意象，勾连文学、艺术、哲思、审美等各方面的教育内容，在优化的情境中，在充满美感和智慧的氛围中，强化情感体验，激发儿童的学习力。课程开发者对课程总目标和具体目标把握精准全面，与国家对语文学科核心素养的四大块语言、思维、文化、审美密切对接。作者针对高年段学生语文学习的实际情况和发展现状，阐述了课程鲜明的特点：①追本溯源，由表及里；②系统集成，多维呈现；③简约丰厚，见微知著；④情理交融，精警动人。结合已经开发实施的微型文化意象课“柳”“马”“风”“水”等课例，有比较强的操作性。

该章节还揭示课程的基本理念：展现精神标识，传承文化基因；全面解码意象，实现转知成智；彰显意蕴之美，体悟东方情韵；融合“象”“言”“意”“道”，促进同构共生。它告诉我们，开发课程的原则：①源于生活，择优而选；②贴近儿童，守正创新；③聚焦时代，古为今用；④助力成长，和合共生。高年级文化意象课程，就是把最需要儿童掌握的中国文化基本的精神内核、做人做事之道，以循序渐进、春风化雨、潜移默化的方式，滋润儿童的心田；用顺应儿童身心发展规律的方法，用“儿童立场”的眼光，挖掘传统文化的语用价值、艺术价值和思想价值，带领儿童学会学习，爱中华文化，爱中国人民，爱民族智慧。在当今这个价值多元、文化融合的世界里，让学生拥有一颗清亮的中国心，做一个有根的中国人。

妙笔深处童心美

——读施建平《小学情境作文教学》随想

情境作文努力为儿童的生活着色，使其呈现缤纷的色彩，注重“内涵发展”，让童心荡漾快乐的诗情，从而使写作过程成了美妙的精神之旅，使学生作文成了他们童年生活的“史记”。

——施建平

一本好书：习作教学秘籍

习作能力是衡量中小学生语文核心素养的重要综合指标，习作教学更是语文教学的重中之重，一线教师在教学中煞费心思，如何将生活、育人和习作融通，让学生厚积生活、笔随心动、乐写会写呢？《小学情境作文教学》一书，给我们明确的指引。

作文总是有情境性的。作文其实就是记下特定情境中的人、事、物、情、理。小学情境作文教学正是基于对“作文的情境性”这一基本特征的认识提出来的。该书共八章24节，就长期以来作文教学中存在的突出问题进行了分析，说明了情境作文的独特优势，阐述了情境作文的基本理念，并对纪实类、想象类、应用类这三种小学阶段最基本的作文训练形式进行了梳理，总结出了别具特色的指导策略，同时还介绍了情境作文课程体系的开发与建构情况，并就情境作文的写作要义和难点突破逐一举例进行了说明。既有对情境作文的理性思考，又列举了大量创新性的实践案例，无论是标题的拟定、观点的阐述，还是叙述的风格都带有明显的情境性特征。

一位智者：执着情境研究

该书作者施建平，特级教师，江苏情境教育研究所副所长、南通师范学校第二附属小学办学集团副总校长，兼任全国小学语文教学研究会学术委员会委员、南通市小学语文教学研究会会长。曾获全国小学语文中青年教师阅读教学观摩比赛一等奖。曾获“全国教师”“江苏省有突出贡献的中青年专家”“南通市英才奖”“南通市名教师”“感动南通十大教育人物”等称号。

他是李吉林老师的高徒，追随李老师，执着研究情境教育三十多年，深谙小学语文情境习作教学的规律。现在还是兰州市情境教育实验项目的专家之一。我在南通师范学校第二附属小学培训期间，与老先生有过不多的接触，他谦和睿智、温文尔雅，有情怀、有情趣，眉宇笑容间流露出人民教育家的风范。

一点感悟：乐于表达交流

“情境是文化的最佳载体。”阅读中，该书提出的情境作文新理念对我最有启发，让我在更高的层面理解把握了母语教育中习作教学的价值。习作教学必当以人格为本，注重心育。生活为源，开启心智。体验为重，抒写心声。兴趣为先，拨动心弦。文化为要，滋养心灵。这与《义务教育语文课程标准（2022年版）》中的课程理念高度吻合——立足学生语文核心素养发展，课程育人；增强课程的情境性与实践性，促学习方式变革。

新课标课程目标明确揭示语文核心素养内涵，语言发展的过程是思维发展的过程，语言学习与运用是培养审美能力和提升审美品位的重要途径。学习语言文字的过程也是学生文化积淀与发展的过程。

新课标学段目标中将小学阶段习作（写话）和口语交际合并为“表达与交流”，我们在小学阶段习作的基本要求是“具体明确，文从字顺”“写清楚”“写具体”“感情真实”。为此，我提出以下建议：①研究教材，牢固树立目标意识、整体意识、关联意识和创造意识，将统编版教材用实基础上用活，和学生一起创生单元学习价值。②重视以联系学生生活经验，调动学生生活积累，打开学生习作思路作为指导思想；以“三个入手”为原则，即从题材（内容）入手，从生活入手，从兴趣入手。③改善实践，从经验走向学理，从课堂走向课程，从想清楚、做清楚到写清楚。④重视习作的过程性指导。分解指导，通过各种方式，给学生提供习作的脚手架。从动笔前的观察和搜集资料，到习作时的组织材料，再到完成后的交流与修改。尤其是分享与展示环节，更能培育读者意识，最大限度激发孩子们满满的自信心。

小学习作教学的实践，需要我们长远考虑，注重养护孩子活泼泼的言语个性与精神创造力，观察发现、浸润体悟，率性放胆表达，让习作芳草地成为孩子们言语生命成长的精神家园。

吾心安处是故乡

——《瓦尔登湖》闲读碎记

偶拾

2018年的春日周末，在石油学校操场晨练后，我在校园溜达，看见图书馆楼前一群大学生在义卖，随手翻阅，买了两本书，其中一本就是《瓦尔登湖》。回到家，照例写日期，才得知是4月23日，世界读书日。开始断断续续阅读，直至暑假，酷暑下静心读完——好书！带给我一夏清凉。这个寒假，疫情肆虐的非常时期，再次重读，又生些许感想，简单梳理，与您分享。

梭罗和他的湖

《瓦尔登湖》（王家湘译本），描绘了梭罗独居瓦尔登湖畔两年多时间里的所见、所闻和所思。简朴的生活，大自然的风光，内容丰富，意义深远，语言兼具写实与描写，是一本极适合深夜寂寞与恬静时阅读的闲书。

全书共18篇：《节俭》《读书》《声音》《孤独》《豆子地》《贝克农场》《冬日来客》《春天》……在四季更替中，详细记录了梭罗内心的渴望、冲突、失望和自我调整，调整过后再次渴望的复杂的心路历程，几经循环，直到最终实现为止，以此来挑战他个人的，甚至是整个人类的界限，表现出伤后复原的无限力量。

梭罗极具个性，是大自然的挚爱者，颇有几分中国古代隐士风范。他粗犷、豪迈，也是勇敢的拓荒者。他喜欢走路，觉得家乡的土地包含整个世界，他能从一片叶子看出春夏秋冬。他独立、寂寞、快乐，生活得如同一棵树，蓬勃向上。他心灵单纯，听着生命的另一种鼓点生活，他贴着大自然思考，美好的趣味在露天培养。

在瓦尔登湖畔的两年零两个月中，他停下来听风、看云、认识草木、注视虫子、凝视湖水，他寻到了（重新找回）身体的栖所、心灵的故乡，真正的精神家园，何其自由、何其幸运！一汪湖水、一片田园，给予他活力，给予他安宁！

我和我的湖

最近几年，喜欢上慢慢行走自然的生活，深觉“再没有比自由地欣赏广阔地平线的人更快活的了”。倾听、感受、抚摸、呼吸、丈量，积累回味与自然对话的经历，再来读迟子建《额尔古纳河右岸》、毕淑敏《我喜欢辽阔的地方》、林清玄《心美，一切皆美》等，就会有不一样的新体验，新收获，满足而快乐……

独自行走，各处旅行，慢慢走，细细看，自然有大美而不言，去敏锐地发现，去全身心体验，不经意间，你会爱上一朵花一片云，你会恋上那金秋山色，寒冬白雪，或许春枝头喜鹊的欢叫，会温暖你春寒料峭的梦乡。

回到我的湖，在阅读的书页间，在行走的风景中，在内心深处宁静的心田。我徜徉在梭罗的文字里，陶醉在迷人的湖光山色中——

春天，瓦尔登湖终于开冻了，“春光来临之前的一切琐碎事”，都在春光的照耀下变得微不足道。“太阳的光线形成了直角，温暖的风吹散了雾和雨”，就这样，新的生命开始了自己的生活。作者这样盛赞春天：“春天的来临，很像混沌初开，宇宙创始，黄金时代的再现。”

在《豆子地》中，梭罗表达了劳动与收获的喜悦。通过自己亲自种植，收获豆子，并将多余的卖出，这个过程中体验到劳动所带来的人生的快乐与自尊。

书中，梭罗还描述了与自己共同生活在瓦尔登湖边的一些动物。它们在雪地上留下了生活的足迹，“也许它们爱这一片湖水，理由跟我的是一样的吧”，都是为了自己能够自由地生活才来到这个自由的森林。

中国古典诗词中，也不乏写湖水的佳作，李白笔下“湖阔数千里，湖光摇碧山”的壮阔，刘禹锡《望洞庭》“湖光秋月两相和，潭面无风镜未磨”中月夜湖水多么宁静，苏轼《饮湖上初晴后雨》“水光潋滟晴方好，山色空蒙雨亦奇”更是描绘出西湖晴天和雨天不寻常的美。

时常行走在湖边。湖水静默，是月夜的万籁俱寂，缥缈安谧；湖水含蓄，承接着万类霜天，雨雾风雪；湖水深邃，哺育着水草鱼虾，石子浮游；湖水旖旎，辉映着湖光山色，参差交错。是啊，古今中外，对湖水的描绘与赞赏，无不体现人类与自然和谐相处。如果人的一生是一条河流的话，在某个生命阶段，不正像一汪静静的湖吗？在广阔自然中探寻心灵家园的慰藉，这种质朴简单的生活美学与哲学思考，将是人类永恒的话题。

人到中年的我，已无法消受过多的热闹和复杂，越来越喜欢独处，很是享受一个人静静的日子，或短或长，专注做自己喜欢的事情，不苛求，不奢求。记得冯友兰说过“人生四境界”——自然境界、功利境界、道德境界、天地境界。经历着不甚觉解的自然境界和熙熙攘攘的功利境界，我正努力修炼自己，追求道德境界（为社会为他人）。在与自然、社会、他人、自己相处中，我认识到最难的是和自己相处，静听自己内心的想法、真实的心声，需要为自己营造一面静静的湖。看看湖中的自己，发现自己的成长和变化，欣赏湖中映射的人间真善美，用心爱着，用心生活，孤独而并不寂寞。

老师们，我们心中的湖……

作为一名小学教师，尤其是语文教师。专业教育教学书籍的阅读，必不可少，在阅读中，理念的吸纳与实践技能的储备是“硬核”，是“真功夫”。但同时，我也大力推荐阅读《瓦尔登湖》这样的文学类闲书，在读书中滋养底气，在思考中增长灵气。

自然之湖，在我们眼中，宁静、澄澈、多姿，叫人赏心悦目；心灵之湖，唯有在阅读中、实践中自主建构，这一泓深流中，有你的梦想追求，有你的挚爱家人，有你的美学观照……作为老师的我们，请融入你的真情爱意，汇入你的敬畏担当，湖中无数闪亮的星儿，那是孩子们渴盼的眸子。

湖泊，人类心灵栖息的故乡；心湖，另一片我们向往的精神家园……

执着坚守　心归敦煌

——读《我心归处是敦煌》有感

作为陇原儿女，我和其他人一样，有很深厚的“敦煌情结”：观看歌舞剧《丝路花雨》《大梦敦煌》等，实地去敦煌莫高窟游览，阅读相关书籍。假期，我静心阅读了《我心归处是敦煌》一书，对敦煌文化有了进一步的了解，一代代敦煌人用生命和心血守护莫高窟，感动之余，我心生浓浓的敬意！

这本书有474页，它是“敦煌的女儿”樊锦诗的一部自传，由译林出版社出版发行，是樊锦诗口述，北京大学顾春芳撰写，全书共十三章，另有樊锦诗自序、顾春芳写的后记和樊锦诗年表。书中樊锦诗亲述自己不平凡的人生：在北京大学考古系师从宿白、苏秉琦等考古名家的青春求学往事，与终身伴侣、武汉大学考古系创始人彭金章先生相濡以沫的爱情诗篇，五十多年坚守大漠、守护敦煌，积极开展国际合作，以高精科技向世界展现中国传统艺术之美的动人故事。本书独家收录了一批从未公开过的资料，展现这位传奇女性的志业与爱情、困境与坚守，深度解读敦煌艺术崇高之美，全面呈现敦煌石窟考古和莫高窟文保事业的筚路蓝缕，详细披露莫高窟“申遗”及“数字敦煌”背后的故事。

细细阅读，我眼前仿佛浮现茫茫大戈壁，苍凉浑黄，壮观莫高窟，雄伟瑰丽。敦煌文化的精深博大，享誉世界，深深吸引着我，樊锦诗等莫高人坚守大漠，甘于奉献的精神震撼着我！该书作为樊锦诗的自述，她自传的内容不过二分之一，剩下的二分之一，便是与她一生密不可分的敦煌。通过这本书，我们可以了解到，这个天之骄女是如何与敦煌结缘，又是如何在一次又一次的挣扎中，最终选择扎根这片荒漠。整本书处处都透露着樊锦诗对于敦煌的那份难舍之情，对于她来说，敦煌已经不仅仅是地图上的一个地理位置，考古也不仅仅是一份工作。保护和研究敦煌文化，已经是她可以为之奉献一生的崇高事业。而支持着樊锦诗跨过一次又一次的考验，经受住一场又一场的诱惑的正是她那近乎执念的坚持。正是由于她的坚持，她才能在那片荒芜的大漠一待就是大半辈子，才能日复一日地忍受着寂寥与孤独，才能把常人所不看好的考古工作做到极致。

我印象深刻的是樊锦诗对敦煌的保护和利用，总是用最先进的理念、最先进的技术、最严苛的标准来实践，让敦煌这颗历史的明珠永远焕发出不朽的光辉。如她“数字敦煌”的远见卓识。书中有一章“四十年后终成卷”，讲述《敦煌石窟全集》首卷的成书历程。樊锦诗说：“这是对恩师宿白先生的还债。”这让我看到感恩的力量，从实习开始，樊锦诗就“择一事、终一生”，肩负使命，初心如磐。文中也讲道，急功近利是学术的死敌。这个道理谁都明白，但很难摆脱。从樊锦诗身上，让我看到一个真正学者的良知和执念。

她瘦小的身躯有着宽广的胸怀。尽管荣誉等身，但樊锦诗总说：“我沾了莫高窟的光。”对恩师、对前辈、对领导人，她感恩，让她有了执着的理由，前行的动力。对敦煌文物保护、对学术研究、对工作要求，她精益求精、与时俱进，让敦煌的各项事业有了世界一流的水准。

致敬樊锦诗，致敬一代代敦煌人。国立敦煌艺术研究所首任所长常书鸿，在巴黎塞纳河畔偶见《敦煌图录》，让他转身敦煌、奉献敦煌。第二任院长段文杰来自天府之国，因参观“张大千临摹敦煌壁画展览”而知晓敦煌，因敦煌壁画的艺术魅力而沉醉敦煌。20世纪40年代，段文杰就追随常书鸿来到敦煌。其间，因被批斗而降过工资，因被下放而做过猪倌，但一生坚守敦煌，矢志不渝，成为“坚守大漠、勇于担当、甘于奉献、开拓进取”的“莫高精神”的塑造者和杰出典范。在书中，樊锦诗将自己置身于旁观者，娓娓讲述敦煌人的事迹，仿佛与她无关，有着一种特别的谦逊，不止一次感动到我。她不断强调“我坚守敦煌是被感召的”，并无豪言壮语，并无铿锵誓言。当她认定“敦煌是敦煌人的宿命”时，已经在不知不觉中将自己融入其中，并说：“我们都是敦煌这棵大树上的枝叶。”

其实，我们每个人都会在日常生活和工作中遭遇各种各样的困难，但大多数人都不缺改变自己的决心，唯独缺的是一以贯之的恒心。“精感石没羽，岂云惮险艰。”倘若我们能像樊锦诗和那些默默奋斗在平凡岗位上并为之奉献一生的人们一样“从一而终”，一点点艰难险阻又能算得了什么？莫高窟是一种考验，只有那些最终经受住考验的人才能修得正果。每个人的一生都要面对一个“莫高窟”，里面既有着诱人堕落的魔鬼，也有着阻人前进的崎岖，更有着实现自我的“敦煌”，只有抵住诱惑，越过艰险，不断坚守，才能最终找到属于自己的成就。

短诗十三首

拾忆初中时光

曾经张扬的青春岁月
凝固在泛黄的相片中
跳跃在珍藏的日记里
自豪地炫耀

我同学年少
忧郁抑或欢笑
贪玩的，倔强的，傻气的，
有棱有角的，无知无畏的……

曾记否——
逃学闲耍的安然　考试脸红的分数
汉城奥运会，我们的团体操
佩戴团徽的兴奋　扭动迪斯科的时髦

数学大哥腼腆的兰花指
语文妈妈现身《卖油翁》
为同桌的你默默擦桌子
舍得　愿意　喜欢

初中三年，一千多个日子
简单而漫长　疯玩瞎逛
纯真而短暂　来不及想
青春已启航

到如今
回忆在歌唱
怀念并感伤……

2014年1月

青春梦·同学情

——写在兰师同学毕业20周年聚会上

梦启航　在兰师校园
运动　绘画　电影　求艺志高远
阅读　旅行　瞎侃　吹牛心坦然
游五泉　爬兴隆　泛舟西湖　恰同学少年
上河口　走红古　踏遍金城　正桃花红艳
成长着　思考着　酸酸甜甜　淋漓畅酣
兄弟姊妹情深深意绵绵

恍如昨天　同学意气风发的笑谈
今日难言　七八千个日子里长长的挂念
热切的目光　久久地凝视
握手　问候　喜相见　敞心扉
拥抱　举杯　忆美好　尽言欢
亲亲的　暖暖的　温润心田
三年、五年、十年……伙伴好，我便心安

青春梦　艰辛人生路

同学情　厚重心灵诗
热烈如歌　宁静似水
遥远的陪伴，我幸福满满……

2014年10月4日

金陵再续教育情

六朝古都风景异，
教育大咖人才济。
金城同人深研习，
创新融合登高地。

经验特色炼风格，
不忘初心育桃李。
童心母爱护成长，
坚守西部勇担当。

甘当阅读点灯人，
乐为中国好教师。
随园夜话切关怀，
全科育人提素养。

原生问题深反思，
刮骨疗毒寻出路。
芳草园中聚智慧，
爱心育童真幸福。

立德树人百年计，
高端平台且珍惜。
行知合一匠心具，

专业拔节峰林立！

2018年11月

冬日青春派

阳光　新年　草坪
云端的天鹅
孩童　驻足仰望
喜悦的背影

踏冬草小径
嗅残雪
湿冷　清峻
对语　听
缕缕春韵

红黄蓝校园
三五成群花环
欢声笑语
荡漾　灿烂

注视你
住在春春里
很远
又飘在眼前

天地间
你走　我行
风儿甜甜长大
日子慢慢变老

2019年1月6日于文理学院

江城印象

七夕才去
又至天河
荆楚大地
豁然眼前

曾登鹤楼
一览江景
又品热干
麻香舌尖

天也蓝蓝
江亦浩浩
热浪袭人
润湿心田

江汉关楼
历久弥坚
长江大桥
古貌新颜

敢为人先
追求卓越
创新之都
潜力无限

2019年8月10日

夜游汉口江滩

静静地来了
坐在汉口江滩
江火昏黄
不耀眼，是我喜欢

赤足涉水
江水温热
轻抚　嬉弄
柔柔　粘粘

深山溪水　清凉
家乡黄河　湍急
龙湾海水　汹涌
汉江之水　多情

今夜汉江
如此静谧
退潮涨潮
无尽絮语

江轮驶过，夜深人稀
风轻语轻言
雨在半空听了好半天
直到
听见我的鼻息里
出入微微的鼾

2019年8月11日

色达之旅感怀之一

云端的经声

怀一颗虔诚之心
慢慢攀爬
绿绿的山谷
耀眼的红房子
排列密密麻麻的梵文

学院　经堂　佛塔
风吹经幡
温暖的经诵萦绕上空
手拨经筒
转山的祈福流淌心田

山顶的风铃
经堂的喇嘛觉姆
再次吟唱
世间最美的乐章

这一刻
时间定格
天地佛堂中
身心洗礼安放

2018年8月

色达之旅感怀之二

观礼天葬

敬畏生　圣洁

生命萌生的喜悦
尘世遭遇的艰辛
布施度苦身
佛在高处观众生

敬畏死　静穆
许是另一场旅行
一生或长或短
或悲或喜
悔恨也罢　愧疚也罢
留恋也罢　欣慰也罢

天葬台边
尸陀林的凝重
佛塔边的超度
秃鹫盘旋啄食
肉身放空消无
灵魂飞升天宇
死亡的仪式
如此悲壮
血肉模糊，泪流泉涌
生者安好，珍重前行
许下一世轮回……

2018年8月

和女儿行走东湖

好想你
算算不见才六十多天
心头所念

夜夜入梦甜

东湖吹笛　半山荷园
花与叶　扶持
我和你　相依
阳光幸福　岁月安好

时见鹿处话典
喻家湖边弄苇
碧水绿树森林道
半山闲坐聊胜欢
异地相伴
心头怎还恋?

2019年8月12日

窗外的春天

立春后
日子又长了许多
阳光伶俐的手指
黄昏才临我的餐桌

午后
安静空旷的小区
寻找
春风吹醒的
属于我眼睛的绿草
或许　还有花蕾的私语

树无语独立

云缓慢挪移
数着时间的步子
阳光有点寂寞

被疫困居
孤独人的梦中
生命　健康　自由
一起欢声笑语
携手
奔跑的阳光

窗外的春光
于宁静的心田
被灿烂点亮
绿意正酝酿

2020年2月12日

等你，在风景里

深秋
疫魔悄至
霜　冷了
红叶心
银杏轻语
雨　湿了
风景路

我的城啊
疫霾沉沉
绵长的静

空旷的顿

初冬
微寒亦暖
疫情峻严
奋起迎战
守护生命
坚强勇敢
医护志愿阵地一线
社区家院闭环阻断
多轮核酸居家不乱

我的城啊
夜夜梦见
阳光下　母亲河
在流淌中欢笑
在欢笑中奔跑
风景有你，真好！

2021年3月

小可爱

肉嘟嘟
胖乎乎
张开的小手
心田轻柔地抚摸

借秋英之绚烂
小圃间
三三两两

静默成团

听卖花的少年
讲述
奋力三十几载
长成盆景的慨叹

一方小天地
个个小可爱
谁言多肉娇
卑微君更怜

2021年10月

春·花约

错过　杏树粉云罩
风轻春来早

昨夜　一枝桃花笑
微雨春眠好

绿柳唤迎春
青嫩黄娇
怜爱草芽小

鸟啼山行道
花悦芬芳
桃嫣人年少

2022年4月

第四辑

朗润研究

“六助”教学模式下讨论式教学方法的运用研究课题方案

一、课题的界定与表述

素质教育的魅力在于把师生的可持续发展放在首位，力求培养真正的人。课堂教学是实施素质教育的主渠道。现代教育理论强调学生是学习活动的主体；成功的语文教学范例也表明，必须充分发挥学生的主动性、自主性，确立学生的主体意识，从而变“教”为“学”。实行“讨论式教学”给学生的自主学习、合作交流、共同探究提供了很大的空间，“六助”教学模式作为围绕学生的自主学习建立的有效助学导学系统，必将引领学生“会学”“善学”“乐学”，主动发展。

经过调查分析得知，学校学生的自主学习能力现状堪忧，教师对课堂中讨论式教学方法的运用存在许多操作误区。为了使语文课堂中的讨论式教学方法发挥最大效益，促进小学生的全面可持续发展，切实提升他们的学习能力，我开展了关于“六助”教学模式下讨论式教学方法的运用研究。

“六助”教学模式：是围绕学生的自主学习建立一套助学导学系统，是理论指导下的一个实践操作模式，以学生认知的心理流程为依据来建构，其具体内容是：备助（明标定策）—自助（学知探究）—求助（回馈显疑）—互助（解疑提升）—补助（拓展提升）—续助（拾遗巩固）。

讨论式教学法：是和讲授式教学法相对应的概念，指在教师的引导下，学生以小组或全班为单位，通过讨论或辩论，发现问题、获得知识、培养能力的一种课堂形式。它摒弃了传统的灌输式、填鸭式的做法，是在教师组织和引导下，全体学生都积极参与课堂讨论，从而实现教与学的互动。教师通过预先的设计与组织（甚至包括进行适用于讨论式教学的教材的编撰），学生经过课前预习思考，在课堂上经由教师引导就某一问题发表见解，教师就讨论结果作一定总结，从而使学生变被动为主动探寻知识的一种教学方法。

“六助”教学模式为学生提供了自主学习的空间和时间，营造了高效民主的课堂氛围，尤其在自助、求助、互助环节，讨论式教学方法将发挥不可替代的作用，对学生学习力的提高有不可估量的价值。

二、课题的意义与背景

苏霍姆林斯基说：“只有促进自我教育的教育才是真正的教育。”“讨论式教学”正是这样一种促进“自我教育”的教学方法。“讨论式教学”在素质教育中已越来越显示出它的意义。国务院《关于深化教育改革全面推进素质教育的决定》中又一次倡导“积极实行启发式和讨论式教学”之后，“启发式”教学原则和“讨论式”教学方法进一步受到广大语文教育工作者和语文教师的重视。

“讨论式”教学：是一种适应培养创造性人才的教学方法，它是在系列问题导引下、在教师主导的以生—生、师—生为主要教学推进手段的教学方法，它提供了学生自主学习的空间，培养了学生自主探究的能力，提高了学生的自主学习的层次。

讨论式教学法在国内外都相当盛行，在教学法体系中占有重要的地位。开展讨论式教学，营造良好的学习氛围，不仅有利于增强学生的主体意识、参与意识，培养学生的能动性、独立性，而且有利于提高学生的口头表达能力、逻辑思维能力和自主合作能力。教师通过倾听学生讨论，了解学生学习中的薄弱环节和困难，发现学生思维的闪光点，可以更好地调整自己的教学，促进教学水平的提高。因此，将“课堂讨论”有效地贯穿于课堂教学的始终，可以鼓励他们积极主动地参与到语文学习中去，从而有效地培养学生质疑问难的能力。

三、研究的目标

（1）通过探究，使全校教师，尤其是语文教师全面认识“六助”教学模式中课堂讨论教学方法，明确讨论式教学方法的运用要求，避免低效无效操作。

（2）通过探究，使学生知道在自助、求助、互助等环节，如何针对有价值的问题，与家长、同学、老师等展开深入有效的讨论交流，切实提高自主学习能力。

四、研究的基本内容

（1）探究在兰炼一小目标教学引领下的“六助”教学模式中，语文课堂如何选择讨论内容和话题，怎样把握最佳讨论时机。

（2）在自助、求助、互助等环节，如何灵活根据教学实际，选择适宜的课堂讨论方式。

（3）进一步总结讨论式教学方法的操作要点和在高效新课堂中对师生发展的价值。

五、研究的主要方法

理论探索法：通过查阅各种理论著作和研究资料，进一步明确“六助”教学模式和讨论式教学方法的操作运用相关理论。

经验总结法：坚持理论与实践相结合，不断总结研究成果，进行阶段性小结并调整、完善研究方案。

在研究过程中，主要采用“基础研究”“应用研究”“发展研究”相结合的方法。运用“基础研究”，采用现场听课调研的方法，了解“六助”教学模式中讨论式教学方法的运用现状，明确讨论式教学法运用中亟待解决的问题，将问题归纳为几个方面，然后重点解决。“应用研究”主要应用在第二阶段的研究中，将讨论式教学法应用到实验班，在实际操作中验证可行性，及时归纳整理。“发展研究”是在已有的成果上，质疑完善，使成果更加科学化。

六、研究的对象与范围

我从中、高段选择两个重点实验班，开展语文课堂中，“六助”教学模式下讨论式教学方法实践运用。

七、研究的过程与程序

第一阶段：准备阶段

根据本校本人目前语文课堂教学实际情况，认真细致地分析，确立课题名称，制订课题方案。重点研读《教育原理》《小学语文》等教育专著丛书。

第二阶段：全面实验阶段

初步形成“六助”教学模式下讨论式教学方法的运用的基本框架。分析实施过程中碰到的问题及相应的对策，做到把经验教训及时记录，积累实验所得的第一手资料，到学期末初步形成实验报告，并提供典型的课堂教学实录。

第三阶段：结题阶段

对实施操作过程中积累的资料进行汇总、分类，做好资料的补充、完善工作。撰写课题结题报告，邀请有关专家、领导对课题进行评审鉴定。

八、研究成果的表现形式

（1）“六助”教学模式下讨论式教学方法的运用的典型语文课堂教学课例。

（2）讨论式教学方法的运用的相关论文。

（3）“六助”教学模式下讨论式教学方法的运用研究的结题报告。

省级课题“小学语文阅读教学中审美情趣的研究”成果综述

一、研究背景

当今教育要求新一代在德、智、体、美、劳诸方面，在情感、意志、性格、能力、志趣等各种心理特征上都得到充分协调发展，从而全面提高人的整体素质。然而长期以来，小学语文教学对学生审美能力的培养重视不够。把“审美能力”的培养当作教学中的点缀，从根本上忽视了语文的美学属性。审美教育与语文教学活动本身有着深刻的联系，这联系就在于审美感受、审美情感向认识过程的结构渗入。从语文学科的构成形态看，其本身就具有许多十分重要的审美因素。语文课堂的审美活动主要反映在文学作品的阅读过程中。语文教学，除了要进行语言文字训练（这是基本的、主要的），还要进行思维训练，进行语文审美素质教育，而语文审美素质教育，则是语文教学的最高境界。《义务教育语文课程标准（2011年版）》中提出：“在语文学习过程中，培养爱国主义感情、社会主义道德品质，逐步形成积极的人生态度和正确的价值观，提高文化品位和审美情趣。”这就明确地肯定了语文教育的多重功用的综合性质，肯定了语文教育作为素质教育一部分的重要地位，尤其值得注意的是，它明确指出，语文课同时肩负着美育的使命。而小学生健康审美情趣的培养将是摆在每一位语文教师面前的崭新课题。

在兰炼一小“立人文化”滋养下，我们立足于小学语文教学的实际，充分发挥研究成员各自的优势，在网络技术日益发达的今天，参考国内外相关研究的已有的经验和成果，积极开发探究领域，发掘探究点，展开课题的研究与实践，制订出适应本校学情的系列探究方案。

二、研究的意义与任务

课题研究使研究者充分认识小学语文学科实施审美教育的重要意义，增强实施审美教育的责任感。

改革语文教学弊端的必由之路之一：重视审美教育。审美教育是整合语文教学的工具性和思想性的中介，审美教育是人文素质教育的重要目标。

审美情趣的培养是理想语文教育永恒的追求，是学生人文素养提升的迫切要求，也是语文三维目标全面落实的体现。这一课题的研究，无疑会纠正个别教师重智育，轻美育、德育的错误认识，督促其在实践中自觉渗透审美教育，使语文课设计得更美、上得更美，学生学得更加愉悦，让语文课堂更有浓浓的“语文味”，充满人文情怀，提升教学生活质量。这一课题的研究，会为小学语文教师在课堂操作层面上，提供更多可供借鉴的范例。该课题研究的主要任务是：

（1）通过研究成果的运用，使语文教师充分认识到小学语文实施审美教育的重要意义，增强实施审美教育的责任感和审美意识，提高师生的文化品位和审美情趣。带动更多语文教师，以学科为基点，做美的使者。

（2）探索初步运用“小学语文阅读教学中学生审美情趣培养”的基本策略，逐步提高了学生语文学习中的审美能力，初步构建具有审美化特征的阅读教学体系。

三、研究的过程与方法

（一）研究过程

课题2008年被立项为兰州市教育科研“十一五”市级一般课题，经过两年的持续深入研究，2010年顺利通过结题鉴定（兰教规办〔2010〕06号《关于公布2010年兰州市教育科研课题鉴定结果的通知》）。研究中，我们立足课堂，从日常教学环节中，渗透探究性教学，寻找合适的时机、内容作为生长点，开展积极的探究活动，有效的指导，使研究活动不断拓展深化。

（二）研究方法

1. 比较实验法

本课题的实验研究在自然状态下进行，选择2个班为实验班。同年级其他班级为对照班，在进行常规教学的同时随机接受阅读教学美育教育辐射。

2. 调查法

通过观察、问卷、测试等手段对学生参与阅读教学的积极性，审美情趣、正确价值观的树立等方面进行评估。

3. 理论探索法

通过查阅各种理论著作和研究资料，进一步明确小学阅读教学中审美情趣的内涵及其培养方法。

4. 经验总结法

坚持理论与实践相结合，不断总结研究成果，进行阶段性小结、调整、完善研究方案。

四、研究的内容

（1）研究小学语文教材的美学内涵，发掘教材中的艺术美、社会美、自然美、科学美等审美因素和美学价值。

（2）研究小学语文教师作为阅读教学审美过程的主导者，应具有的美学修养，以及自身审美心理结构的完善。

（3）以新课程标准为依据，探索具有审美性质的阅读教学行为，分析阅读教学中“促进学生审美能力提高”的相关因素，探索出小学语文阅读教学中培养小学生审美情趣的基本策略、方法和途径，初步构建具有审美化特征的阅读教学体系。

五、研究的结果与分析

（一）小学语文教材美学因素分析

小学语文教材美学分类简表见表4–1。

表4–1　小学语文教材美学分类简表

课文美学分类	包含内容	主要特点	美学价值	课文举例	审美要点
艺术美	语言、意境、结构	丰富多彩	怡情	《桂林山水》《燕子》《夹竹桃》《望洞庭》《荷花》	领略
社会美	人格、风尚、劳动	催人奋进	储善	《钓鱼的启示》《掌声》《爱之链》《孙中山破陋习》	鉴赏

续 表

课文美学分类	包含内容	主要特点	美学价值	课文举例	审美要点
自然美	自然事物、自然现象	赏心悦目	冶性	《富饶的西沙群岛》《美丽的小兴安岭》《草原》《趵突泉》	感受
科学美	科学技术、客观规律	神奇有趣	启真	《新型玻璃》《神奇的克隆》《麋鹿》《太阳》	认识
插图美	照片、配画、古诗意境图等	形象生动	促思	《赵州桥》《颐和园》《巨人的花园》《卖火柴的小女孩》	想象

（二）研究现代小学语文教师审美素养及结构

1. 教师审美素养

教师审美素养的内容与结构见表4–2。

表4–2　教师审美素养的内容与结构

审美素养分类	主要方面	层次与作用
内在审美素养	丰富的美学和美学理论	基础
	完善的个体审美心理结构	提高的标志
	健康人格的魅力	最高层次
审美技能素养	形象美的设计技能	仪表美
		教态美
		生活审美化
	教学美的展现技能	课程审美化技能
		语言审美化技能
		艺术表现与批评技能

2. 小学语文教师审美素养

语文教学应成为“一场富有独特生机和鲜活张力的美妙旅程”。小学语文教师的美学素养要求是比较高的，其审美品位应该是和谐又优雅的。小学语文教师美学素养结构图如图4–1所示。

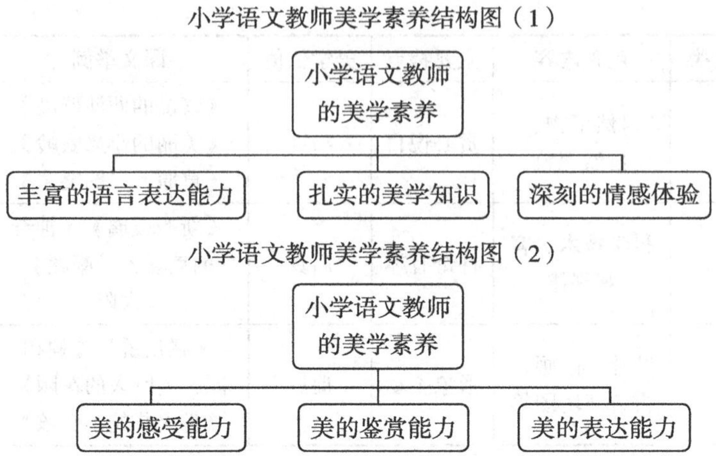

小学语文教师美学素养结构图（1）

小学语文教师的美学素养
丰富的语言表达能力　扎实的美学知识　深刻的情感体验

小学语文教师美学素养结构图（2）

小学语文教师的美学素养
美的感受能力　美的鉴赏能力　美的表达能力

图4-1　小学语文教师美学素养结构图

3. 小学语文教师审美素养的培养

小学语文教师的审美素养水平越高，其教学活动的质量就越高，而且其自身人性的成熟程度也越高。

（1）内在审美素养的培养途径：理论学习、生活经验的积累、审美实践活动。（审美欣赏与审美创造）

（2）培养展现教学美技能的途径：关键是提升课程审美化设计能力。

（三）小学阅读教学中少儿审美状况分析

美学心理学指出：9—13岁（小学中高年级）的少儿开始进入审美萌芽期，其审美潜能开始得到发挥，审美感兴能力（包括审美态度、审美直觉感受能力、审美情趣）正在发生、成长。其中审美情趣是个体进行审美活动的参照系，对少儿的审美发展具有重要的意义。

少儿审美发展的过程如图4-2所示。

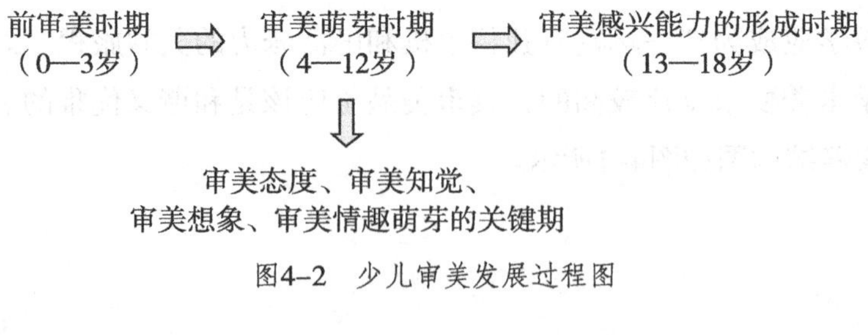

前审美时期（0—3岁）⇨审美萌芽时期（4—12岁）⇨审美感兴能力的形成时期（13—18岁）
⇩
审美态度、审美知觉、审美想象、审美情趣萌芽的关键期

图4-2　少儿审美发展过程图

（四）选定实验班和对照班，进行实验前审美调查与测评

课题组选定五年级（1）班为实验班，五年级（4）班为对照班，进行阅读教学中审美情趣的培养课题研究。实验前课题组对五年级（1）班和五年级（4）班学生做了无记名问卷调查，共下发问卷109份，我们对问卷进行了整理和汇总，分别对问卷中第一题、第四题、第五题、第六题、第七题相同答案的作了分班统计，结果见表4–3、表4–4：

表4–3　五年级（1）班调查结果

调查题目	各选项人数统计					
语文课上，你在阅读课文时，是否感受到选编的课文非常美	A.是	35	B.否	20	C.无感觉	1
课堂上，教师生动的讲解、有感染力的范读、优美的配乐等是否让你有身临其境之感	A.是	31	B.否	24		
通过老师的讲解，你是否能比较深入地理解课文，并真正体会到课文蕴含的多种形式的美	A.能	29	B.不能	26		
你能通过有感情地朗读课文，充分展示课文的美吗	A.能	40	B.不能	4	C.基本可以	12
你学习课文时或学完课文后，是否有非常愉快美好的感觉	A.经常有	26	B.有	23	C.很少有	7

表4–4　五年级（4）班调查结果

调查题目	各选项人数统计					
语文课上，你在阅读课文时，是否感受到选编的课文非常美	A.是	32	B.否	19	C.无感觉	2
课堂上，教师生动的讲解、有感染力的范读、优美的配乐等是否让你有身临其境之感	A.是	28	B.否	25		
通过老师的讲解，你是否能比较深入地理解课文，并真正体会到课文蕴含的多种形式的美	A.能	29	B.不能	24		
你能通过有感情地朗读课文，充分展示课文的美吗	A.能	37	B.不能	6	C.基本可以	10
你学习课文时或学完课文后，是否有非常愉快美好的感觉	A.经常有	25	B.有	19	C.很少有	9

课题组还对问卷中第二题、第三题、第八题做了汇总统计，结果显示：学生普遍喜欢散文、童话和古诗；认为课文的美大多体现在语言、人物形象、描绘的画面上；喜欢用与别人交流、配画、写读后感的方式表达自己的阅读感受。调查初步表明，学生的阅读审美倾向还不够稳定，易受情境、个人喜好的影响。部分学生对语文学习的兴趣还不够浓厚，对文本、课堂中的美学因素还不够敏感，语感和语文综合素养的发展水平还有待提高。

（五）在实验班开展实验，探究小学语文阅读教学中审美情趣培养的方法和途径

课题组对实验班五年级（1）班进行实验，为期一年（2009年8月至2010年6月），语文教师兼班主任倪老师、教务处陈玉花、教研组长白老师、青年教师张老师积极协助参与，课题组成员每学期有计划地上1—2节课题研讨课，每月定期集中研讨，深入语文阅读课堂，全面听课，实践并总结。

1. 小学语文阅读教学的课堂构成及影响审美教学的课堂因素

课题组成员全面查阅资料，认真整理，结合语文教育教学实践，逐步明晰语文课堂教学的基本构成因素和影响审美教学的课堂因素，如图4-3、图4-4所示。

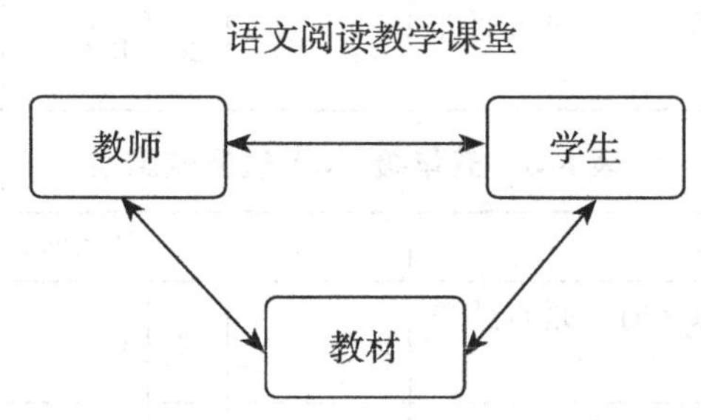

图4-3　语文课堂教学的基本构成因素

图4-4　影响审美教学的课堂因素

2. 初步探索小学语文中高年段阅读教学中审美情趣培养的策略、途径和方法

（1）小学语文中高年段阅读教学中审美情趣培养的策略。

在为期四个阶段的研究中，我们通过实验班的实践、研究、思考和再实践、再研究、再思考，如此反复的阅读教学实践逐渐形成了培养审美情趣的策略，包括以下几个内容：情境创设、诵读涵泳、形象感知、激活想象、质疑求解、独特体验、生活积累、创新写作。（图4–5）

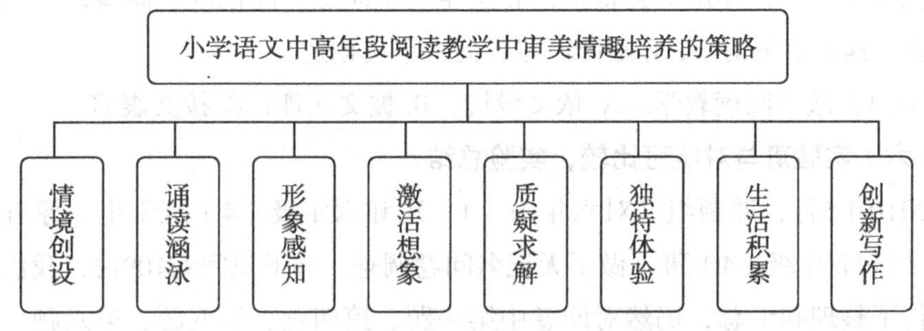

图4–5　小学语文中高年段阅读教学中审美情趣培养的策略

为了能够有效地实施这些策略，我们还得注意几个关系的处理：朗读与感悟、积累与运用、倾听与表达、课内与课外。

（2）小学语文中高年段阅读教学中审美情趣培养的途径。

途径一：在“真”的情感交流状态中培养学生的审美情趣。

途径二：在“美”的感情朗读训练中培养学生的审美情趣。

途径三：在“准”的语言文字训练中培养学生的审美情趣。

途径四：在“深”的思想感情体会中培养学生的审美情趣。

途径五：在“活”的发散思维想象中培养学生的审美情趣。

（3）小学语文中高年段阅读教学中审美情趣培养的方法。

教师的审美提升和不断完善：①教师语言的美化；②教师情感的融入。

审美化的语文教师课堂教学设计：从不同体裁的文本中，探讨和研究小学语文中高年段阅读教学培养审美情趣的教学方式方法，构建系统的小学语文中高年段阅读教学培养审美情趣的体系。

①诗歌阅读教学。

A. 诱发情感，感受美。a. 用多媒体创设美的情景；b. 用导读的方式，渲染美。

B. 展开想象，探索美。a. 抓住事物特点，展开想象；b. 创设情境，发挥想象。c. 联系生活，沟通想象。

C. 品味语言，欣赏美。a. 品味用词的精妙；b. 欣赏修辞的精美。

D. 反复吟诵，体验美。a. 读出韵律美；b. 读出情味美；c. 读出意蕴美。

② 散文阅读教学。

a. 师创设情境，唤起生的审美需求；b. 引导初读课文，获取审美感知；c. 学生品味词句，开拓审美想象；d. 学生质疑问难，深化审美体验；e. 指导学生诵读，提升审美情感；f. 延伸练习，促进审美创造。

③ 寓言故事阅读教学。A. 依文设境；B. 披文入理；C. 按文表演。

（六）实验班与对照班比较，实验总结

2010年5月，课题组又对六年级（1）班和六年级（4）班学生［原五年级（1）班和五年级（4）班］做了无记名问卷调查，共下发问卷109份，我们对问卷进行了整理和汇总，仍然对问卷中第一题、第四题、第五题、第六题、第七题相同答案的作了分班统计，结果如图4–6、图4–7所示：

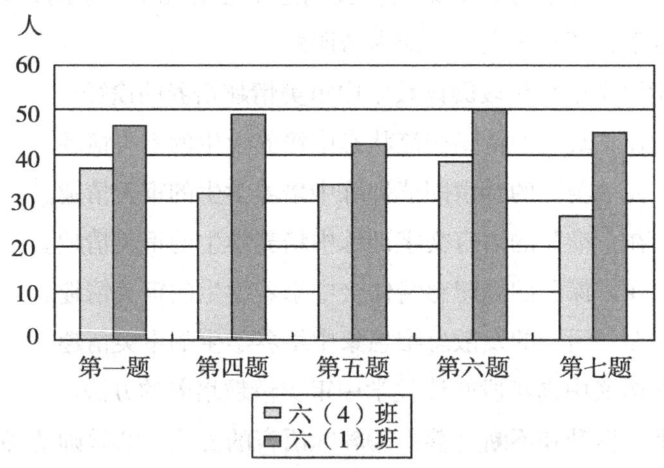

图4–6　阅读教学中审美情趣的培养课题调查问卷统计图（一）

课题组将实验班与对照班以上5道题选“是”（审美体验深刻，倾向性明显）的学生人数进行了统计，横向对比结果显示：六年级（1）班实验班比平行对照班六年级（4）班的审美发展迅速，普遍具有较强的审美意识。

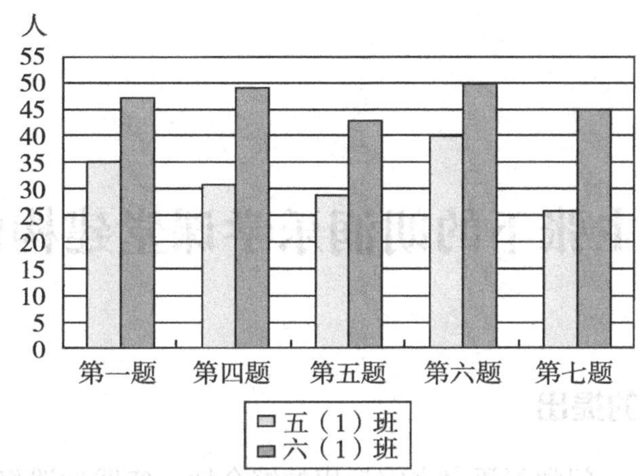

图4–7 阅读教学中审美情趣的培养课题调查问卷统计图（二）

课题组将实验班实验前与实验后以上5道题选“是”（审美体验深刻，倾向性明显）的学生人数进行了统计，纵向对比结果显示：六年级（1）班较之一年前审美发展迅速，普遍具有较强的审美意识。

为了体现“审美阅读”这一概念和理念的新颖性，我们力求一定程度的突破和创新，以体现本课题的价值：

（1）美和审美不是提高课堂教学水平的外在因素或手段，而是课堂教学本来就具有的内在属性，我们的研究任务就是要挖掘阅读教学中蕴含的审美属性。

（2）我们提出的审美阅读课堂包括了四个维度：科学课堂（目标和内容的科学性、适切性、道德性）、艺术课堂（方法和手段的科学性、艺术性、道德性）、和谐课堂（师生关系的主体性、平等性、互动性）、生命课堂（效果、成果的多元性、成长性、效益性和道德性）。通过研究进一步揭示、丰富、弘扬这些内在属性，实现“以美的教育造就美的人生”的目标。

（3）构建审美课堂教学策略，引领学生走进丰富的审美世界。语文课要关注儿童心理，注重情感熏陶，充盈审美情趣，注重文化浸润和语言积累。教师要给予学生情感支撑、方法策略指导，并提供学习资源。强化审美意识，精化审美内容，优化审美过程。

通过本课题的研究，丰富了自己的教学经验，提升了教师教育科研能力，大量的教学案例是我教学实践的结晶，在教学中具有参考价值，希望对于广大同人的教育教学工作有借鉴和推动作用。

润语文主张下的朗润乐学课堂建构的研究

一、课题的提出

语文课程是一门学习语言文字运用的综合性、实践性课程。工具性与人文性的统一，是语文课程的基本特点。语文课程应致力于全面提高学生的语文素养：激发和培育学生热爱祖国语文的思想感情，引导学生丰富语言积累，培养语感，发展思维，初步掌握学习语文的基本方法，养成良好的学习习惯，具有适应实际生活需要的识字写字能力、阅读能力、写作能力、口语交际能力，正确运用祖国语言文字。语文课程还应通过优秀文化的熏陶感染，促进学生和谐发展，使他们提高思想道德修养和审美情趣，逐步形成良好的个性和健全的人格。

当前，新课改已经步入深水区。教育界专家学者、诸多名师、一线教师对十多年来课程改革以及课程标准实施的得失状况，进行了细致的调查总结，发现了不少教学中普遍存在的某些问题和教学弊病。比如，现在语文教学普遍是两多一少：精读精讲太多，反复操练太多，学生读书太少。学生读书积累不丰厚，情感体验不深刻，自然写不出活泼有趣的习作来，语文素养的提高更是收效甚微。

作为一名市级名师，学校骨干教师，我和我的团队平时在学校、片区的各类公开课、家常课的观课评教中发现：许多教师对语文课程的性质和特点把握不够到位。一些语文课堂情感浸润缺失，美育熏陶欠缺，教师不能深入浅出，准确领悟、传达文本之情，自身语文素养的不丰厚让课堂黯然失色。

2016年9月13日，《中国学生发展核心素养》正式发布。以培养“全面发展的人”为核心，分为文化基础、自主发展、社会参与三个方面。人文底蕴、科学精神、学会学习、健康生活、责任担当、实践创新六大素养。其中人文底蕴具体包括人文积淀、人文情怀和审美情趣等基本要点。在谈及审美情趣时，提出“具有发现、感知、欣赏、评价美的意识和基本能力；具有健康的审美价值取向”。这些国家层面的核心素养如何落地生根，在语文课堂实现教学转化呢？教师要把时间、教学重点放在哪里？许多教师的课堂已经符合核心素养的概念，课堂教学还要如何设计，让学生经历学习的过程呢？语文课堂该怎样构筑让学生有存在感的学习氛围与情境呢？即建构课堂文化和优化课程资源。

叶圣陶老先生说：“就作用的方面说，进步的教育偏重熏陶。就领受的方面说，进步的教育偏重自得。”语文课堂是一片情感和审美的花圃，这两种非智力因素，在语文教学中显得非常重要。要全面提高语文教学质量，让学生乐于学习语文。语文教师应不断提高自身修养，他们丰厚的学识和丰满的情感是课堂的源头活水，能带动引领一路欢唱的小溪流——学生。

立足兰炼一小“六助”乐学语文课堂有效性的实践研究，在广泛阅读教育书籍基础上，结合自己多年教学管理经验，我们工作室提出“润语文”构想，朗润乐学课堂建构和温润教师培养思考，想通过我们的理论建构和实践总结，采取了一些改进办法“纠偏”守正，让语文课堂焕发勃勃的生命力，成为儿童学习母语的乐园。

二、课题涉及的主要概念及其含义

润，本义雨水下流，滋润万物。浸水，不干枯，细腻光滑，有光泽。“润语文”如水，追寻随物赋形之美、滴水穿石之力恒、汇纳百川之容、因势利导之智、百折不挠之勇。它以著名美学家朱光潜和儿童文学专家提出的相关理论为指引：语文教育要与审美教育结合更紧密，情感教育是语文课程的基本功能。有情感教育和审美教育渗透的语文教育正是润语文的真谛所在。润语文既体现语文课程人文性熏陶浸润和工具性习得运用的统一和融合，也体现“浸润”与“体验”的特征，流淌着生命的气息。这与李吉林老师的情境教育“道始于情”“根植于美”的理念有许多相通之处。润语文坚持语文教育“诗性思维”，追求还原教育的精神底气和文化根基，让教学回归教师生命本体、学生生命本体、文本生命本体，极清浅而且极深刻。这一主张鲜明的特征：母语浸润，寓美蕴情；阅读实践，感悟体验；深度学习，素养提升；童真童趣，生命灌溉。

朗，《说文》中释为明也。明亮，光线充足。声音清楚、响亮。这正与语文课堂上孩子们天真、活泼、开朗的天性以及响亮甜美的童音的特点一致。“朗润乐学课堂”顾名思义，是让学生在语言学习中，浸润在一定的语境中，文字规范优美，情感因素丰满的语境中，再以“朗读”作为阅读教学的重点，课堂上侧重培养学生朗诵、朗读的能力。朗读有助于学生对课文的理解和巩固；有助于学生披情入文，正确领会课文内容的思想感情，提高学生的语言表达能力。我们所说的朗，还有开阔之意，鼓励读书，把课外阅读纳入阅读教学体系，形成“教读—自读—课外阅读”三位一体的阅读开放课堂。书声琅琅、情意融融的阅读课堂，学生一定会收获快乐的学习体验。“朗润乐学课堂”就是使学生浸润在书声琅琅的课堂氛围中，提高对祖国语言文字的领悟能力，感受到语言文字的美，进而达到润泽心灵、提升品位、提升语文综合素养的目标。

三、课题研究的意义

（一）润语文的理论探索必将不断丰富小学语文教育的人文内涵

柏拉图说“教育非他，乃心灵的转向——转向爱、善和智慧”。摒弃浮躁、功利，静静地、慢慢地让师生生长变化，内心丰富，灵魂丰满，这一定会成为语文教育的终极追求。润语文切中当前语文教育维度单一的现状，坚持“大语文”的教学观，格外重视语文课程在师生人文精神建构，人格、情调培养方面的重要功能。

（二）朗润乐学课堂的实践，多元立体，循序渐进，将对师生语文素养提升产生积极深远的影响

营造情意盈盈的朗润乐学课堂。潜润—丰润—滋润。潜润，指教育情境的创设，教育活动的施行自然生发，春风化雨，潜移默化；丰润，指教育内容的选择丰富、厚重、深入，教育途径多元立体，彰显传统文化和现代文化的光彩，教育落实于细节，情感细腻婉约；滋润，指语文教育对教育者和受教育者的精神世界的影响，滋养人文，润泽心田。

朗润乐学课堂中博览群书，热爱儿童文学的温润教师，必将带给课堂更多的人文积淀和人文关怀；现代化的教育，让课堂和师生损失和损伤了许多。或许，尽我等微薄之力，朗润乐学课堂能尽最大努力弥补和修复，让师生的生命

状态能得到温情眷顾，语文教育可以向幸福靠得更近一些。

（三）朗润乐学课堂建构的理论与实践研究成果，能为片区更多学校的语文课堂提供可以借鉴的经验

目前，工作室所在的市属十一片区加强了各学科间的交流，经验分享，相互学习，语文课堂乐学高效是共同追求的目标。

润语文是理想语文教育永恒的价值追求；朗润乐学课堂的建构是师生人文素养提升、学生核心素养学科教学转化、语文课程三维目标全面落实的有效举措。这一课题的研究，无疑会纠正个别教师重智育，轻审美教育、情感教育的片面认识，督促其在实践中重视读书指导，自觉渗透审美教育和情感教育，使语文课上学生学得更加愉悦，让语文课堂更有浓浓的“语文味”，充满人文情怀，提升师生教学生活质量。这一课题的研究，会为小学语文教师在课堂操作层面上，提供更多可供借鉴的范例。

四、国内外研究现状

（一）小学生语文课堂现状分析

由于小学语文教学受到应试教育的负面影响，一些传统教学方式造成了人文教育的失落、个性和灵感的践踏：识字教学机械枯燥，缺乏趣味；阅读教学重分析和演练，轻感悟和积累；作文教学脱离实际，压制个性和情感。在对学生的日常观察中发现，由于应试教育缺少学生接受人文教育、审美教育的机会，很多孩子语文学科素养有待全面提升。学科教学中，审美教育和情感教育的资源没有充分得到利用和发挥。小学语文教材中选取了大量优美的文章，其中古诗文、散文等为渗透审美教育更是提供了广阔的天地。然而精讲分析太多，反复操练太多，学生读书太少。学生读书积累不丰厚，情感体验不深刻，重技能技巧的训练而忽视审美教育、情感教育，导致了学生难以形成良好的审美品质、健康的审美情趣，影响到思想道德修养的提高和良好的个性和健全的人格的形成。

（二）国内外研究本课题的现状

随着新课改的不断实践，阅读课堂在一次次的改革中，逐步丰厚起来，语文课越来越有语文味了，阅读课堂对语言文字的品读越来越到位了。但是课堂中讲解满满，问答过多，学生的读书声有所减少，通过查阅资料、网上搜索，国内外对于“朗润乐学课堂”研究的内容相对较少，尤其是在甘肃省内这项课题研究还处于起步阶段，值得研究，它对于新课改下的课堂教学改革发挥的作用和获得的真正价值意义深远。

当前，许多学校，中小学一线教师，对有效课堂、高效课堂的研究比较多。积累了一些经验，取得了一些成果。国内外关于语文教学渗透美育、情感教育、乐学课堂的研究理论已有不少见诸各大教育教学刊物，这些都值得借鉴。比如，纯美儿童文学理论中“追随永恒”的美学承诺，忧郁悲悯的人文关怀，古典主义的审美情趣。朱光潜《谈美书简》、杨斌《教育美学十讲》、肖川《教育的情趣与艺术》，全国一些教育家、语文名师，如窦桂梅、薛法根、王崧舟等，他们的语文教育新思想也带给本课题许多新的思考和启迪。其中，王崧舟“诗意语文”教学观，福建省特级教师陈曦“易语文”教学新思路，都成为我们开展研究的范例。

五、课题研究的理论基础

（一）李吉林情境教育理论

苏派教育名家李吉林老师的情境教学，是指在教学过程中，教师有目的地引入、创设、制造、优选与语文教学内容相适应的、具有一定情绪色彩的、以形象为主体的、生动具体的场景或氛围，以引起学生积极的情感体验，从而帮助学生愉快地理解学习内容。一个主旋律：让儿童学习快乐、高效，获得全面发展。核心元素：真、美、情、思。四大特点：形真、情切、意远、理蕴。她提出了促进儿童发展的“五要素”：①兴趣为前提，诱发主动性；②观察为基础，强化感受性；③思维是核心，突出创造性；④情感是动因，渗透教育性；⑤能力为手段，贯穿实践性。

情境教育成为经过实践检验的富有生命力的中国本土化教育教学的有效方法。富有民族特色和时代气息的，构筑了具有独特优势的课程范式，成为我国素质教育的重要模式之一。情境教育为学生提供丰富的学习素材和信息，有利于学生主动探究和发散思考，主动建构知识；有利于学生将知识、技能与体验链接，灵活解决问题；情感、态度、价值观维度目标得以很好落实，张扬学科教学共性，塑造全人格，促进学生健康情感的发展，培育积极的人生态度，促进学生全面发展，个性培育。

（二）叶圣陶“语文是发展儿童心灵的学科”的著名论断

叶圣陶先生早在80年前谈到小学国文教育应当怎样改革时，曾明确提出了“须认定国文是发展儿童的心灵的学科”（《叶圣陶教育文集》第三卷，人民教育出版社1994年版，第11—13页）。简单讲，“心灵”就是指“人的思想感情”。第一，语文学科发展儿童的心灵是由语文学科的性质决定的。语文是一门表情达意的学科，通过语文教学发展学生的思想情感是义不容辞的任务。第二，思想情感对儿童的成长是非常重要的。“孩子的心不应是真理的冷库。我竭力要防止的最大恶习，就是冷漠，缺乏热情。儿童内心冷若冰霜，来日成为凡夫俗子。”（苏联教育家苏霍姆林斯基语）这话是极为深刻的。第三，语文教学一般有三个层次：一是知识的解读；二是思想的渗透；三是情感的陶冶。只有达到第三个层次，才是高水平的教学。这三个层次不是割裂的，而是相互联系的。思想情感是儿童学习的动力和基础。《义务教育语文课程标准（2011年版）》提出：“工具性和人文性的统一”，是语文课程的基本特点。在课程总目标中还提出要“提高文化品位和审美情趣”，阅读教学要“注重情感体验”，都说明在语文教学中培养学生的情思，发展儿童心灵的重要意义。

（三）朱光潜美学理论

他在《文艺心理学》里谈道：美是心借物的形象来表现情趣。世间并没有天生自在、俯拾即是的美，凡是美都要经过心灵的创造。在美感经验中，我们须见到一个意象或形象，这种“见”就是直觉或创造；所见到的意象须恰好传出一种特殊的情趣，这种“传”就是表现或象征；见出意象恰好表现情趣，就是审美或欣赏。创造是表现情趣于意象，可以说是情趣的意象化；欣赏是因为意象而见情趣，可以说是意象的情趣化。美就是情趣化或意象情趣化时心中所觉到的“恰好”的快感。

六、本课题研究的思路、内容和预期目标

（一）研究思路

在小学不同年段进行朗润乐学课堂的教学实践，从课内和课外两个方面进行实践，课内通过不同形式进行朗读，以教师指导为主，通过示范、领读等形式，培养学生的朗读兴趣，进而开展多种形式的朗读活动，激发学生的兴趣；课外以推广儿童阅读为目的，分吟诵和朗读，发动家长的力量，开展丰富多彩

的朗诵活动，达到提高学习效率的目的，以此丰富师生的精神生活。乐学课堂以读书为乐，情感浸润，美育熏陶，人文性与工具性和谐统一。

以课内阅读为基础，引进大量的课外阅读，让学生在琅琅的读书声中，感受到语文文字的美，进而营造校园内浓郁的读书氛围，使得“朗润乐学课堂”成为学校的一大特色，同时从润心、润智、润情三方面入手育师德、厚学养、提技艺，成就温润教师，真正实现学校简约、童趣、生长的“高效乐学课堂”的目标。

在研究过程中，建立低、中、高年段语文实验班，进行朗润乐学课堂教学实践，主要采用“现状研究”“运用研究”“发展研究”三条路径。

（二）主要内容

（1）低年段、中年段、高年段课堂教学与课外语文实践活动相结合，创新开展朗润乐学课堂阅读教学实践研究。

（2）朗润乐学课堂中温润教师培养研究，总结提炼“润语文”教学主张的文化内涵。

（3）不同年段朗润乐学课堂阅读教学指导性评价、激励性评价、多元评价。

（三）预期目标

（1）在校本化乐学课堂的实践中，建构朗润高效乐学课堂模式。总结提炼，丰富明晰“润语文”教学主张的文化内涵。

（2）指导学生读书实践活动，在书声琅琅中使学生感受语文的魅力，激发学生学语文、爱语文的热情和兴趣，提高学生阅读素养和阅读能力，提升学生语文素养。

（3）在建构朗润乐学课堂的同时，培养丰厚、灵动、细腻的温润教师。

七、本课题研究的重难点

重点：分析语文教学中“朗润乐学课堂”的相关因素，探索并初步建构“朗润乐学课堂”体系，形成鲜明的“润语文”教学主张。

难点：如何以“润语文”教学主张为指引，通过低、中、高年段语文乐学课堂的实践研究，在遵循语文教育一般规律的同时，渗透审美的、情感的因素有效开展语文教学，真正建构高效的乐学课堂，让学生受益，使教师提升。

八、研究的策略与方法

（一）教育观念的更新

明确“润语文主张下的朗润乐学课堂建构”课题研究的宗旨是通过本课题研究，转变教育观念，提高课堂教学效益和研究水平。为此，我们将更新教育观念作为进行教育科学研究的首要条件，这也是课题研究成败的关键。通过本阶段的研究，课题组成员逐步转变观念，树立了新的学生观：学生不是教导的对象，而是是否愿意掌握语文这门工具的主体，要激发学生内在动力，主动求知。新的学习观：学科育人的价值在于核心素养的培养，核心素养强调的不是知识和技能，而是获取知识的能力。老师是教育的设计者、协作者、支持者，首席学习官，共同学习的伙伴。作为学生的良师益友，不仅要落实字、词、句、段等知识要点，更要重视学生的读书指导，关注他们语文学习的全过程，培养他们从语言文字中摄取、消化、吸收美的能力和积极的情感体验。

高效课堂模式：凡在单位时间内高效达成了“知识与技能、过程与方法、情感态度与价值观”三维目标就是好模式，就是值得推广的模式；从时间上看，凡是能达成“学生喜欢，质量上乘，同行认可”三层目标的就是好模式，就是值得借鉴的模式。高效课堂模式的建构应该遵循学习科学与脑科学研究规律，特别是从心理发展角度构建。高效课堂的模式建构应该依学生个体心理发展状况，发挥教师的自身优势，考虑学科教学的特点，设计个性化的教学范式。

叶澜教授认为：“一节好课应该是扎实的课、充实的课、丰实的课、平实的课、真实的课。”优质课之“优”，应该突出表现在先进的教育理念、机智的教学策略与个性化的课堂教学风格上；表现在如何以生为本，充分培养学生的能力与综合素质上；表现在充分展示教师教学个性，有助于教师专业化、特色化成长之上。

（二）文献资料的建设和理论水平的提高

1. 建设文献资料

扎实的文献资料的建设，可以使研究的展开建立在坚实的理论基础上和丰富的实践背景上。这是研究成功与否的先决条件。为此，课题组专门添置了《教育美学十讲》《教育的智慧与真情》《最好的老师不教书》《语文教学美学论》等以“知识、智能、审美、情感”为核心的教育专著丛书。

2. 坚持两周一次课题研讨活动

期初以理论、业务学习为主，研读书籍、报刊，观看教学录像，并做好记录。期中以实验课题的研讨活动为主，通过展示公开课，进行评议、讨论，解决实验中遇到的困难，总结成功经验。期末以理论学习、交流各自心得和撰写论文为主，使课题组成员把实践提升到理性的高度，进行再研究，并进行总结。

3. 走出去，请进来

学校积极创造条件组织课题组教师外出参观学习，从而大大开阔了课题组成员的眼界，拓宽了课题研究的思路，尤其是在观摩了省市优秀教师的示范课以及省市教科所专家的报告后，大家明确了思路，感受深，受益匪浅。

（三）研究方法

1. 调查法

通过访谈、问卷等形式对不同年段学生语文学习的兴趣、阅读技能等全面调查，了解评估语文教学中朗润乐学课堂实践前后的现状，前测后测的结果分析，为进一步研究提供事实依据。

2. 行动研究法

参与教师根据自身课堂教学需要，进行朗润乐学课堂的行动研究，对课堂教学进行定期的分析、反思、整改，不断地完善优化课堂结构和模式。定期集中课题组的老师进行交流，将研究的内容进行可行性分析，提出建议，及时沟通，资源共享。

3. 比较实验法

在自然状态下进行，选择低中高3个班为实验班，同年级其他班级为对照班，进行朗润乐学课堂模式创建、策略运用实验，对比分析，探索提升语文教学中朗润乐学课堂效益的策略。

4. 案例经验总结

坚持理论与实践相结合，结合学校语文教学中鲜活的课例，及时总结经验，加以理性分析、归纳，进行阶段性小结，调整、完善研究方案。逐步建立完善朗润乐学课堂体系并加以推广。

5. 理论探索法

通过查阅各种教育理论、语文教学著作和研究资料，总结、梳理、提炼，进一步丰富润语文和朗润乐学课堂文化内涵，形成具有鲜明特色的工作室语文教育新主张。

九、实施步骤

第一阶段：准备阶段

成立课题组，结合当今教育发展需要和本校目前实际情况进行认真细致的分析讨论，确立课题名称，制订课题方案，申请立项。进行分工，明确各自职责。查阅各种理论著作和研究资料，阅读《语文教学研究》《语文教育美学论》教育专著丛书。学习相关理论、收集信息、借鉴经验。

第二阶段：实施阶段

进行学生、教师问卷调查。对实验班教学进行跟踪听课和实验调查，并定期组织成员总结交流，课题组成员认真记好研究记录，经常召开学生家长会、学生座谈会，从而获取反馈信息。分析实施过程中碰到的问题及相应的对策，做到把经验教训及时记录，积累实验所得的第一手资料，形成阶段性的小结实验报告，并提供典型的课堂教学实录。初步形成语文课堂设计、系列论文等物化成果，对朗润乐学课堂在语文不同年段进行教学有效性的结论修正、再实践，基本形成“润语文主张下的朗润乐学课堂建构的研究”的策略框架。课题研究方案具体实施过程中不断总结，不断修改使之完善。

第三阶段：总结阶段

汇编不同课型不同年段语文教学的典型教学设计、论文等研究成果，汇编成册。对实施操作过程中积累的资料进行汇总、分类，做好资料的补充、完善工作。进行研究总结，撰写课题结题报告，邀请有关专家、领导对课题进行评审鉴定。

十、课题研究过程及成果

（一）选择不同年段实验班，进行语文学习现状的问卷调查及全面分析

工作室课题“润语文主张下的朗润乐学课堂建构的研究”被立项为省级规划课题后，课题组在负责人带领下，共同研讨，撰写开题报告，在认真听取了市教科所课题专家的培训指导意见的基础上，开始有计划、分阶段进行课题研究。我们课题组阅读了大量相关的文献资料，并对文献资料摘汇，分类整理，

进一步明确了课题研究的核心概念，课题研究的意义、研究内容和预期目标、研究的重难点、研究策略与方法、制定了具体的实施步骤，对课题组成员进行了任务分工。

我们选定了低段、中段、高段3个班级为朗润乐学课堂实验班。为全面了解不同年段学生语文阅读现状，课题组研讨并设计了调查问卷2份。《小学语文乐学课堂阅读情况调查问卷（学生卷）》调查小学生语文课堂阅读现状，特别是在课堂朗读、诵读语言实践中对语言文字美的感受能力、理解能力、评价能力、表达能力的发展状况。《小学语文乐学课堂阅读情况调查问卷（家长卷）》重在通过家长调查课内阅读和课外阅读的连接，小学生的课外阅读时长、内容选择、方法运用等，家长对课外阅读的看法和建议等。课题组对一年级（1）班、三年级（3）班、五年级（4）班学生和家长做了无记名问卷调查，共下发问卷90份，每班30份、回收有效问卷90份。我们对问卷进行了整理和汇总，分别对问卷中所有题目的相同答案的作了分班统计，结果综合分析。

课题组对问卷汇总统计，全面分析。调查初步表明，学生的阅读审美倾向还不够稳定，易受老师、情境、个人喜好的影响。阅读中积极的情感体验还不够深刻，部分学生对语文学习的兴趣还不够浓厚，语感和语文综合素养的发展水平还有待提高。孩子的课外阅读现状不容乐观，家长指导督促水平参差不齐，孩子课外阅读的时间比较少，急需加强课外阅读方法指导和习惯培养，尤其是中低年段。家长比较认同和支持课外阅读，但家长与孩子亲子阅读，交流分享的氛围和习惯没有形成。

针对问卷反馈的以上各种现实问题，我们课题组经过多次研讨，一致统一，准备后期从课堂开展行动研究，通过不同课型的课例研究，专家讲座引领，全面深入研究儿童，研究儿童课内外阅读，提升课堂效益，全面提升学生语文素养。

（二）开展形式多样的“朗润乐学课堂”系列主题教育教学研讨活动

1. 领衔名师“六助”高效乐学课堂引领课

2016年11月，工作室领衔名师陈老师在兰州市教育局组织的第十一片区“高效课堂”教学研讨周“同课异构”活动中献课《美丽的小兴安岭》，课堂渗透了工作室“润语文”的教学主张，以丰润的情感和愉悦的审美体验打动学生，落实了学校“立人”文化理念下“六助”高效乐学课堂模式。名师教学上深入钻研、精益求精的追求获得了专家和听课教师的一致好评。工作室领衔名师和核心成员先后录制了与朗润课堂有关的30多节示范课和优质课。

2018年3月，工作室举行“润语文”乐学课堂教学研讨语文名师引领活动。金城名师陈老师展示了《童心欢歌——四年级儿童诗》群文阅读，全体语文教师，名师工作室全体成员、兰州新区实验小学名师二级工作室十位成员等近百人参加了此次研讨活动。在陈老师展示的《童心欢歌》儿童诗群文阅读教学中，陈老师注重情境的创设，如借助音乐渲染、图片激趣等形式激发学生的想象，唤醒学生的感官，通过这样的情境创设，学生很快进入诗的意境中。在学习的过程中，陈老师注重学习方法的指导，发挥学生的主体地位，自读自悟、小组合作探究，学生有讨论、有探究、有品读、有创作，在轻松愉快的学习氛围中，学生对儿童诗的表现手法有了初步的了解，并现场创作出了充满童真童趣的作品。

2016年上半年，“创意表达　乐学课堂”教学研讨活动，主讲专家西北师范大学教育学博士王毓新副教授，工作室成员倪老师执教《心灵物语——儿童福利院之灵物语》，邀请甘肃省特级教师东郊小学的徐世赟老师做示范课《舌尖上的兰州》，真正发挥了语文优质课的示范作用。

近两年来，工作室贾老师、马老师等多位骨干成员围绕“润语文”乐学课堂初步架构，开展优质课展示研讨活动。贾老师情境教育智慧课堂示范课《小马过河》等，在片区示范、千进八百培训示范中获得好评。达老师三年级语文《和时间赛跑》，紧扣“落实润语文教育理念，分享教学经验，借鉴教学方法”的工作思路，探究语文学科教学中存在的问题和对策。陶老师执教的二年级语文《称赞》，向听课教师们展示了优质的课堂教学，课后说课、评课；与会教师畅所欲言，交流出自己的收获和体会，并就自己教育教学中存在的困惑和难题向名师现场求教，名师为听课教师解答疑惑，并对今后的课堂教学和课改工作提出了指导性意见。

2. 情境教育讲座和主题研讨活动

2017年年初，兰州市金城名师陈老师承担第十一片区“情境教育”试点启动培训，做了题为《走进灵动的情境教育》的专题讲座。讲座内容包含兰州市教育局开展“情境教育”试点工作概况、李吉林老师的“情境教育”成就、对于“情境教育”的基本认识。参与本次教研活动的有兰炼一小西校区、东校区全体语文教师，兰州市市属学校第十一片区各校、西固区区属小学部分教师共130余人。参与本次教研活动教师对“情境教育”有深入了解，为培养温润教师、构建乐学课堂提供理论支持。

工作室各组成员在领衔名师和组长带领下，能认真按照年初制订的“情境教育读书计划”开展《情境教育精要》《情境教学操作全手册》《激情萌发智慧——李吉林情境教育论文选》等书籍的同读活动。按照兰州市“情境教育”牵头校的统一安排，又先后安排阅读《情境课堂：儿童学习的第一现场》《情境视界：创造适合儿童的教育》《情境活动：儿童生命成长的沃野》《情境人家：流淌阳光的地方》《情境作文：雕刻童年的诗意时光》等书目，并开展了同读交流活动。

4月19日，领衔名师和工作室冀老师参与“走进帮扶学校，分享情境教育”皋兰县崖川小学送教送讲座活动。工作室成员冀老师通过图片和视频再现了泰国人民《与象共舞》的生动情境，将灵动的情境教学带进了崖川小学的语文课堂，给学生和老师们展示了一堂别具一格的语文课。领衔名师陈玉花从李吉林老师情境教育的成就和对情境教育的基本认识两方面向各位老师介绍了诗意的情境教育，并鼓励老师们研读《情境教育精要》《情境教学操作全手册》《激情萌发智慧——李吉林情境教育论文选》等教育著作，躬身实践情境教学。一次心与心的交流、一次思想与思想的碰撞，就是一次专业的学习和成长，此次帮扶与交流活动为崖川小学带去了诗意的情境教育，对教师和学生们来说是一次春风化雨的收获。

6月，在南通学习培训后，陈玉花小学语文名师工作室又组织了“情境体验　快乐写话”主题研讨活动，学校和第十一片区各学校近百名语文教师参加了活动。工作室成员张老师执教《学写留言条》，工作室成员周老师讲授了《我喜欢的小动物》。牛筱琼名师做了关于情境写话的主题讲座。她结合自己多年的教学经验，从情境教学理论出发，通过“优化全程情境，提高写话质量”“依托文本情境，开展写话训练”“精细设置情境，架设写话支架”三个方面给我们分享了她关于小学低段语文教学的认识与实践。西固区教育局教研室主任黄老师对此次情境教学研讨活动进行了总结。黄主任对此次活动进行了充分肯定，并对学校、片区情境教学试点工作和青年教师的快速成长提出了殷切希望。此次情境教学研讨活动，对学校和片区语文组教师提高写话教学水平起到了引领作用。

10月11日，兰州市“情境教育”试点情况调研市属学校第十一片区活动在兰化四校进行，调研活动中，工作室报送了陶老师二年级的一节语文情境教育展示课，并选派多位语文教师进行观摩学习。陶老师执教的《黄山奇石》，以丰富多彩的图片、视频，极具亲和力的语言，把孩子们带入黄山奇石的美丽世界中，积极阐述了“情境教育”的理念。

3. 联合承办兰州市第二十八期名师讲堂大型活动

2017年9月22日，按兰州市教育局统一安排，兰州市陈玉花名师工作室与兰炼一小其他4位金城名师、名班主任联合组织兰州市第二十八期名师讲堂大型活动。讲堂主题之一是“创新·融合·行知·慧人”乐学课堂建设，聘请省市名家彭霞老师现场专题讲座，分享教育思想。工作室聘请教研室教研员徐老师，反复磨课，核心成员赵老师展示《秋天的雨》优质示范课。工作室成员借助此次活动的引领，更加密切关注各学科核心素养的课堂教学转化问题，将朗润乐学课堂理念与课堂实践结合起来。

4. 赴新区实验小学二级工作室开展主题活动

2017年11月16日，陈玉花名师工作室赴新区实验小学送教，充分发挥名师工作室的示范、引领、辐射作用，促进与二级工作室之间的交流合作。教学观摩活动中，工作室新成员万老师执教《雾在哪里》一课，万老师充分运用情境教学理念，通过儿童化的语言，使整个课堂入情入境，孩子们在轻松的课堂氛围中增长了知识，增加了自信。核心成员范晓静等参与了评课发言。领衔名师陈老师做了主题为《创设童本情境学堂，修炼快乐有为老师》的讲座，讲座结合自己的教学思考和不久前的绍兴研修之旅，分享了关于如何做一名有为老师的看法，使各位老师受益匪浅。活动让教师们更加充分地关注全新的教育教学理念和先进的教育教学方法，对教师业务能力的提升起到了很好的帮扶作用，不仅加强了两校教师之间的经验交流，也实现了教师间的教学互助、共同成长。

2018年5月初，兰炼一小“金城名师”陈玉花名师工作室和“金城名班主任”倪小娟工作室联合，在兰州新区实验小学举行主题为“创设有效情境　构筑爱育课堂”的教学研讨暨兰州新区第五期“名师讲堂”活动。兰州新区教文体局领导，“金城名师”陈玉花名师工作室成员，“金城名班主任”倪小娟工作室成员，兰州新区实验小学校领导和教师，兰州新区三镇中心教研员、小学语文教师等130人参加了这次活动。兰炼一小“金城名师”陈玉花名师工作室成员马老师和兰州新区实验小学雷老师为我们展示了两节精彩的中年段说明文课例，他们创新设计，用良好的专业素养、有趣的情境活动，带领着学生学读说明文，抓要点、明写法。陈玉花老师对两位老师的教学进行了精准到位的点评，既有理论的支撑，又有实践的引领使听课的老师如沐春风获益匪浅，激发了更深层次的思考，获得了新的感悟。

5. 立足校本，辐射片区，反刍式教研课例展示和“六助”乐学课堂研讨

2016年，工作室领衔名师所在校成立教研共同体，针对选定的课例，集体备课，沉潜教研，循序渐进，点滴消化，细嚼慢咽，教研共同体反复磨课、洗课，同课同构异教，最终推出团队研究优秀课例，培养高素质的专业化教师队伍。2轮反刍式教研最终推出19节团队研究优秀课例全校展示，全校教师观课评教，并撰写反思论文。活动还邀请了市属学校第十一片区的100多名教师参与，获得好评。

反刍式教研活动，效益实现了最大化：首先，增强教师专业化发展的积极主动性，有主动与同伴合作，智慧分享，团队发展的意愿和行动，营造团队研究的学术氛围，构建高效学习型教师团队；其次，提升教师个人和团队的教材解读能力和教学设计能力，领悟《课程标准》，深度备课，关注学情、关注知识之间的联系、洞察核心知识，教学目标明确、有效突破重难点，在教什么和怎样教等方面全面整体规划和设计；再次，在课堂教学中，落实并改进“备助、自助、求助、互助、补助、续助”六环节，真正体现自主、合作、探究的理念，让高效乐学课堂快乐主宰、理智挑战、实质性参与、民主开放、激扬生命。

2017年11月，工作室与兰州市滕铭娟名校长工作室联合，开展“名师引领　以研促教”陈坪中心学校送教、送讲座活动。活动立足全面关注各所学校的实际需要、解决学校课堂教学中存在的突出问题，为教师们提供直观操作示范和相互学习交流的平台。“名师引领以研促教——金城名校长、名师滕铭娟工作室、兰州市陈玉花名师工作室、西固黄英名师工作室送教送讲座活动”以新理念、新课程和先进的教学方法为前提，重在引领、交流，贵在效果。工作室成员陶苹展示六年级语文整本书阅读指导课《小狼小狼》，获得好评。

2017年下半年，工作室牵头组织了兰炼一小总校校级学科带头人、骨干教师评选教学能力考核暨情境教育“六助”乐学课堂研讨课，成员马得艳等12名青年教师参加。12月初组织了兰炼一小“情境教育”乐学课堂交流，在语文二年级、三年级、四年级开展“同课异构”课堂教学研讨活动，共有万老师、周老师等14名青年教师参加。活动聘请了多名金城名师担任专业评委，深入贯彻新教育、情境教育理念，进一步推进学校情境教育试点工作，落实《兰州市开展“情境教育”试点工作实施方案》，深度创建了学校乐学课堂品牌，深化了学科教师对情境教育的认识，加强学校教师队伍建设，促进青年教师的教师专业化发展。

（三）与研课研学同步，加强工作室成员培养，成就有书卷气质的温润教师

1. 培养模式

近两年来，工作室践行“润语文”教育主张，成就温润教师，加强了团队内所有成员的分层阶梯式培养。

（1）专家扶名师。工作室聘请2—3位语文专家组成专家团，对工作室中的名师层面教师进行引领，与他们结成师徒对子，定期问诊课堂，对他们进行指导，使他们在教学实践中形成的专业知识和能力上升为独到的教育思想和教学风格，成为老师们普遍认可的语文教育教学名师。同时，工作室还组织这些名师成立“语文名师督导团”，一是对全校及区域内的语文课堂教学进行实践指导；二是定期向全校及区域内献课，发挥引领、示范作用。

（2）名师带骨干。针对学校及区域内的有潜力的语文青年骨干教师，采取“一对一，传帮带，推出去”的办法，安排工作室语文名师督导团的成员与他们结成帮扶对象，从课堂教学的点点滴滴入手，对他们进行帮扶点拨。鼓励他们参加各级各类语文教学比赛、课题研究、论文评选等活动，提升他们的综合能力，成为语文名师的后备军。

（3）骨干帮新秀。为了使新引进的语文教师尽快胜任教学工作，尽快成长起来，工作室对他们的要求是“一年达标，两年胜任，三年脱颖”，将深化三项活动：一是每月定期上交两篇钢笔字，两张简笔画，每学期参加学校举办的青年教师基本功“两字两画（话）一机”比赛和语文青年教师成长汇报课等展示活动。二是语文青年教师“每周听两课”活动，即听语文骨干教师的课或优秀录像课。三是接受语文名师督导团定期的课堂跟踪指导，并针对名师督导团提出的意见，认真填写反思记录，在反思中成长在反思中前进。定期将听课记录上交学校督导团，进行检查落实。

2. 培养途径与方式

（1）专题讲座：邀请学科专家做系列讲座，帮助工作室成员教师加强理论文化素养，拓宽学术视野，掌握知识更新的方法与手段，提高职业成熟度，增强学科学术研究和自我提高能力。

（2）读书分享：让读书成为教师专业生活的主旋律，给予我们新鲜的血液和前行的不竭动力。通过读书会、悦读沙龙、写读书笔记、开阔教育视野，丰厚文化底蕴。语文教师，努力成为悦读人。博览群书，培育书卷人文气质——真正热爱生活，痴迷语文，有一颗审美的敏感心灵，积极的生活态度，身、心、灵方面全人发展。阅读三类书籍。阅读专业理论书籍，追溯理论源头，学习先进教育教学理念；阅读中外经典文学名著，语文教学有底蕴；阅读儿童阅读的书，了解孩子的世界，保持童心，努力成为亲近母语的儿童阅读推广人。确定少而精的必读书目，每个成员必须在三年时间内读完30本相关书籍。做好读书笔记并定期在工作室网络平台发表读后感言，交流心得体会，以同伴互助的方式实现成员的共同成长。磨砺思维，提升专业素养和文化修养。

（3）课堂教学与研讨：以“教师实际课堂教学内容”为中心，以实现“润朗乐学课堂教学”为目的，内容包括课堂教学设计、课堂教学策略与方法、课堂教学评价等，帮助青年教师解决教育教学中的现实问题的同时，提升课堂教学水平，培养青年教师驾驭课堂的能力，形成自己的课堂教学风格。

（4）案例分析与设计：主要通过课程调研后的需求分析，针对片区语文教师共同关注的问题，寻求解决方法，总结经验、巩固学习成果，把所学的理论与实际相结合，并根据课改中的难点、热点问题和自己的需求，确定研究方向，进行课程案例分析与设计。

（5）经验交流与分享：通过分组、“一对一”研讨，为片区内语文教师和专家工作室成员提供互动的平台，让片区内语文教师贡献自己的教学经验，共同分享大家的教学成果。充分利用骨干教师、名特优教师自身的重要资源，通过自我反思，互相学习，分享同行经验，实现共同提高。

（6）教学实践与观摩：组织片区内语文教师到区域内名校、“手拉手”联盟学校进行教学观摩与考察，以小学课堂教学案例作为交流与研讨的平台，通过听课、说课和评课等教学观摩与实践，片区内语文教师之间相互研讨和交流，在学科专家的引领下，使他们进一步掌握课堂教学的有效策略与方法。同时加强理论指导、突出教学实践地位，为他们形成自己独特的教学风格和教学特色打好基础。

3. 特色活动

（1）名师专题讲座。

2016年3月，工作室领衔名师陈玉花为全体语文教师进行了专题讲座《“部编本”语文教材编写理念、特色与使用建议》。10月，领衔名师赴江苏南通参加兰州市名师工作室高端研修班，学习后与工作室成员分享《聚焦课博，走进南通深度学习的好课堂》。11月，领衔名师赴江苏苏州参加兰州市“三名人才”苏州高端研修班，主题为“核心素养与‘三名人才’工作室建设”，汇报收获《聚焦学科核心素养 问道苏派教育名家》。

2017年11月，领衔名师带领工作室全体成员深入学习《中国学生发展核心素养》，充分利用兰州市“情境教育”试点校的研训平台，探究这些国家层面的核心素养如何落地生根，在语文课堂实现教学转化：教师应把时间、教学重点放在哪里？课堂教学还要如何设计，让学生经历学习的过程呢？语文课堂该怎样构筑让学生有存在感的学习氛围与情境——优化课程资源和建构课堂文化。

2018年年初，陈玉花老师做了题为《儿童诗群文阅读的一点思考》的主题讲座。讲座中，陈老师就“群文阅读的界定”“为什么要进行群文阅读？”“群文阅读教学中所涵盖的几个概念”及近年来“儿童文学阅读的推广”“儿童诗巨大的教育价值”等问题，结合自己的教学实践给老师们做了生动的分享，讲座最后，陈老师就所阐述的观点，提出了自己的几点思考，她建议老师们做阅读型教师，做研究型教师，不人云亦云，她倡导老师们结合自身的经验，结合自己的学生，结合教材和教学实际，形成自己的教学思想。

（2）以赛代训。

2017年4月，工作室牵头，先后组织了兰炼一小总校第六届“青华杯”课堂教学比武初赛、复赛和第一届教学新秀选拔赛活动，共用时六周。初赛，一校三区共有58位青年教师参加，课程涉及语文、数学、英语、音乐、体育、美术、科学等学科。之后各组推荐的25节优质课进行了分校区的复赛展示，由兰炼一小总校十多位评委，先后去一校三区现场观课，观课后组织扎扎实实的接地气的面对面评课，7位学科名师更是给出了可行性的教学指导意见和建议。有12位青年教师进入兰炼一小总校第一届教学新秀选拔赛最终角逐。5月，工作室再次周密组织了兰炼一小校庆60周年“情境教育”课堂教学展示暨兰炼一小总校第一届教学新秀选拔赛。12位优秀青年教师参赛，认真研读课标，钻研教材，精心备课，他们的课堂，渗透学校“乐问善思”乐学课堂文化，重视学习指导，力求体现“情境教育”理念。各名师工作室牵头，组建了阵容强大的评委团队，由专家评委、专业评委、特邀评委、大众评委4个梯队组成。专家评委精准到位的评课，让青年教师和听课教师获益匪浅。专家一致肯定：学校以情境教学研讨课为抓手，深化学科研究，促进了青年教师专业化发展。比赛充分展示了学校青年教师课堂教学的良好风貌。

（3）寓教于美——书法教育专题培训活动。

2017年5月，兰州市陈玉花小学语文名师工作室举办“弘扬书法文化　潜心习字立人”书法教育专题培训活动。活动邀请甘肃省教育厅基础教育课程教材中心教材室主任、甘肃省教育学会教育专业委员会秘书长田老师进行了“墨香书韵之临帖要义”的主题讲座，并进行了教师软笔书法现场书写指导。培训使老师们对书法教学有了更加清晰的认识：中国书法最鲜明地体现了中国文化的精神，书法教学是语文学科教学和艺术教学的重要组成部分，是贯彻国家素质教育，培育学生核心素养的有力抓手。通过讲座以及专家的现场指导，老师们受益匪浅。此次活动对培养师生对祖国语言文字的热爱之情，陶冶师生艺术情操有十分重要的意义，将做人正直、精益求精、宁静致远、淡泊明志等心理素质内化，将博大精深、包罗万象的书法文化内化，此次书法培训学习不仅拓展了受训教师的书法知识，也对传承民族的文化艺术，对今后在学校进一步开展书法教育活动具有十分重要的意义。

（四）一年后，对3个实验班学生再次进行语文学习现状问卷调查及发展分析

2018年4月，课题组再一次对《润语文主张下的朗润乐学课堂建构的研究》进行了实验后测问卷调查，课题组研讨并设计发放了《小学语文乐学课堂学习情况调查问卷》，我们对3个实验班低段倪小娟老师的二年级（1）班、中段陈玉花老师的四年级（3）班、高段陶苹老师的六年级（4）班进行问卷调查。

《小学语文乐学课堂学习情况调查问卷》调查了实验班小学生语文课堂阅

读现状，特别是在课堂朗读、诵读语言实践中对语言文字美的感受能力、理解能力、评价能力、表达能力的发展状况的反馈。课题组对二年级（1）班、四年级（3）班、六年级（4）班学生做了无记名问卷调查，共下发问卷90份，每班30份、回收有效问卷90份。我们依旧对问卷进行了整理和汇总，分别对问卷中所有题目的相同答案的作了分班统计，结果汇总分析。

调查初步表明，学生的阅读审美倾向慢慢趋于稳定，逐渐有了自主、自觉、自知、自赏、自析的能力。阅读中积极的情感体验逐渐深刻，大部分学生对语文学习的兴趣逐渐浓厚，语感和语文综合素养的发展水平逐渐提高且正在形成螺旋上升趋势。这一系列过程及结果显示在润语文主张下的朗润乐学课堂建构的研究已成形，使学生在乐学的课堂中、在快乐的氛围中接受语言文字的浸润的主张与思考已达到了预计的良好效果。

在后测问卷的最后，课题组设计了这样一道问题：乐学课堂中，你有语文学习的秘籍吗？把你的有效方法、学习心得等写下来与大家分享。我们也将同学们分享的好方法、学习心得进行了汇总，具体内容如下：

低段：

（1）对于不会写的生字经常复习和巩固。

（2）多背古诗，积累好词好句。

（3）提前预习，课后复习。

（4）培养好的学习习惯，多读书，多摘抄，多思考。

（5）上课认真听讲。

（6）运用多种方法记忆生字。

（7）多做与学习内容相关的游戏。

（8）多读课外书。

中段：

（1）上课认真听讲，积极回答问题，有问题及时问老师。

（2）多读课外书，积累好词好句。

（3）做好课前预习和课后复习工作，养成好习惯。

（4）认真完成作业。

（5）经常写一些小作文或者小练笔。

（6）重点知识加强复习。

（7）多带学生参加实践活动。

（8）课文要读通，读懂，多思考。

高段：

（1）教学要让学生身临其境，体会文章中作者的感情，了解文章内容。

（2）多读课外读物，积累好词好句，有错及时纠正。

（3）上课积极发言，敢于表达自己的想法。

（4）老师应该多创设情境，多留给学生思考的时间，给学生展示自己的机会。

（5）师生互动，做一些和课文内容相关的小游戏或小比赛，课堂需要适量的放松。

（6）读课文要大声，提高自己的表达能力，上课认真听讲，课后认真复习，按时完成作业。

（7）预习要充分，和同学分享学习方法，每天坚持写日记和练字。

（8）经常朗诵诗文、美文，多思考、多动笔、多交流。

（9）相对难一点的问题需要老师的引导。

从低中高三个不同年段学生分享的语文学习的方法及心得来看，学生们爱学习语文、会学习语文了，学习好方法种类多、应用广，学生们的学习也趋向于活泛，不再拘泥于课堂中，自识由课堂向实践运用转变，由低到高方法与思考逐渐深化，方法与运用逐渐全面，这正是润语文主张下的朗润乐学课堂所向往达到的结果。

（五）总结朗润乐学课堂建构的成功经验，进一步完善润语文主张思想内涵

1. 低段朗润乐学课堂阅读教学基本理念和模式

（1）以童为本，寓美蕴情。

好的朗读可以激发学生的阅读兴趣，提高学生的表达能力，增进师生交流，启迪学生思维。然而，现在语文教学的实际情况却不尽如人意：教师上课为了赶进度，以析代读，学生忙于听、记，结果，教师讲得多了，学生读得少了。在实际教学中，如何正确认识朗读教学呢？怎样才能提高学生尤其是低年级孩子的朗读水平呢？低年级学生对达到正确、流利地朗读课文这个目的难度并不高，但要读出课文中的感情就不是件很容易的事了。

因此，要引导学生去感受，让他们进入“角色”，获得自己的情感体验。

低年级学生善于形象思维，利用挂图、插图、多媒体课件或联系感性经验，使课文的图景、情节在头脑中映现出来，能很好地激发情感。我们可以具体从以下几个方面来着手：

① 利用图画来激发学生对课文的理解。

低年级学生的思维以直观形象思维为主。对抽象文字的理解，需要以直观形象来辅助。比如在教学《美丽的丹顶鹤》一课时，教师便可以给学生出示各种姿态的丹顶鹤的图片，结合图片这种直观的方式帮助学生更好地认识丹顶鹤这种动物，理解课文中对丹顶鹤的描写，通过形象生动的图片让学生进一步认识美丽可爱的丹顶鹤，产生对丹顶鹤喜爱的感情，以读出、悟出课文中的感情。

② 充分利用多媒体课件激发学生的感情。

现代化的信息技术手段对促进学生理解课文以朗读出课文中的感情有很大的帮助。比如《云房子》这篇课文是一篇描写雨后天晴时天空美丽景色的文章。在教学时可以结合课文让孩子欣赏与课文内容相关的动画课件，让孩子直观地看到美丽的“云房子”是什么样的，从而可以有感情地去朗读这篇课文。

③ 结合表演形式，以演促读。

我在教学中发现小学生好动、爱表演，在表演时能全身心投入，这时他们的想象力最丰富，对课文内容和所表达的感情能用心体会。因此，边演边读，就成了低年级学生喜闻乐见的好方法。比如在教学《小鹰学飞》这篇课文时，教师便可引导学生去扮演老鹰及小鹰，结合课文加上自己的动作，边演边读，以演促读，还可为孩子佩戴老鹰、小鹰的相关头饰，孩子会在表演中对朗读产生浓厚的兴趣。

（2）乐问善思，感悟体验。

① 整体感知，自由式朗读。

有了好的读书习惯才能更好地进一步指导朗读，根据学生认知规律，阅读教学一般要按照由整体到部分再到整体的顺序。因此，阅读教学的第一个层次是整体感知。根据学生对新知识特别感兴趣的特点，我在教学新课揭题的时候，常引导学生提出一些问题，激发他们饶有兴趣地去朗读课文。如《可爱的西沙群岛》一课，我板书课题后，就引导学生提问题。学生看到题目跃跃欲试，提出了这样的问题：课文介绍了西沙群岛的哪些景物？为什么说是“可爱的西沙群岛”呢？我把握时机布置学生按以下要求自由朗读课文：①借助拼音读准字音，遇到难读的词语、句子多读几遍；②一边读，一边思考前面的问题；③标出自然段，画出文中的生字词。学生按要求进行自由朗读，既有对生字新词的感知，又有对课文内容的初步了解。长期的训练，学生就会从不知不觉中形成从整体上着手，一边读一边想、一边读一边画的良好阅读习惯。

② 抓住重点，理解性朗读。

辩证唯物主义认为，任何一种事物都有关键之处。处理问题既要照顾全面，又要抓住重点，阅读也是如此。语文教材中收集的课文都是文质兼美的优秀篇目，是一个个饱含知识的载体。要让学生在课堂上把这些知识全部消化、吸收，是不符合学习规律的。因此，应该大力提倡一课一得。要让学生每节课真正有一点实在的收获，哪怕是一个词语，一句话的含义，一段课文的背诵，或者一种好的学习方法，都应该抓住阅读的重点，启发学生进行理解性朗读。

③ 启发读准语气。

低年级课文中有许多生动有趣的小故事，这些小故事中一般有人物的对话及人物的心理叙述。这些对话和叙述能够很好地体现人物的特点，这就是课文的重点。如在《找不到快乐的波斯猫》一文中，波斯猫向燕子、青蛙、蜜蜂请教快乐是什么滋味，从而出现了一系列的对话。在教学中，为了让学生们更好地朗读波斯猫和燕子、蜜蜂、青蛙的对话，我是这样引导的：第三自然段中“有什么”表现了波斯猫瞧不起燕子造的窝，要用轻视的语气读，“天天”“软绵绵”要重音强调，显示出它生活舒适和优越的自满和得意。第六自然段中的感叹号，要用轻蔑的语气读。第九自然段的“哼”语音低沉、短促，表示波斯猫的蔑视心理：指导读两个反问句要表现出对青蛙答话的不满。第十自然段波斯猫的话要读出失望的语气。燕子、蜜蜂、青蛙的答话用轻快、平静又带有自豪的语气读。第二自然段中“一口一口”速度稍慢，“很”读得重些，表达出劳动的喜悦。第五自然段中的“特别”读得略重些。第八自然段青蛙的话要用肯定的语气读，表达出心中的自豪和喜悦。在教师的引导下，学生慢慢地进入角色，细细地品味、分析课文中每一个动物的话，读准语气，增强文章的趣味性。

④ 启发读好重音。

在阅读教学中要启发学生读好重音，准确地理解句义，如《回自己的祖国去》一课中，华罗庚得知中国解放了，从外面兴冲冲地走进家门时“疾步”“冲”“喊”道出了他获知喜讯后激动万分、兴奋不已的心情，因此这三个词语音要读得重些。体会华罗庚的急切和兴奋。引导学生读好重音的词语，以把握重音为契机，启发学生在朗读中自学地理解句子的含义，从而实现自能读书，不待师讲的目标。

⑤启发把握语速与语调。

语速的快慢、语调的抑扬顿挫直接影响着感情的表达，学生能用合适的语速语调朗读课文，意味着他们对课文的理解有了一定的深度。一般来说，高兴激动时用高昂的语调，悲伤难过时用低沉的语调，突发情况、激烈的场面语速快一些，自然的叙述语速平缓一些，有时还需要交叉运用，如《小熊和小鹿》中，小熊因为答应了和小鹿一起去种树，不管妈妈怎样劝说，小熊还是坚定地说：“不行，我答应过在家等他的。”我引导学生先从小熊的角度去体会，读出坚定的语气来。小熊左等右等还是没见到小鹿，于是失望极了，这时要让学生体会被人失信而失望的心情，结合生活实际，再进行朗读。这样教学以朗读作为理解体会的主要手段，让学生在琅琅的读书声中自己辨别领悟，真正应验了“书读百遍，其义自见”的古今共识。

低年级学生刚开始练习朗读时，常用的方式是指读，即用手指指着课文，然后逐字逐句读出所指。但我发现有些学生在指读时，手指不是点在字的下面，而是点在了字的旁边，这样在朗读时，会影响学生读课文的速度和正确性。于是老师应及时加以纠正，传授正确的指读方法，即小手要点在字的下面，并且眼睛要跟着小手“走”，只有做到心到、眼到、手到，才能做到口到，时刻记住“手指书、眼睛看、嘴巴读”。只要方法得当，渐渐地，孩子们便会养成了字字过目练朗读的良好习惯，识字的效益大大提高。这样，学生读课文时的障碍也逐步减少，朗读的速度也开始渐渐加快。

（3）加强语文核心素养训练，从教读到自读到课外阅读。

课外是课堂朗读指导的有效补充，更是朗读指导的最终目标所在。正如叶圣陶先生说：“课文无非是个例子。”所以，提高学生的朗读能力，不能仅仅囿于教材。何况，我们的教学对象——小学生往往喜欢接受新的东西。教师为练习朗读，整天布置学生读课文n次，长此以往，这样的朗读训练只会令朗读变得机械化。因此，我们不妨引领学生拓展朗读适合学生年龄的特点的课外美文。

朗读是语文教师的一项重要的基本功，范读是对语文教师普通话水平、语言文字功底和对文本再创造能力的综合检验。教师的每一次范读，都是一次提高朗读水平的好机会。放弃这个机会，对学生来说是一种冷漠，对自身来说是一种损失。教师要牢牢抓住指导学生朗读的最佳时机，即兴范读。要把所有的朗读要求融于声情并茂的、绘声绘色的朗读之中，用自身的情感感染学生，从而使学生和老师一起对朗读的内容产生共鸣。这种感染作用是播放录音无法代替的。模仿是孩子的天性。要培养学生较高的朗读能力，必须经过教师的长期范读和指点。

叶圣陶先生说过："语文课以读书为目的，教师若引导学生善于读，则功莫大焉。"我们应该有计划、有目标地帮助学生进行朗读训练，给他们创造爱学习、会读书、乐读书的良好氛围。

① 在课堂上充分朗读。一位教学专家在谈到朗读时指出："讲解是死的，如同进行解剖；朗读是活的，如同给作品以生命。"课堂教学就应该书声琅琅，教师要根据低年级小学生的情况和教材特点安排充分的朗读时间。要留够时间让学生试读、练读、赛读，读出感觉，读出味道，读出情趣；要留读后评议的时间，通过评议，提高学生朗读质量。

② 在各种活动中朗读。利用学校和班级开展的各项活动，能很好地调动孩子们训练朗读的热情。比如在"诵读经典"活动中，许多经典诗文在孩子们朗朗上口的朗读中熟读成诵，既训练了他们的诵读能力，又让他们在读、诵中明辨事理。另外，讲故事比赛、演讲比赛等也是促进学生快速提高诵读能力的一个途径。

③ 在课外拓展中朗读。小学低年级的语文教材故事性强、趣味性强、知识性强。教师可让孩子在课后将当天所学的课文读给或讲给家长、朋友等听。在读或讲的过程中锻炼孩子的语感。另外，我向学生家长提出跟孩子一起阅读的希望。家长和孩子一起阅读较长的时间后，孩子们明显会读书、爱读书了。

朗读，就是语感的基本训练。俗话说："书读百遍，其义自见。""朗读"是阅读教学中最为基本的方式，也是小学低年级语文教学中的重点，因为朗读既可以规范学生的口语，又可以增强学生的语感，加深学生对课文内容的理解，还有助于发展学生的语言和思维。朗读是小学语文教学的重要任务，它直接关系到学生识字写字、写作、口头交际等各方面能力的提高。

2. 中段朗润乐学课堂阅读教学基本理念和模式

（1）对课内外阅读欣赏的材料和时间进行科学开发利用。

① 精选多元阅读欣赏的材料。

课本资源：开发与利用课文的阅读欣赏资源。中国是一个有着五千年文明史的诗文古国，根据中段小学生的年龄特点，摘选灿烂文化中的精华，让学生获得文学情感的陶冶和审美情趣的熏陶，并为学生完美的人格塑造打下扎实的基础。课外资源：开发与利用一切有利学生身心发展的，有利于学生提高文学素养的课外资源。

② 合理安排课外多元阅读欣赏的时间。

通过初步调查，学生课外阅读的时间一般安排在晚上，而一个学期，课外阅读时间一般集中在节假日和寒暑假。为了使学生在日积月累、细水长流中获取语文的素养，我们对下面三个时间概念在多元阅读欣赏中的更好利用，做深入研究：①必读时间；②半自由时间；③自由支配时间。

（2）提供阅读主题，学生自主开发，制订明确而可行的阅读计划。

学生是爱读书的，却有很多因素影响了孩子的读书质量：一是缺乏正确的导向；二是家庭藏书层次不高，父母购书行为不理想，可读的书少；三是学生的阅读习惯尚未养成，阅读方法单一，主动阅读，利用现有资源的能力不足。要满足学生的读书愿望，提高阅读能力，急需解决的是老师提供阅读主题，并组织学生寻找阅读资源，丰富个人藏书，建立班级书架，营造浓郁的读书氛围，再由老师给予正确的指导，将阅读资源共享。开设阅读欣赏课，教给正确的阅读欣赏方法，开展有效的读书活动。

例如，在学习了《秋天的怀念》一文后，教师提供的阅读主题是“人间真情”，学生据此收集有关的文章、书籍、古诗文等。老师再将学生开发的资源进行二次整理，将具有可读性，适合孩子们的篇目推荐给学生。有了可供选择的读物参考目录，学生就有了读书的方向。

要具体落实到每个人的阅读行动中，还得制订明确而可行的阅读计划。分班级计划、小组计划、个人计划三个维度。班级计划包括三个部分，一是阅读总目标。每人每学期要求认真读完三本完整的推荐书目，背诵20首古诗，15首儿童诗或宋词，优秀散文20篇（段），了解、理解50个成语故事，并能尝试运用。二是阅读内容要求。A层（基础层）学生，一年内须精读推荐的三本书，另外再选读两本书；B层（发展层）学生，除精读推荐的三本书外，还要再选读三本书；C层（优秀层）学生，精读六本，选读书目五本以上。三是常规阅读作业要求。每日作业：成语故事一个，阅读摘记一则，读报10分钟，背诵文质兼美的句段（随个人的能力选背，旨在养成每天背一背的习惯）。每周作业：理解并记住一句格言警句，背诵1—2首儿童诗或宋词，背诵2首古诗。每月作业：专题手抄小报一张，读书心得一篇。每学期作业：一本作文集，一本读书剪贴本或读书笔记本。

小组计划指的是课外阅读兴趣小组的读书计划，主要从阅读内容、阅读数量、共同阅读时间、读书笔记形式要求、阅读活动安排等几方面以表格形式制定，要体现可行性。

个人阅读计划根据班级总计划与各自的基础、兴趣来制订，体现个性化。包括每月的读书内容与读书量，每天的读书时间，采用的读书方法，背诵要求与内容，以及请谁监督等几方面内容。

（3）传授阅读欣赏方法，强调自主领悟。

为了帮助学生尽快掌握阅读欣赏的方法，达到学生自主领悟的目的，我们开设了读书方法指导课、读书笔记辅导课、读物推荐课、阅读欣赏课、读书交流课。

①读书方法指导课。主要是对学生阅读方法的指导。

指导内容包括：引导学生合理使用工具书及如何搜集信息、处理信息；讲授精读、略读、浏览、速读四种常用的阅读方法；指导学生边读边思考，提高理解能力、评价人物和事件的能力及想象创新的能力等；教给学生运用“意群注视法”，提高阅读速度；培养学生“不动笔墨不读书”的习惯等。根据学生的阅读实际，我们将重点放在常用阅读方法的指导上。第一，精读。对名著名篇等文质兼美的文章需要静心细读，体会立意构思，揣摩布局谋篇，欣赏妙词佳句，力求将书中的精华变为自己的知识营养。第二，速读、略读或浏览。我们不可能对每本课外阅读书做详细的指导，因为学生的课外阅读，不仅要求有一定的质量，培养认真读书的习惯，还要求尽量多读一些，开阔眼界。因而对浅显易懂或阅读价值不高的书刊可以按照“速读—寻找知识点—摘记”的程序进行速读、略读或浏览。第三，诵读。对优秀诗词、精品美文等诵读的指导，强调注意通过诗文的声调、节奏等体会作品的内容和情感。

② 读书笔记辅导课。

主要向学生介绍摘抄型、提纲型、感想型、评价型四种读书笔记的写法。具体操作分三步。第一步，读书笔记的准备。要求每个学生准备三个本子：一为“采蜜集”，用于每日的摘评；二为“言论集”，用于每月的书评；三为“童真诗集”，用于收集自己喜欢的诗歌、仿写的诗歌、创作的诗歌等。第二步，结合实例，明确要求，了解方法。结合阅读材料及阅读实践，通过学生之间、教师之间的共同探讨，明确读书笔记的几种方法及操作要求。一为摘评，摘抄佳词妙句、优美诗文、格言警句、自然人文知识等，运用各种读书符号进行批注，根据自己的阅读体会自由点评；二为列提纲，写出文章的要点、框架或故事梗概，便于培养学生的逻辑思维能力；三为写读后感，没有统一要求，形式自由灵活，长短不限，可围绕一句话抒发感想，可根据一点内容畅谈想法等；四为写书评，评价书中人物，评价书中事件，要有较鲜明的观点。第三步，分层操作，逐步实施，落实到位。指导学生学写读书笔记可分三个层次进行：第一层次为学写摘评，力求形成自己独特的风格；第二层次为学会列提纲、写读后感，摘记要点等；第三层次为学会写书评，改编剧本，重在培养创造性阅读的精神。对不同层次的学生提出不同的读书要求。

③ 读物推荐课。

阅读是一项体现个性和人格的活动，而读物的选择是个性的表现。只有让孩子选择自己感兴趣的读物，他们才能深入理解读物内容，受到读物的感染，从而亲近和热爱母语。但是小学生年龄小，阅历浅，选择读物时往往带有盲目性、随意性，这样就不能提高阅读的质量。因此，上好读物推荐课，对诱发孩子的阅读欲望，让孩子亲近母语资源至关重要。课外阅读课上，我们通过讲解主要内容，或朗诵精彩片段，或通过讲故事等各种形式向学生推荐读物。课外，提倡学生之间、小组之间互相介绍自己喜爱的文章、书籍。

④ 阅读欣赏课。

主要是引导学生欣赏阅读材料，通过配乐朗诵、表演等各种方式，促使孩子在理解的基础上对文章进行鉴赏，受到美的熏陶和感染，积累语言材料。每月举行一次，每次都有一个主题。比如“人与自然”“名人足迹”“经典童话”等等。

⑤读书交流课。

阅读的交流就是学生阅读情况的反馈，将学生的阅读活动通过一系列“讲”“写”“演”等实践活动展现出来。它们是有效阅读的保证，是深化阅读活动、促使阅读出成效的重要途径，既可以避免课外阅读的“浪费”，又引导着阅读的方向。良好的阅读交流实践能让学生体会到阅读的情趣，体验到阅读努力后成功的喜悦，浓厚学生阅读的兴趣，以更高的热情投入新一轮的阅读中去。而且学生的阅读交流实践，还是语言文字的应用与实践，能促使学生加深对语言的体验及感悟。“方向性”“丰富多样性”“正面表扬为主”“全面反馈性”是阅读交流实践的原则。

第一，读与听说相结合：这里的“听说”不是指语文课堂教学中的听说训练，而是指学生将阅读欣赏的内容讲给同学或听同学介绍他的收获。每天课前都抽五分钟，由学生介绍、评点图书，或是内容简介，或是阅读的感受，既要精彩生动，又要点到即止，使听的同学欲罢不能，大大激起了大家阅读的兴趣。“听说”还包括对阅读内容的复述。要求学生将每天阅读的内容讲给他人听，或父母，或同学，以保证读有所得。同时，在这样的交流中，还便于学生相互学习，指出不足，以改进自己的阅读。

第二，读与议讲相结合：“议”指针对阅读的内容开展讨论，有时是专题讨论，有时是自由议论。如读了《窗边的小豆豆》一书后，就进行了一次“我看小豆豆”的专题讨论，大家纷纷发表看法，既交流了阅读的感受，又交流了各人的阅读方法，还使大家加深了对所读内容的了解。自由议论就是每天午间休息时，让学生自由评书、议论书，可以是书的内容，也可以是书的写法。有时，一个同学看了某本书后一个独特的见解，又会引起大家再读的高潮，使读书活动精彩纷呈。“讲”是指举办演讲活动、讲故事活动，或根据具体情况而定，或每月一次，既训练口才，又积累知识，还是一种自我思想教育，颇能活跃读书气氛。

第三，读与诵相结合：（配古诗接龙大赛视频、美文诵读大赛视频）“诵”可以是朗诵，也可以是背诵。学生选择合适的诗歌、寓言、经典的美文或所读书中的一些佳句、段落，每月用一节课的时间，让学生或有表情朗读，或背诵，来体验规范的语言，感受语言的魅力，丰富学生的语言积累，提高朗读水平。

第四，读与写相结合：在教室里设立一块“书海泛舟”的墙报，让学生通过书面语言表现自己的读书情况。分这样几个栏目。A. 荐书评书：介绍自己认为好的书报（文章），评点书籍；B. 读书快讯：读书信息，读书方法交流；C. 读书心得：刊出学生的读书笔记、读后感；D. 作家（作品）简介，介绍自己喜欢的作家（作品）。这样既能锻炼学生的写作能力，又能激励学生更好地阅读。

第五，读与编相结合：（配手抄报图）这里的“编”主要是编手抄报，规定学生至少每月出一张手抄报，介绍自己的读书情况，并定期进行优秀小报评比。这个活动，颇受学生欢迎。一些阅读较好的同学，怕读书不多的同学影响自己一组成绩，甚至带着、“逼”着他们阅读，学生间合作互助的氛围浓厚，使读书不仅是一种知识积累，也成了一种精神熏陶。

第六，读与想象相结合。在课外阅读中，教师或学生将书中某部分的内容讲出来，引导大家想象下面会怎样，先设想几个结果，再阅读看看书中的结果，它能极大引起学生阅读的兴趣，同时又培养了学生的想象力、创新力。

（4）初步建构起多元阅读欣赏的指导评价机制。

① 阅读指导机制。

教师的指导，重点在课内，延伸到课外。使多元阅读欣赏逐步形成课内拓展到课外，课外补充到课内的良性循环流。

② 信息反馈机制。

设计每月一次的信息反馈表，及时了解学生课内外的阅读情况。

③ 激励评价机制。

为了鼓励学生阅读欣赏的积极性，我们研究探讨建立以下机制：积分制；成绩评定制；荣誉奖励制。

3. 高段朗润乐学课堂阅读教学基本理念和模式

语文课程是一门综合性、实践性课程，高年段学生已经具备了较强的阅读能力、学习能力，要设计好高年段学生的学习活动，让学生在语文课堂中学会倾听，学会规范陈述，学会有意义的阅读，学会规范的、有创意的写作，提升思想，内化情感。高年段努力建构“教读—自读—课外阅读”三位一体的开放阅读课堂。鼓励开展猜读、比较阅读、读整本书、大单元主题阅读、群文阅读等。

（1）转变教育理念，教师变“主讲”为“主导”。

《义务教育语文课程标准（2011年版）》全面实施后，强调学生是语文学习的主体，教师是学习活动的组织者和引导者。引导学生学会学习，课外自主完成学习任务。遵循语文学习规律、注重学习方法的掌握，学习习惯的养成、引导积累和感悟、探究实践，打通语文学习与生活的联系，学会在生活中自主学习，达到自主发展的目的。以学生为本，突出语文素养。学生的语言与思维、阅读与鉴赏、策略与方法、表达与交流以及文化传承等，都不是老师讲讲就能完全把握了，老师要转变教育理念，引导学生自己去积累、整合、反思、探究、品味。

（2）改变教读方法，变“教本”为“范本”。

教读课文的阅读教学设计重点就要放在如何引导学生通过单篇课文的学习，学会阅读同类文章或是整部作品，也就是说教读课文不再仅仅是“教本”了，它还是“范本”。

① 重在设计阅读方法，不同的文体阅读方法也不同。

教师在进行教学设计时就不能只着眼于单篇文章的阅读了，而要着眼于这一类文章的阅读方法的讲解与引导。初中阶段的文章体裁大致有记叙文、说明文、议论文、应用文。以记叙文为例：记叙文是一种按照一定的时间顺序记叙事件发生过程的文章形式，它的“六要素”是时间、地点、人物、事件的起因、经过、结果，它又可分为记人的记叙文，记事的记叙文等。以记人为主的记叙文，它着重刻画人物性格，通过典型的人物形象来表现主题。阅读这类文章，主要设计一些复述类的问题：这个人在什么时间什么地点做了什么事，过程如何，最后的结局怎样，人物的性格特征如何，作者的写作意图是什么。

② 重在激发阅读兴趣。

在掌握了某类文体的阅读方法后学生并不去阅读，这可能就是兴趣问题了。孔子曾说：“知之者不如好之者，好之者不如乐之者。”兴趣是阅读最好的老师。应用较多效果又不错地激发学生阅读兴趣的方法有“故事法”“悬念法”“类比法”“激将法”“比赛法”等。“故事法”就是向学生介绍古人酷爱读书的典故，如“悬梁刺股、凿壁借光、闻鸡起舞、韦编三绝、囊萤夜读、孙康映雪、程门立雪”等，讲到关键处还可采用“悬念法”，故意停顿不讲，启发学生自己去找资料看结局。

③重在创新评价机制。

人人都需要得到他人的肯定与认同，需要成就感的支撑。学生尤其如此。教师在进行教学设计时要创新对学生的评价机制，再不能简单地说“你真棒”“你很优秀”，而要有让学生实实在在感觉到成就的评价机制出现。如某校实行的“星卡评价”机制就收到了很好的效果。当学生在课堂上或是课外阅读中表现优异，可得一张积分卡；当积分卡攒到10张时，可评为“一星少年”，以此类推，直至“五星少年”。在这种评价机制中抓住了学生的好胜心，促使他们不断向前，争当“五星少年”。

（3）转换阅读空间，课内课外相辅相成。

语文学科的大容量性要求我们的阅读空间不能只放在课堂上、教材中，而应是课内课外相辅相成，以课内阅读为主，拓展延伸到课外，增加学生的阅读量。开放式阅读学习让学生感受合作、探究的乐趣。它让语文教学从封闭走向开放，语文教学向课外阅读开放，通过学校的图书室、班级的图书角和学生个人的藏书，不断增加学生的阅读量、信息量，丰富学生的知识积累；语文教学向其他学科开放，与其他学科的教学联系起来，既有利于落实“乐学”的思想理念，又能将各学科中的“读一读”“议一议”“说一说”，作为进行语言文字训练的有效环节，成为语文学习的延伸；语文教学向课外活动开放，让课外语文实践活动把学生的语文学习变得丰富多彩，并从各种角度开发学生的语文能力；语文教学向社会生活开放，把学生的目光由课堂引向社会，让学生关注前进的时代、沸腾的生活、复杂的社会，在现实生活中寻找语文学习的源头活水。

陶行知先生说：“解放头脑，让学生能想；解放眼睛，让学生能看；解放双手，让学生能干；解放嘴，让学生能谈；解放空间，让学生能接触自然；解放时间，让学生能学自己想学的东西。”若在新教材的阅读教学中我们做到了这六大解放，也算是初步掌握了新教材“三位一体”的阅读教学方略了。

（4）聚焦“整本书阅读教学”要解决的核心问题。

解决问题的重点在于把课堂上获得的语言知识转化为学生的学习，让学生自觉运用已经获得的知识来思考问题；需要引领学生逐步地形成和提升思维能力；带领学生探索阅读作品的基本路径和思想方法；帮助学生形成文学感觉，感受文学语言；逐步形成审美意识、情趣和能力。当下语文教学最大的问题是学生读书少，除了课本、教辅很少读课外书。阅读是运用语言文字获取信息、认识世界、发展思维、获得审美体验的重要途径。即将在上海使用的语文统编教材的阅读部分，以各单元课文的学习为主，辅之以课外篇目推荐、名著导读和课外古诗词诵读，共同构建"教读—自读—课外阅读"三位一体的阅读教学体系，以更好地贯彻课程标准提出的"多读书，读好书，好读书，读整本的书"的倡议。如高段名著阅读指导，关注学习经历，提升语言素养。教师要引导学生思考阅读小说时先关注的核心问题，再梳理人物关系，勾画人物的命运轨迹，进一步探究小说的主旨。深入浅出地带领学生阅读，层层解读小说的内在价值。

（5）由传统的单篇阅读转变为真正超越发展的群文阅读。

由于长期守护着传统的单篇阅读教学，按着惯性前行，形成了既定的阅读教学规矩，这种规矩的限定使阅读教学进入某一轨道，并在这条路上越走越远。工作室成员努力实践群文阅读，实现真正的超越发展。

① 树立群文阅读新理念。

实验班教师基于"全阅读"教育理念下开展群文课堂教学实践，帮助教师形成了有利于学生阅读发展的阅读教学理念：把学生视为学习的主体，在课堂教学的过程中学会积极的倾听，并依据学生的思维进行总结和提炼。群文阅读观点的树立，是对教师素质和教学境界的全面提升。在教学中开展群文阅读课堂教学，是教师在行动中的提升。

② 掌握群文阅读教学技巧。

实验班教师从围绕议题选文、构建群文阅读教学基本流程，到探索实践群文阅读教学课型："一篇带多篇式""交叉结构式""群文共享式""整本书阅读式"……使自身封闭的单篇阅读教学成为开放的、多元的，更适合学生阅读能力培养的多种阅读教学形式，教师的阅读教学技巧得以提高。我们达成共识：群文阅读应尊重学生的阅读时间，倡导原生态阅读；群文阅读不能走马观花；群文阅读不仅要读，更要"品"精彩句段；联系群文，自主写作。

群文阅读教学坚持重要的两点："群文阅读教学过程应该是学生自主参与的过程；是师生合作、生生合作，民主、和谐的学习过程"，所以最为重要的受益者是——学生。学生的阅读面得以拓展，阅读水平提高很快。

（6）自我评价、小组评价、家长评价、教师评价促进了阅读质量提升。

学生在课内阅读交流课中对自己近期的拓展阅读情况进行展示，发表自己的阅读收获感受，和阅读后的自我提高，可以是思想认识上的，也可以是写作水平的提高等。让小组成员相互交流、相互学习，并且小组之间相互竞争、相互合作，使被动阅读变成一种积极阅读，从而激发学生的阅读兴趣，达到共同提高的效果。老师结合平时学生的阅读情况在学生的阅读的记录卡上，写上一句有指导性的评价，在评价中及时捕捉他们的闪光点，激发学生阅读的兴趣，提高课外阅读的效果。

为了体现“润语文”“朗润乐学课堂”概念和理念的新颖性，我们力求一定程度的突破和创新，以体现本课题的价值：

① 审美教育和情感教育不是提高乐学课堂教学水平的外在因素或手段，而是课堂教学本来就具有的内在属性，我们的研究任务就是要挖掘阅读教学中蕴含的美育属性。

② 我们提出的朗润乐学课堂，在努力建构原生态的生活化课堂，“教读—自读—课外阅读”三位一体的阅读教学体系，“适性”阅读，让儿童阅读有自由，有选择，有个性。不被技术、流行污染，回归书香的气息。激发孩子生命本原的对阅读的热爱。给孩子一个无拘无束的阅读环境，让孩子以无忧无虑的阅读心情，无欲无求的阅读心态，进入无我无他的阅读境界。

③ 构建润语文主张下的朗润乐学课堂教学策略，引领学生走进丰富的审美世界。语文课要关注儿童心理，注重情感熏陶，充盈审美情趣，注重文化浸润和语言积累。教师要给予学生情感支撑、方法策略指导，并提供学习资源。强化审美意识，精化审美内容，优化语文教育阅读审美过程。

通过本课题的研究，开阔了工作室成员的教学视野，提升了团队教师教育科研能力，大量的教学案例是我教学实践的结晶，在教学中具有参考价值，希望对于广大同人的教育教学工作有借鉴和推动作用。

十一、研究体会与反思

（一）学生的课外阅读习惯有明显的改善

新课改明确指出要培养学生自主阅读与终身阅读的习惯首先得培养学生，因而教师与家长必须适时引导，使他们在小学阶段就知道认真进行课外阅读，并能对自己的阅读情况进行自我评价，还能以客观的态度正确评价别人，知其足与不足，久而久之，就养成了自主阅读的好习惯，增强了课外阅读的自觉性与主动性、计划性。为将来的终身阅读打下良好的基础。

（二）提升了师生对有效阅读的认识

课题研究让师生转变思想，树立“快乐语文”理念，从“享受语文”的角度来进行“快乐学习”，让学生的语文学习进入“快乐”的轨道。怎样的读才是有效的呢？应该做到“六有”：一有目标，每一次读的目的是什么，有什么要求，要做到心中有数；二有层次，初读感知内容，细读咀嚼词句，再读体会方法；三有点拨，或启发、或引导、或激励、或纠偏、或质疑；四有思考，调动学生的情感，引发他们深思；五有整体，不做纯技巧指导，重视整体把握；六有过程，关注朗读感悟的过程，有铺垫、有提升、有高潮，对不同的学生展开不同层次的读，让每一个学生从中都得到提高。如果我们的学生读书时做到了这“六有”，那么，“读书百遍，其义自见”的经典论断不就不攻自破了吗？

（三）宽松愉悦的乐学课堂改变了传统课堂的固态模式

高明的“导读师”让学生保持阅读的浓厚兴趣。语文课堂一方面要让“情趣”不断诞生，另一方面也要让“情趣”不断延伸。此中的关键就是教师，教师应该当好一名高明的助兴师。宽松愉悦的氛围让学生获取快乐因子。分层递进式教学结构让学生享受成功的欢乐，成为语文学习的主人。

（四）教师的评价行为与效果有很大的改观

评价是一项复杂的系统性工程，哪一位同学，哪一个环节出现了问题，都需要教师能有个有激励性的评价，才会对学生传递正能量，发挥积极性的作用。通过对学生进行课外阅读评价，实验教师改变了原来粗糙、直接的评价方式，语言变得委婉而有激励性，使学生乐于接受并配合要求改正错误与缺点。我们课题组发现，无论是教师还是学生在课题完成过程中都游刃有余，秩序井然。不少的老师和同学在各种竞赛中取得了优异的成绩，也提高了老师和学生的自信心。

（五）家长的参与，让我们的语文教育锦上添花

经过近期的观察，家长对我们的研究比较支持，他们反映孩子爱读书了，爱思考了。很多家长参与到我们的研究中，他们帮孩子买书、与孩子共同阅读、对孩子的阅读进行评价，在阅读中遇到问题还打电话问老师，无形中融洽了家长与老师的关系。

由于时间有限，我们自己也发现了一些问题，有些方面还需要研究：

（1）由于后期教师比较繁忙，再加上能力有限，应扩大研究范围，多培养几个有兴趣的老师，分年级搞实验并推广。

（2）学生之间存在差异，家庭环境不同，不能保证课外阅读在家庭中的进一步落实，要重点抓好学生在家里进行课外阅读的这个主阵地。

（3）课题的研究需要长期坚持，习惯的养成需要教师及家长的配合与引导，因为习惯的养成不是短时间内就能完成的，有时还会出现反复。

（4）润语文课堂主张的内涵还有待丰满，朗润乐学课堂应走向简约，更有张力。站在生命关怀的高度，立足于学科素养，促进学生全面发展。

参考文献

［1］于漪. 语文教学谈艺录［M］. 上海：上海教育出版社，1997.

［2］蔡正非. 美育心理学［M］. 北京：中国社会科学出版社，1999.

［3］余耀. 由图画书爱上阅读［M］. 北京：北京师范大学出版社，2007.

［4］周益民. 上读书课啦［M］. 北京：北京师范大学出版社，2007.

［5］岳乃红，徐冬梅. 班级读书会——推广儿童阅读的好形式［J］. 语文教学通讯，2004（34）.

［6］艾登·钱伯斯. 说来听听——儿童，阅读与讨论［M］. 蔡宜容，译. 台北：台湾天卫文化图书有限公司，2003.

［7］黄厚江. 语文课堂寻真——从原点走向共生［M］. 上海：华东师范大学出版社，2016.

［8］李吉林. 情境教育精要［M］. 北京：教育科学出版社，2016.

润语文主张下的群文阅读策略研究结题报告

一、课题的提出

语文课程是一门学习语言文字运用的综合性、实践性课程。工具性与人文性的统一，是语文课程的基本特点。《义务教育语文课程标准（2011年版）》提出“要重视培养学生广泛的阅读兴趣，扩大阅读面，增加阅读量，提高阅读品位。提倡少做题，多读书，好读书，读好书，读整本的书。关注学生通过多种媒介的阅读，鼓励学生自主选择优秀的阅读材料”。

《中国学生发展核心素养》以培养“全面发展的人”为核心，人文底蕴、科学精神、学会学习、健康生活、责任担当、实践创新六大国家层面的核心素养要落地生根，在语文课堂实现教学转化。语文教育，就应该把着眼点放在“字词句段篇的母语语境、听说读写思的语文综合实践、全面提高学生的语文素养”上，让学生经历阅读学习的过程，构筑让学生有存在感的阅读氛围与情境，优化阅读课程资源，提升阅读教学效率，切实解决课外阅读“读什么”和“怎么读”的问题，实现与小学语文教材对接和互补。

作为一名市级名师，学校骨干教师，我们团队平时在学校、片区的各类公开课、家常课的观课评教中也发现：学生读书太少。学生读书积累不丰厚，读书欠缺方法，阅读能力有待提高，情感体验不深刻，自然写不出活泼有趣的习作来，语文素养的提高更是收效甚微。提升阅读的整体水准，孩子急需有生命力的阅读教育。

阅读是语文课程的核心和基础。学生的阅读经验越丰富、阅读能力越高，越有利于各方面的学习。随着知识社会的来临，对学生的阅读能力要求越来越高。它要求学生掌握信息、分辨信息、筛选信息、整合信息并吸收信息。当前的小学语文教学改革，需要从改变阅读材料和阅读策略两方面入手，加大课堂教学容量，提高阅读教学效率。

学生在母语学习中，仅仅在课堂上围绕语文教科书为中心的封闭的教学空间是难以发生学习方式的重大转变的。把更多的群文引入课堂中，语文课堂教学效率将大幅提高，教学的有效性将得以加强，学生的学习兴趣也将得以提升，阅读习惯更容易养成。

二、课题研究的理论依据

随着新课改的不断深入，近六七年来，群文阅读成为阅读教学改革的新模式，通过查阅资料、网上搜索，了解了一些国外对学生阅读素养考察的信息。如“国际经济合作及发展组织”开展的“国际学生评估计划”，美国教育考试服务处实施的“美国全国教育进步评估”等，“国际阅读素养进步研究”将群文阅读目的分为以下三类：为获取语文知识或文学体验的阅读；为获取或使用关键信息的阅读；为完成特定任务的阅读。

借鉴国内外最新发展性阅读理论，如香港祝新华教授“六层次阅读能力系统”，重视群文阅读活动中高层次思维能力的培养，积极培育“复述、解释、重整、伸展、评鉴、创意”六种能力元素。国内浙派名师蒋军晶、李祖文等，重庆树人课题团队等多年来开展了“群文阅读”探索，取得了可喜的成果，如蒋军晶《让学生学会阅读》、树人教育研究院《群文阅读起步走（教学设计集）》等。

推进工作室“润语文”的全面深入研究，继续研读李吉林情境教育理论著作，阅读情境教育研究所施建平《情境教育视域下的课程建设与教学变革》，吸纳情境阅读生活化、情感性、体验性的基本理念，以及理解性、探究性、批判性、创造性等教学策略。全面系统学习本土研究专家群文阅读最新科研成果，如甘肃省教科院“深化推进群文阅读 探索未来教育新教研”。甘肃本土特级教师徐世赟“主题阅读”的思路和成果也值得借鉴，国家发展素质教育背景下，落实国家语文核心素养，阅读教学改革中群文阅读发挥的作用和获得的真正价值意义深远。

当前，许多学校中小学一线教师，对群文阅读教学有大胆的尝试，积累了一些课例素材和经验。全国一些教育家、语文名师，如窦桂梅、薛法根、王崧舟等，他们的语文教育新思想也带给本课题许多新的思考和启迪。中小学生的认知能力与审美能力正在成长中。我们有审视、照料、管束、引导和纠正的责任。新阅读时代，给孩子读一些高贵血统的书，帮助孩子确定基本的、合理而健康的存在观、价值观以及高雅的情调与趣味。

立足学校“立人文化”智慧乐学语文课堂有效性的实践研究，工作室“润语文”主张，建构朗润乐学课堂，培养温润教师，取得了阶段成果，我们力求在全国名家名师群文阅读研究的基础上，进一步通过群文阅读的理论学习和实践研究，使“润语文”主张下的群文阅读体系化，建构“教读—自读—课外阅读”三位一体的开放大阅读。落实国家基于统编教材构建“1+X”的儿童阅读课程体系，使之成为学生语文素养发展的核心动力。

三、课题研究的目标

（1）增强群文阅读课程意识，将优质多元的阅读资源引入课堂，通过精选、优化、重组、积累等，研发校本化中高年段群文阅读读本。

（2）基于语文核心素养培育的四个维度，构建以单元整组教学议题为依托，以粗读略读为主法，以分享感悟为核心，以探索发现为乐趣的“润语文”教学主张下群文阅读课堂范式，开展丰富多彩的群文阅读教育实践活动，最大限度地提升中高年段学生的阅读素养和习作能力。

（3）尝试探索有效的群文阅读全程指导、评价激励和成果分享的具体措施。在阅读中感受文章语言的魅力，培养学生形成正确的阅读价值观念和阅读策略，使学生爱阅读，会阅读。

四、课题研究的主要内容及对象

研究持续在“润语文”教育主张下展开，“润语文”理念与研究相融合，引领大量的群文阅读实践，让学生在情感的浸润中，润心润智，感受阅读的乐趣，习得阅读的策略，学习独特的表达。

瞄准语文核心素养培育，开展群文阅读实践，重视过程性教学评价，对照语文核心素养要素的各个指标实施发展性评价，全面科学评估群文阅读研究成效。

（1）“润语文”群文阅读校本化课程资源的开发和建设。

（2）“润语文”群文阅读情境化、审美化课堂范式建构。

（3）基于语文核心素养培育的“润语文”群文阅读教学评价。

五、课题研究的方法

（一）调查法

在不同时段用访谈、问卷等形式对不同年段学生阅读技能、生活情感体验等全面调查，了解润语文下的群文阅读实践前中后的现状及问题，对各阶段的结果进行分析，为进一步研究提供事实依据。

（二）行动研究法

参与教师根据自身课堂教学需要，进行润语文下的群文阅读的行动研究，对课堂教学进行定期的分析、反思、整改，不断地完善优化课堂结构和模式。研究教师要进行定期集中交流，将研究的内容进行可行性分析，提出整改建议，及时沟通，资源共享。

（三）比较实验法

在自然状态下选择中高年段两个实验班，与同年级其他班进行对照，将润语文群文阅读教学模式与其他语文教学模式进行对比分析，优化提升润语文主张下的群文阅读策略。

（四）案例经验总结

坚持理论与实践相结合原则，结合学校群文阅读教学中鲜活的课例，和其他地区优秀教师的群文阅读经典课例，以及著名学者成熟的群文阅读理论著作，及时分析并总结经验，加以理性分析、归纳，进行阶段性小结，调整、完善研究方案。逐步建立完善润语文群文阅读策略并加以推广。

六、课题研究的基本过程

（一）选择中高年段两个实验班，进行问卷调查及分析

工作室课题“‘润语文’主张下的小学中高年段群文阅读研究”被立项为市级规划课题后，课题组在负责人的带领下，共同研讨，撰写开题报告，在认真听取了市教科所课题专家的培训指导意见的基础上，开始有计划、分阶段进行课题研究。我们选定了中段、高段两个班级课题实验班。为全面了解不同年段学生、教师语文阅读教学现状，课题组研讨并设计了调查问卷2份。课题组对三年级（1）班、五年级（3）班学生和教师做了无记名问卷调查，共下发学生

问卷60份，每班30份、回收有效问卷60份。教师问卷20份，每班10份、回收有效问卷20份。我们对问卷进行了整理和汇总，分别对问卷中所有题目相同答案的作了分班统计，结果综合分析。

调查初步表明：学生的群文阅读能力还比较低，在阅读多篇文章时常把它们按主要内容归类，对文章的体裁等并不做深刻的思考，但是80%的学生能够明确阅读的意义，能够自觉阅读，在老师对群文阅读的讲解下能够慢慢体会群文阅读的深刻内涵。学生对群文阅读与一般阅读课的区别理解多样化，其中有50%的学生认为群文阅读注重深度思考建构，同时可以形成对议题的整体认识，但是知识停留在认识上，不能很好地运用到实践中。在阅读方式上，学生更多喜欢自主阅读，还有部分学生对于课外阅读对老师的依赖性较强，希望教师可以定期地检查。从中高年级来看，学生更习惯于细细评读文章，所以认为短时间阅读多篇文章较为仓促，并且不知道如何有效阅读。开展群文阅读后，学生认为自己有效地积累了阅读经验，学习了阅读方法和策略，促进了自己阅读水平的提高。学生希望可以举办多种类型的阅读活动，可以在学校有时间阅读课外书，教师可以多为学生推荐阅读书目，在阅读的类型生可以更加丰富，学校可以设置相关科目交给学生相关的阅读策略和阅读方法，加强引导，对于同一类型、同一体裁的书目进行阅读指导。结合课文内容进行推荐。中高年级学生在阅读后可以简单地分享自己的阅读心得，体会主人公的内心情感，感同身受。在今后的生活中可以学习主人公的精神，并且提升了自己的阅读速度和习作水平。

教师问卷反馈：在小学中高段统一使用统编版教材后，语文教师有一定的群文阅读的意识，但对群文阅读理念认识还不够清楚。学校每周有一节阅读课。每个月会上一节群文阅读课，每个月群文阅读课的课时量适中。学校近几年开展了群文阅读教学研究活动，70%的语文教师参加过校内外的群文阅读学习交流活动。50%以上的语文教师认为群文阅读提倡师生同读共议，共享阅读快乐，提升了师生阅读素养，自己的阅读教学观念教学方式有所转变。语文教师开展群文阅读文本来源主要是课内外文本结合，还比较单一。多数教师能视教学进度适当补充一些与文本有关的内容，提前准备好和课文相关的有趣的阅读材料。老师们在群文阅读教学中仍然存在不少困难，如不知道如何精准选文，不知道如何设定议题，不知道如何更有效引导学生进行有效的集体建构等。老师期待获得的支持有：教学资源、专家指导、课题引领、外出学习交流等。

（二）精选专业书籍和杂志，全员阅读，提升理论素养

近两年，我们课题组全体成员按照读书计划，开展了紧扣课题的专项阅读，拓宽阅读视野，坚持自读和共读，潜心阅读了蒋军晶的《让学生学会阅读》，树人教育研究院《群文阅读起步走（教学设计集）》，甘肃省特级教师徐世赟的《主题阅读的教与学》等诸多本书籍，通过理论学习、交流心得，全面系统了解了"群文阅读"的内涵及研究现状。2020年，研究活动受到了疫情影响，但在课题组成员克服困难，按计划、有序推进，坚持假期群文阅读主题的书目阅读与学习。超长假期，所有成员按课题组开出的书单和自选书单坚持阅读，认真写好读书笔记和读书心得，开学后上交展示。课题组教师坚持每2周阅读美篇分享，从3月开始，工作室全体成员先后进行读书美篇的分享，如陈玉花的《吾心安处是故乡》、马得艳的《畅游儿童文学世界》、周进发的《行走在阅读的道路上》等，获得学校教师的一致好评，多篇读书心得发表在校刊《启航》中。热爱阅读的研究团队，才能培养热爱阅读的孩子们，才能将群文阅读的研究推向深入。

（三）依托工作室平台，在片区内开展系列群文阅读主题教学研讨活动

工作室特邀南京名师团赴学校进行班级国学课程研讨。2019年10月，兰州市第49期名师大讲堂活动如期举行。马老师执教诗词课《诗意中秋》，陶老师为大家呈现《活泼泼的千字文》国学班会课。她们对学生实行多种形式的朗读指导和理解点拨，使孩子感受到国学课竟这样有趣、有意境。崔桂琴老师执教文言文《伯牙鼓琴》，整堂课，朗读环环相扣，步步提升，在不经意间，师生真情流露，达到心灵相通的境界。南京专家教师胡玲老师和陆春玉老师连台给同一个班上课，胡玲老师的国学引领课《秋日私语》，通过诵读多首秋天的古诗词，让孩子们对秋天有了多元化的理解与思考。陆春玉老师围绕刘禹锡《秋词》中的诗句探究并学习古人的交往方式，又上了一节贴近生活的《快乐相处小秘诀》班会课。传统文化将在他们心里埋下一粒小小的种子，随着他们慢慢长大，会与他们形影相随，对他们的一生都将产生积极影响。江苏省特级教师胡红老师带来的《七夕诗词》，教学可谓浓墨重彩，颇具匠心，通过丰富的诗词反刍改变着孩子们的探究习惯，让传统文化滋润少年幼小的心田，培育他们的人文素养。课后胡红和钱淑云两位专家、三位名师与参会老师们、授课教师一起展开了沙龙式的评课。两位专家做了《让文化基因在诗意中传承》《国学课程校本、班本化探索》的讲座，精彩的讲座使我们感受到了古典文化底蕴深厚，生生不息。弘扬中华优秀传统文化是教育的责任和使命，我们教师有义务为传承优秀的传统文化尽绵薄之力，引领孩子们在经典诵读中快乐地学习、生活。

工作室邀请甘肃省特级教师徐世赟进行统编教材阅读教学教法深度研训。2020年10月，由西固区教育局主办，秦淮区名师工作室西固小学语文分站和陈玉花名师工作室、徐世赟青年专家工作室联合承办的统编小学语文教材教学专题研讨会举行。课题组优秀青年教师周老师执教了统编教材六年级上册《在柏林》一课。周老师关注学生学习方法的习得，运用已经习得的提问、预测的阅读方法，引导学生在步步深入的思考、品读和感悟中，获得阅读微型小说的新体验、新感知，并引领学生学习微型小说以小见大、出人意料、设置悬念的写作方法，有的放矢，让学习在课堂上真正发生，展示了“情境教育”理念引领下的“爱立课堂”教学。甘肃省特级教师、青年专家徐世赟老师围绕统编版教材“教什么”和“怎么教”做了一场理念与实践紧密结合的讲座，并适时以周老师的课堂教学为例，给老师们指点迷津。他反复强调“学习语言文字运用”的语文课程标准理念，结合统编教材的新思想和新架构，从普通单元、阅读单元、习作单元入手，以多个精彩而实用的课例为辅，为老师们的教学给出了高屋建瓴的统整性建议和灵性的细节指导。他提出，“教什么”比“怎么教”更重要，深入浅出地分析了统编版语文教材全册，课例信手拈来，专业造诣值得与会教师持续学习。徐老师生动、形象、幽默而富含哲理的语言引导老师们积极参与，把活动氛围推向了高潮，在大家会意的笑声中，每位老师都深切感受到语文原来可以很美、语文课堂原来可以更有魅力。

工作室特聘专家雷教授做《在情境教学中贯穿核心素养的培育》的专题讲座。2021年4月，雷教授从学习的发生、情境教学的真与假、情境教学的浅与深、情境教学的动与静四个方面进行了详细生动的阐述。她提出：情境教学倡导师生双方的真心、真情在真实的情境中发生；教师要引导学生在情境中通过合作、探究及解决问题而学习，使之融为一体，让教学变成一种协作式问题解决的过程；学生更应该在情境中安静地读与思，安静地获取与积淀，从而培养学生的核心素养。雷教授还讲述了许多真实的案例，这不禁让在场教师反思自己的课堂教学，重新思考“教”与“学”的关系，为老师们今后的教学和主题活动的开展提供了借鉴。研讨活动覆盖面广，参与度高，为兰炼一小和片区语文教师提供了学习思考、交流研讨的平台，构建了兰州市专家、名师工作室之间教育教学交流的良性通道。我们相信，只要我们带着满腔的热情去追求、去践行，情境教育之花一定会绽放在每一间教室里。

工作室开展“阅读策略单元”教学研讨。2021年6月，在兰州市第二十八期“名师大讲堂”暨“推进策略阅读 丰润爱立课堂”活动中，金老师执教了统编四年级上册课文《一个豆荚里的五粒豆》。金老师引导学生在充分阅读和小组交流的过程中，借助表格和问题清单，针对课文内容，从不同的角度来提问，让学生自己发现“问题的角度”，激发了学生的学习兴趣，培养了学生阅读中的问题意识。李老师执教了五年级上册课文《搭石》。她借助这篇课文由浅入深地带领孩子们探讨提高阅读速度的好方法，并运用“集中注意力，不回读”的阅读策略指导阅读，在课堂上进行了有效的阅读实践活动。甘肃省特级教师徐世赟执教了三年级课文《胡萝卜先生的长胡子》，徐老师为孩子们绘声绘色地讲述了小猪的故事，一会儿引发孩子们思考，一会儿又让孩子们会心大笑。不但教授了知识，也启迪了心灵，同时让许多孩子们寻到了开启自主阅读大门的钥匙，使他们有了一种全新的课堂学习体验。兰州市名师陈玉花老师进行了《阅读策略单元教学的实践与思考》的专题讲座，陈老师从阅读策略、阅读策略单元编排、阅读策略单元教学建议三个方面进行了阅读策略单元教学方法的指导。学术观点与教学实践紧密结合，“策略教学活动化”“出声思维法教学”等，给老师们带来了许多深度的思考。徐世赟老师《阅读策略与统编教材阅读策略单元的教学》的专题讲座，从《义务教育语文课程标准（2011年版）》出发，厘清了阅读方法和阅读策略的概念，详细梳理了预测、提问、提高阅读速度、有目的阅读四个策略单元的内容组合，同时给予老师们各个阅读策略教学的指导，并对几节观摩课进行了全面客观的评价，使大家明晰了语文策略单元的编排，为语文课堂提供了很多可供借鉴的思路。研训活动充分发挥了名师工作室的示范引领作用，为新学期更有效开展统编小学语文上册阅读策略单元的教学指明方向和路径，真正起到了“名师讲堂助成长，智慧启迪润无声”的效果，极大地拓展了片区内广大参训教师的专业知识和理论视野。

（四）评析名师示范课、优课，深入研讨，学习教学设计

课题研究计划步步推进，我们组织开展了“研、写、读、课、仿、备”等多种形式的活动，利用课题组活动时间，全组教师观看并研讨了全国名师“群文阅读”优课视频《群文盛宴》等，在聊课品课中悟理念、习策略。通过观看优秀的“群文阅读”教学视频，学习群文阅读的先进教学方法，达到取长补短、优化课堂、提高课堂教学效率的作用。我们还研读了“群文阅读”名家名师优秀课堂教学设计，如《武松打虎》《古诗中的酒》《走近灵犬莱茜》等，就教学设计中的精彩片段，和组内老师一起讨论交流，学习名师的设计思路，从中得到启发，改善教学方法。

课题组核心成员还带领我们观看优秀教学视频特等奖《古诗中在酒》和示范课《古人在劝谏艺术》，让教师直观感受群文阅读的课堂教学方法与策略。观课后，我们和教学校长一起品课议课，通过群文阅读教学视频的观看与赏析，引领教师在今后的群文阅读教学过程中，运用习得的群文阅读策略，以发展学生阅读能力为目标，提高学生的发展性思维，提升学生的阅读水平和素养。

（五）积极参加校内外各类培训，促进交流与提升

2019年9月，项目组成员马老师参加兰州市教育局第十一片区教学研讨交流活动（兰化四小），本次教学研讨活动的主题是“单元整体备课”，由王毓新教授执教的《冬阳·童年·骆驼队》，这是一堂读写训练课，王教授在这节课上重点培养学生“熟读精思速记”的学习习惯，课堂上老师扎实有效的训练方式给老师们留下了深刻的印象，也带来很多启迪。部编版教材下的“1+X”阅读，是每个语文老师肩负的使命，作为语文教师需有课程意识，对教材应有批判性阅读的眼光，注重学生的语言积累，有单元整体备课的意识。2019年11月，兰州市第五十五期“名师大讲堂”暨福利一小群文阅读主题研讨活动，项目组成员张老师、万老师、马老师参加了此次培训。活动中，老师们观摩了《古诗中的杜甫》《古代诗歌中的秋》等精彩课例。聆听了叶洪林老师关于群书阅读教学的专题讲座，大家对群文阅读的含义、实施途径、方法和意义等有了比较深入的了解。同月，工作室青年优秀教师周老师赴福建省福州市参加第九届基础教育改革与发展论坛。2020年10月，课题负责人赴江苏南通参加情境教育培训。培训后，组内交流培训内容，加深群文阅读认识，吸纳理论，反思实践。

七、课题研究的结论

（一）吃透课标，更新课程理念，树立全新群文阅读观念

《义务教育语文课程标准（2011年版）》提出："具有独立的阅读的能力，学会运用多种阅读方法。""要重视培养学生广泛的阅读兴趣，扩大阅读面，增加阅读量，提高阅读品位。提倡少做题，多读书，好读书，读好书，读整本的书。关注学生通过多种媒介的阅读，鼓励学生自主选择优秀的阅读材料。"

群文阅读，就是围绕着一个或多个议题选择一组文章，而后教师和学生围绕议题展开阅读和集体建构，最终达成共识的过程。群文阅读是基于国际先进的多文本阅读，以课程统整为取向，以建构主义学习观为指针所形成的新型阅读教学方式。它是联结课内外阅读的有效桥梁，将课外阅读融入课内阅读，在有效的时间内扩大学生的阅读量，通过多文本"对比读议"，解决问题，构建意义。

群文阅读包含的几个重要概念：

（1）选文。依据教学需要围绕着一个或多个议题选择的一组文本。选文可能是文学性的，如小说、散文、诗歌等，也可能是实用性的，比如应用文等。

（2）议题。在群文阅读中，议题就是一组选文中所蕴含的可以供师生展开议论的话题，一组选文中可以具有一个或者多个议题。议题的最大特征在于可讨论性，给予读者一个思考和赋予意义的空间，让读者充分与文本对话，从而形成不同见解。

（3）集体建构。在个人智慧的基础上，师生一起共享智慧，在共享中逐步构建文本的意义，在教师、学生和文本的视野融合中形成共识。

（4）共识。教师要克服用自己的思想压制和取代学生思想的冲动，压制自己要告诉学生"标准答案"的冲动，虚心倾听来自学生的意见和智慧，和学生一起倾听来自教材的意见，然后通过不同意见之间的对比分析和学生一起取得对知识的认同，使寻求共识的三个主体：教师、学生和教材的意见都得到了倾听和尊重。文本是载体，议题是核心，共建是方法，共识是发展目标。李祖文老师指出，要在单位时间读相互关联的多个文本，关注文章的语言特点、意义

建构、结构特征、写作方法，通过在讨论中梳理整合、拓展联系、比较异同，全面提高学生的阅读素养。通过老师提炼的议题，在阅读中形成自己的观点，以高级思维方式找到读物情节上、结构上、观点上的异同，来提高学生的阅读能力和思考能力。

群文阅读强调在议题统领下，通过集体建构和寻求共识，提升学生的阅读素养和阅读品位。“群文阅读”与课内单篇精读、整本书阅读构成了“三位一体”的阅读课程体系，是功能性、生活化的阅读，是单篇精讲教学的有效补充和丰富完善。群文阅读的价值追求：走向生活真实的阅读、追求高阶能力的培养、落实统编教材的要求。

广义的“群文阅读”相关实践探索大体上分为五个层次：①以教材为主，强调单元整合，以“单元整组”阅读教学为代表；②突破了教材，强调以课内文本为主，增加课外阅读，“一篇带多篇”；③强调“整本书阅读”或者“一本带多本”的阅读；④提出阅读教学需要围绕一个核心主题展开，以“主题阅读”为代表；⑤把课内和课外阅读打通，具体形式以“班级读书会”为典型，更加灵活的则以“书香校园”的建设为典型。

群文阅读打破了传统的单节单篇、多节单篇阅读教学模式，让学生在有限的时间内阅读了大量的经典内容，极大地提高了学生的阅读能力、改变了学生的阅读生活，有力地推动了学校课程改革的进程。所读的文章多了，目的可以有两个指向，一个是阅读策略，另一个则是写作。群文阅读教学，其目的在于通过一组群文的学习，为学生营造生活化、原生态的阅读情境，提供更为丰富而多样的阅读资源；通过多篇有关联的文章的阅读，使学生掌握生活化阅读的基本方法，在探索性的阅读实践中，使学生语文素养得到提升。

群文阅读正是核心素养时代大阅读教学的“源头活水”。它的多文本特征符合网络时代的链接式阅读方式，满足了网络化时代学生的阅读需要，为学生的广泛阅读提供了便利和质量保障，从而使语文课堂回归阅读本源，有效提高学生的阅读量和阅读效果，让学生养成终身阅读、自主阅读的好习惯。

（二）研究教材与读本，整合精选，课内外结合，盘活阅读资源

强化统编小学语文教材的深入研究，精准把握群文阅读的“1”。在近两年的课题研究中，我们将统编教材教法的研训贯穿始终，我们知道这是“1+X”多文本群文阅读的起点与基础。本着“学习语言文字运用”的语文课程性质，明晰统编教材的新思想和新架构，重点对普通单元、阅读策略单元进行深入研究。我们认识到：统编教材秉承回归语文本体、培养基本能力的理念凸显语文要素，采取双线结构组织单元。语文要素的设计，体现三个维度：必须的语文知识、必备的语文能力、必会的读写方法和策略。三者融合，由易到难，由简到繁，由单项到综合，形成螺旋上升的语文要素体系。每个单元有明确的语文训练点，每一课有围绕训练点的抓手，保证一课一小得，一单元一大得，扎扎实实提高语文素养。以人文主题为线索统筹安排，有利于发挥语文学科进行思想教育和情感教育的优势，这也有利于我们推进情境群文阅读，渗透和落实“润语文”主张。

语文要素体现层级设计，如“把握文章主要内容”：三年级是做准备，“借助关键语句，概括一段话大意”，接着学习“带问题默读，理解课文意思”；四年级给支架，“了解故事起因经过结果，学习把握文章主要内容”，“关注主要人物、事件，学习把握文章主要内容”；五六年级关键在运用，并提高了要求，“了解课文主要内容，创造性复述故事”，阅读的文本由短到长，由单篇到整本书，由把握主要内容，到抓住主旨乃至主要观点。这就要求我们教师备课要关注语文要素及展开的次第，连点成线，对整套教材语文知识、能力、方法构成的框架，有清晰、完整的了解，教学才有方向，有底气。

我们还统一认识：阅读策略单元，不是阅读策略的全部，仅仅是举其要，旨在引导教师重视策略教学。教师要研究各个单元教学，积累经验，形成体现单元特点的教学。“1+X”的阅读教学，应该教少读多，把精读课上的所悟所得迁移到略读之中，在略读中，让学生合作探究，独立阅读。

用好甘肃省地方课程教材《阅读》，上好每周一节的阅读课，发挥助读功能。教师要熟悉中高年段《阅读》教材的每册6个单元的主题编排体系，研读各个单元的7篇文本，既整体把握，又逐篇研读。对最后一个单元“甘肃”名胜地方文化的多篇文本内容重点指导，鼓励教师将此单元调整到前半学期教学，并适度补充课程资源。各个单元的7篇文本阅读指导，体现群文阅读理念，分为前四（现代文）后三（小文言文），有扶有放，指导1—2篇，进阅读问题提示，以自读自悟为主，提高效率。

研读教育部基础教育课程教材发展中发布的《中小学生阅读指导目录（2020年版）》并指导有计划的实施。《指导目录》分为小学、初中、高中三个学段，小学110种，共分四类：人文社科、文学、自然科学、艺术。其中文学类居多，约占50%。每学期开学初，在语文教师和家长指导下，学生结合语文教材的拓展推荐，兼顾个人兴趣，选择每月2本的整本书阅读，其他书目假期集中沉浸式阅读。

（三）落实情境化，儿童化课型实践，优化课程生态

全员多人次执教不同类型群文阅读展示课或研讨课，加强实践策略的深入研究。课题负责人陈玉花老师执教《三黑和土地》（六年级），她围绕“土地”这一议题，选取了描写农村题材的现代诗歌，让学生在有感情的朗读中领悟诗歌的魅力，陈老师以一带多的教学模式、有步骤地引领学生阅读，极大地丰富了课堂教学的阅读面，对于教材内容来说，是一个很好的拓展和延伸，通过本堂课的学习，学生对本单元主题理解得更加深入，也使得学习对课文《三黑和土地》的诗歌主题有了更深的理解和感悟，从而极大程度地提升了学生的阅读能力，对我们平时的课堂教学提供了一个很好的范例。

周老师执教《中国民间爱情故事》（五年级）。他从统编版教材民间故事单元出发，围绕“中国民间爱情故事”这一议题，选择了《白蛇传》《孟姜女哭长城》《梁山伯与祝英台》三篇人们耳熟能详的民间故事，让学生诵读、感悟、想象，并与西方的民间故事进行对比阅读，激发了学生对民间故事的向往。

马老师执教《东坡望月》。围绕“东坡望月”这一议题，她选择了《水调歌头》《东坡》《江城子·乙卯正月二十日夜记梦》等四首有关东坡望月的诗篇。她以脍炙人口的《水调歌头》作为引子，先引导学生回忆过去学习古诗的方法（读出节奏、了解诗人、读懂诗句、想象情境、体会感情等），再运用这些方法以略读、默读、跳读等方式自读、自悟，然后引导学生交流碰撞，以促进自己和他人的感悟。她同时出示几首诗歌，便于学生整体把握；她的问题简洁明了，而将大量的时间留给了学生，体现了群文阅读精讲多读、适当取舍的要求；她注意了几首诗的内在联系与差异，同中求异、异中求同，促进了学生的探索与发现；她引领学生尝试不同的阅读方法：略读、跳读、细读、默读等，提高了阅读效率。因此，这一节课学生的感受深、感情浓、发现多。

万老师执教《历史故事群文阅读》、张丽老师执教《走近鲁迅》、杜玉香老师执教《冬日私语》。这一系列的课例展示，课题组的老师们在执教、观摩与研讨中对群文阅读这种课堂教学模式有了更深的体会，有力地推动了群文阅读课堂教学研究的进程。

周老师在课题组共同指导下，在片区执教《青铜葵花》整本书阅读导读课（四年级），通过导读课，让学生了解《青铜葵花》的作者及小说的主要内容，激发学生阅读的兴趣以及对中国文学的热爱，潜移默化地进行读书方法的指导，提高学生阅读课外书的兴趣，形成初步的鉴赏能力。近期，又打磨了送教课《不一样的猫》，他通过3篇名家描写“猫”的文章，让学生充分品读，领悟相同的写作手法——明贬实褒，从中体会作者对小动物浓浓的爱意，并指导学生动笔练写了有趣的习作片段，沉稳扎实、思路清晰、层次分明，为学生的写作奠定了坚实的基础。

我们全员开展的群文阅读课堂教学研讨，一节节精心打磨的群文阅读课例，凝聚了每位教师的心血和智慧，组内成员理论与实践相结合，进一步提高教师群文阅读设计与实施能力。大语文新语文的阅读课程观，让班级的每一位学生有更开阔的阅读视野，营造了“润语文”良好的阅读生态。

课题组通过群文阅读教学实践，统一认识：由课内教材中的“一篇”，拓展延伸到课外“多篇”，为学生的理解、迁移和运用提供实践平台，提供一种整体的、比较的、思辨的视角，既能强化学生的阅读和表达能力的训练，又能提升阅读的效率。精读教材里的“一篇”，粗读多篇文章，“一篇”与“多篇”在人文主题、表达特点、作品体裁等某一方面，有比较强的互补性。老师对教材中的“一篇”进行精讲，再聚焦“议题”带领学生阅读多篇文本，引起学生的探究、发现和思考，更好地提升学生的思维品质和阅读能力。这种操作方式特别适用于中高段的教学。

课外“多篇”组合，老师可以自己定主题，围绕主题自己选择文章。可以聚焦作家，可以聚焦表达特点，如故事里的环境描写、按照时间顺序来写、古诗中的“酒”意象、文章里的“铺垫”等。可以聚焦阅读策略，如如何预测、如何提问、如何概括主要内容等。可以聚焦作品体裁，如有趣的童谣、小小说阅读、民间传说故事等。也可以聚集一些话题启发思考，自己确定主题并组文。

我们也实践了整本书阅读教学的三种课型：课前导读课、阅读推进课和读后交流课。我们一致认为，小学阶段整本书阅读教学的基础是能够激发学生的阅读兴趣，让学生爱上这本书，有想要去认真阅读的强烈欲望。教师要学习和指导学生运用预测、图像化、提问、批注、联结、监控、植入等阅读策略。我们研讨了课前导读课的荐读功能，浏览全书、现场共读、吊足胃口，其基本范式：激趣导入—阅读片段—分享思考—引发期待。在激趣导入环节，我们可以根据文本特点，选择恰当的切入点。可以从以下6个方面入手：①从封面入手。②从人物形象入手。③从作者入手。如《小王子》的作者圣-埃克苏佩里，就是一名飞行员。孩子们本身对飞行员就有很大的兴趣。④从文中插图入手。出示插图，让孩子们根据插图来预测故事，也可以激发阅读兴趣。⑤从相关影视作品入手。如在推荐《汤姆索亚历险记》这本书之前，让学生们先看了《汤姆索亚历险记》这部电影。⑥同伴推荐。课前三分钟，让一名同学给大家推荐他读过的或者正在读的书，效果也特别好。导读课上朗读精彩片段也非常必要。片段选择要遵循五个原则：趣味性、适切性、典型性、层递性、完整性。在设计导读课的时候，不必出现大篇幅的作者介绍，一开课就出示各种评论，也不必对主题进行过度挖掘，点到为止，做好铺垫即可。

阅读推进课重在助读，进度调控、答疑解惑、策略引导。中期推进课就是承上启下，先了解学情，基于学情指导，关注重点和难点，目的是让学生会读，读有所思，读有所获，读有所得。我们认为，推进课可以上多个课时，根据这本书的特点，结合学生对这本书热爱度进行。重要的一点就是老师对这本书的研究点及触及的广度和深度。如课题组教师高段《汤姆索亚历险记》推进课，就是先回顾整本书内容，由故事情节着手，他哪五次历险？你想加入哪一次？为什么？检测学情。接着感知人物形象，由片段人物描写猜人物，分析人物性格特点等。作者是怎样塑造人物形象的，就在一遍一遍的阅读中，在对人物的了解分析中，不断地体会，潜移默化地习得。最后是出示典型的环境描写，阅读发现，环境描写的作用，引导学生再次走进文本，深入阅读，摘抄，赏析，聚焦“环境描写”，或就“人物形象”进行专题探究，读写结合等。

读后交流课重在“分享展读”，是整本书阅读课程的基础课型，在读完整本书后进行，侧重展示汇报、深化感悟、提炼总结。围绕整本书的某方面内容，呈现开放性话题，激发儿童“说来听听”的表达欲求，引导儿童从不同视角、不同维度展开讨论和交流，使儿童对文本的认识和理解逐渐深入，并培养儿童倾听、表达、概括、质疑、思辨、辩论等方面的能力。主要目标在于分享阅读感受，促进阅读理解，发展阅读思维。根据作品内容和读者情况分析确定主题，并设计3—5个话题层层推进，最终抵达主题。话题的设计是教师们在备课中最关键的环节，要力求让话题设计更有效、更高质量，并能对教学内容做出更高层次的融通和组合。“焦点讨论法”为教师们提供了一种结构化的提问方法，它包括“O—R—I—D”四个层面，依次涉及四个思维层面：厘清事实—关注感受—挖掘价值—做出决定，指向四个思维层面，即客观性层面的思考—反应性层面的思考—诠释性层面的思考—决定性层面的思考。焦点讨论法的四个层面让话题设计有了结构化，提升了对话的质量，改变了阅读的思维模式，释放了阅读的潜力。

实践后，我们深刻体会到：①群文阅读的教学价值绝不止于课堂阅读形式中量的叠加，它的背后是教师对语文阅读教学理念更新的质的飞跃，通过多篇同一主题同一类型的阅读，让孩子对此类文章有整体认知和把握，它开拓了孩子的自主阅读空间，学会在阅读中欣赏，在欣赏中阅读，而过于精致细腻的传统课堂，间接地侵占了孩子们的自读自悟时间，没有大块时间读，大块时间悟，就不可能开发孩子的阅读智能，而群文阅读让孩子在读和悟中提高了阅读兴趣，发挥了阅读策略指导的优势。②群文阅读可以依凭多文本的优势，在教师的有机整合下，可以充分发挥实用阅读策略，比如速读、略读、精读、跳读、比较阅读等，为多方位、全面地学习阅读技巧提供了便利条件。③群文阅读有利于丰富和完善“先学后教、互学互教”的教学模式，有利于孩子自主阅读习惯的养成，有利于陶冶孩子的情感，也有利于在班级形式中形成浓郁的阅读氛围，提高孩子的学习品位。

（四）指导策略运用，注重反思评价，促进素养提升

9岁以后，孩子进入中年段，“通过阅读学习”显得格外重要，阅读素养的培育应该有更高的要求，如PIRLS定义的“阅读素养”：能够理解并运用书写语言的能力；能够从各种文章中建构出意义；能从阅读中学习；参与学校及生活中阅读群体的活动；在阅读中获得乐趣。

小学生群文阅读，不仅要理解读物的思想内容，汲取知识，还要体味情感、欣赏语言等等，更重要的是学会阅读，掌握阅读方法。我们指导中高年级学生逐步掌握“三读法”：①浏览性地泛读。大致了解其主要内容，或通过看标题、目录、内容提要、前言等，在有限时间内获取更多有价值的信息。②探求性地速读。有时读书是为了达到某个特定的目的或完成某项任务，如寻求某个问题的答案，专门搜集某方面的知识等，这就要求“一目十行”。快速阅读的奥秘在于让大脑跑在眼球前面。③品味性地精读。对名篇经典和其他文质兼美的优秀作品，需要静心细读，体会立意构思，揣摩布局谋篇，欣赏妙词佳句。像人吃东西那样，经过细嚼慢咽，才能把书中的精华变为自己的知识营养。有的好文章要反复地读几遍，甚至熟读成诵。

群文阅读在使用学习单或表格等工具的同时，我们倡导学生坚持“不动笔墨不读书”的方法：圈点勾画，即用相关符号在书或文章上记录下自己阅读时的见解、感受，或爱或憎、或疑或思，如用“____”“？”“——”符号分别标示重点词句、疑难困惑、偏差错误等。

另外，在阅读的过程中还可运用如下方法：首先，作批注，即在文章旁边写出自己的见解和感受。可以品评遣词造句的精妙，写出自己的理解、体会和感想，可以谈谈对同一问题的不同见解或由此引发的联想，还可以指评原文的纰漏等。其次，做卡片。为了便于记忆和积累，鼓励学生把名言警句、精彩片段、佳词妙句等写在卡片上，以随身携带，随时翻阅、背诵。边读边思考的方法。最后，边读边思考是阅读的基本要求，也是其他各类方法的基础和前提。应通过概括内容、复述原文、体会思想感情、分段分层、理清文章条理等多种形式的专项训练，引导学生逐步掌握分析、概括、比较、综合、联想等思维方法，达到以读促思、以读促写的境界。

我们结合课题推进，加强了对统编教材策略单元的研究，实践将统编教材中预测、提问、提高阅读速度、有目的地阅读等阅读策略运用于群文阅读中。统编教材在中高年级课文阅读教学中进一步强化习惯和方法的培养和指导，并且从小学三年级开始，教材中独立设置了阅读策略单元。统编教材结合小学课内外阅读教学的实际，引导学生在感受、理解、欣赏和评价的阅读活动中习得一些基础、有用的阅读策略。课内精读先行示范、略读尝试运用，群文阅读中练习反复运用强化认识，提升能力。群文阅读中阅读策略习得运用要注意：①目标聚焦阅读策略；②要有整体性的眼光；③落实阅读实践活动；④注重学生的体验交流；⑤以策略习得促进阅读理解。

创新评价机制，自我评价、小组评价、家长评价、教师评价促进了阅读质量提升。学校实行的“玉兰奖章”阅读评价机制就收到了很好的效果。当学生在课堂上或是课外阅读中表现优异，可得一张“玉兰奖章”积分卡；当积分卡攒到5张时，可评为“阅读之星”，以此类推，直至“书香少年”。在这种评价机制中抓住了学生的好胜心，促使他们不断向前。学生在阅读交流课中对自己近期的拓展阅读情况进行展示，发表自己的阅读收获和感受，阅读后的自我提高，可以是思想认识上的，也可以是写作水平的提高等。让小组成员相互交流、相互学习，并且小组之间相互竞争、相互合作，使被动阅读变成一种积极阅读，从而激发学生的阅读兴趣，达到共同提高的效果。老师结合平时学生的阅读情况在学生的阅读记录卡上，写上一句有指导性的评价，在评价中及时捕捉他们的闪光点，激发学生阅读的兴趣，提高课外阅读的效果。

我们对学生的群文阅读状况，主要从质和量两个方面来评价。阅读的质可从阅读的兴趣、习惯和效果等方面来考查；阅读的量从学生每学期阅读的书目，每天阅读的时间等维度进行考查。评价的方式也应丰富多样，重视对学生阅读习惯的即时评价；每学期对学生的阅读状况进行调查了解，可采用问卷调查、个别访谈等方式，了解学生获取文本信息的情况，适当交流阅读的体验；创造性地开展阅读展示活动，让学生获得持续的阅读热情。

我们在评价学生阅读素养发展和提升时，严格对照《义务教育语文课程标准（2011年版）》中阅读总要求和年段具体要求，参照《小学各年级阅读考核标准》。如三年级：①具有一定的课外阅读的意识，有了读书的兴趣，爱读书、想读书，能在老师的指导下安排读书时间，收藏读书资料，参与读书活动；②在规定的时间之内专心读书，能与人交流读书感受；③养成读书看报的习惯，学会简单的阅读摘录，能归纳、摘抄好词句；④在阅读中能联系上下文，借助字典和生活积累理解词句的意思，初步把握文章的主要内容，能对不理解的地方提出质疑；⑤学习欣赏方法，在提示下能对人物和优美的语言做出评价，进行有目的的收集资料和网络查阅工作。背诵诗文30篇，全学年课外阅读总量达15万字以上。如六年级：①具有浓厚的阅读兴趣，学习制定规划，每天固定阅读时间不少于60分钟；养成读书看报和收藏并与同学交流图书资料与讨论的习惯，在交流中敢于提出自己的看法，做出自己的判断。②学会精读，学会选择自己喜爱阅读的书报，并做好摘录读书笔记和批注，学写评价型的读书笔记。③学会运用已学过的语文知识、技能和工具书阅读适合的童话、寓言、小说和浅显的文言文，了解文章的基本说明方法和事件梗概，注重情感体验，有较丰富的积累，形成良好的语感。④提高速读水平，达每分钟300字以上。学会浏览，自主选择资料进行探究性学习，进行资料收集和网络查找，并参与专题讨论。⑤能鉴赏文学作品，阅读中外名著，感受形象，体验情感，形成个人兴趣爱好，丰富自己的精神世界，背诵优秀诗文35篇，总阅读量不少于50万字。

（五）学生阅读素养全面提升：两个实验班学生阅读素养发展分析

全面培养和提升了中高年级学生的语文学科核心素养，尤其是阅读素养。重组了学生的阅读方式和认知结构“群文阅读”，围绕学生喜闻乐见的议题，借助科学编制的不同文本，帮助学生真实经历联结、想象、比较、体验，形成自我认知，重点培养提升辨识与提取、比较与整合、评价与反思、应用与创意四种关键能力。学生在日积月累中，逐渐增强了自主研读、自主建构的能力，并将焕发出强大的学习能力，进而由此对自身的成长产生深度影响。

学生阅读能力得到提高。通过开展群文阅读活动，充分调动了学生读书的积极性，增强了学生阅读的信心。学生课外阅读兴趣极大地提高，在阅读的内容上，知道如何甄别和选择，内容倾向于中外名著、散文小说等方面的书籍，并能在班级中、小组里与他人分享，谈出感受，写出体会，学到写法。学生表达能力得到提升。在群文阅读课的小组展示、课堂发言中，学生能够时时展现出精彩的质疑、辩驳、争论等，让很多听课教师刮目相看。书面表达能力也在不断提升，从平时的习作来看，无论是遣词造句还是谋篇布局，较以前有了很大的进步，这不能不说是开展群文阅读教学带来的巨大变化。

（六）教师专业化研究力显著提升

1. 促进教师阅读行为、教学行为的极大转变

教师阅读兴趣更加广泛，阅读方式从单一向多元，从闲散随性阅读走向专业阅读、多文本比较阅读。教师从被动接受到主动创新，阅读教学课时合理增加，教学手段不断丰富，教学策略不断更新，评价方式趋于多元。课题组教师边教学边研究，在研究中积累经验，在研究中服务于教学，服务于学生。教师们了解新课程改革的基本理念，确立起新的教育观、课程观、教师观、学生观、教学观，使自己成为学生学习的引导者、组织者、合作者，促进了教师的专业化成长。

2. 提高了教师的教育科研能力

理论结合实践，完成并发表多篇高质量的论文。课题组教师在研究中，丰富了课堂教学经历，积累了鲜活案例，拓展了研究视野，提升了研究层次。每位成员紧扣课题研究，先后完成了至少一篇高质量的阅读主题的论文，反复修改完善，鼓励青年教师多次磨文，不断提升专业写作的技能，丰富研究成果。推选陈玉花《“1+X”多文本阅读的教学实践与思考》、张老师《怎样在课堂教学中进行群文阅读的尝试》、石老师《小学语文群文阅读教学之反思》等参赛或发表。

定期总结反思，成员进行微型主题讲座。课题负责人陈玉花先期讲座引领《群文阅读的课程价值与实施策略》，从群文阅读的概念界定、群文阅读的意义与价值、群文阅读的课程实施展开。如石老师主讲《小学高年级语文读写结合教学策略》，她结合自己的个人课题研究成果，通过中高年级教学案例《灰雀》《鸟的天堂》等，介绍了读写结合的四个策略：注重句式仿写；训练写作方法；启发大胆想象；设计生成训练。她强调，语文教师，心中要有“读写结合”的理念，引领学生在群文阅读中领悟方法，破解语言表达的密码，尝试在写作中迁移运用，实现语言表达的自动化。马老师《“记人叙事”类群文阅读的议题选择与文本组合策略》，她生动地讲解了“记人叙事”类文章在“人文主题”“文本内容”“语言表达”“布局谋篇”“阅读策略”五方面十种议题选择与文本组合。她通过群文阅读课例《平凡、伟大的母爱》，议题选择：如何通过生活琐事的对比写法突出母爱，做了具体阐述。通过梳理，使组内教师从文体的角度切入，用适合文体特点的方法，确定议题，然后组合课文，开展专题式的群文阅读。骨干教师杜老师《群文阅读“五步教学法”学习分享》，她的介绍让成员更加全面地了解群文阅读的方法、策略，找准群文阅读的“支点”，别具匠心地进行群文阅读教学，收获阅读教学别样的风景。

八、存在的主要问题和今后研究的设想

（1）我们的科研能力有限，理论素养还有待提高，课题组研究的内容还有待进一步深入挖掘，研究方法还有待进一步完善。研究力度和反思深度远远不够，还应丰富活动形式，充分发挥集体的力量和智慧，让理论学习落到实处，积极撰写教学论文，提高组内的整体研究水平。要进一步借助于远程培训、自

学等途径努力提高教师们的理论水平和专业素养，更需要专家的专业引领，为我们的研究指明方向。

（2）群文阅读对老师的阅读视野、阅读品位提出了考验，它需要教师具有广阔的阅读视野，有丰富的知识储备，有开放的阅读胸襟，要有灵活的教育机制。需要老师付出更多的时间、精力和智慧。老师在教好课内教材的同时，一定要有具备为学生构建更丰富的母语课程，带领学生走向更广阔的阅读能力，这应该成为老师们的自觉追求。

（3）我们在努力建构“润语文”原生态的情境化群文阅读课堂，“教读—自读—课外阅读”三位一体的阅读教学体系。“适性”阅读，让儿童阅读有自由，有选择，有个性，回归书香的气息，激发孩子生命本原的对阅读的热爱，给孩子一个无拘无束的阅读环境。阅读课要关注儿童心理，注重情感熏陶，充盈审美情趣，注重文化浸润和语言积累。教师要给予学生情感支撑、方法策略指导，并提供学习资源。强化审美意识，精化审美内容，优化语文教育阅读审美过程。

（4）群文阅读在拓宽学生的阅读范围，提高他们的阅读兴趣，对培养他们自主学习能力、阅读能力、小组合作能力和口语表达能力以及组织能力这些方面都有着较为积极的作用。在这个课题下，还有许多问题等着我们去不断探索，不断发现。

参考文献

［1］温儒敏. 温儒敏谈读书［M］. 北京：商务印书馆，2019.

［2］徐世赟. 主题阅读的教与学［M］. 桂林：广西师范大学出版社，2019.

［3］黄厚江. 语文课堂寻真——从原点走向共生［M］. 上海：华东师范大学出版社，2016.

［4］施建平. 情境教育视域下的课程建设与教学变革［M］. 南京：江苏凤凰教育出版社，2020.

［5］王小毅. 小学语文整本书分类阅读教学研究［M］. 重庆：重庆出版社，2018.